Das Buch

Wenn es um unsere Ernährung geht, wollen wir auf Nummer sicher gehen. Gesund soll das Essen sein, schadstofffrei und naturbelassen. Die Hersteller sind verpflichtet, die Inhaltsstoffe zu nennen, damit wir eine freie, verantwortungsbewusste Auswahl treffen können. Sorgfältig lesen wir deshalb Zutatenlisten, Nährwerttabellen und Kalorienangaben. Aber helfen uns diese Informationen wirklich weiter? Oft ist das Gegenteil der Fall: Statt Klarheit zu schaffen, entsteht noch mehr Verwirrung oder wir haben es mit Mogelpackungen zu tun. Wer weiß schon, was sich hinter Maltodextrose und Natriumcyclamat verbirgt? Was sind linksdrehende Milchsäuren oder Wellness-Joghurts – und was soll daran besonders gesund sein? Ist E 141 ein pflanzlicher Farbstoff oder ein Krebserreger? Was bedeutet es, wenn das Olivenöl »nativ« ist? Und was kann man angesichts immer wieder auftretender Lebensmittelskandale überhaupt noch guten Gewissens essen? Dieses Buch ist ein Kompass für den Supermarkt, der Wege durch die Produktvielfalt und das Verpackungschinesisch weist. Denn am Ende sind es wir Verbraucher, die die Suppe auslöffeln müssen.

Die Autorin

Birgit Frohn, Jahrgang 1967, ist Medizinjournalistin und hat zahlreiche Sachbücher und Publikationen veröffentlicht. Das große Interesse und die wachsende Unsicherheit in Bezug auf unsere Ernährung hat die Autorin veranlasst, unsere Lebensmittel zu verkosten.

Birgit Frohn

Das kommt mir nicht auf den Teller

Lebensmittel kritisch unter der Lupe

Ullstein

Besuchen Sie uns im Internet:
www.ullstein-taschenbuch.de

Umwelthinweis:
Dieses Buch wurde auf chlor- und säurefreiem Papier gedruckt.

Ungekürzte Ausgabe im Ullstein Taschenbuch
1. Auflage Januar 2007

Umschlaggestaltung: Büro Hamburg
Titelabbildung: Hanne Brandt
Satz: LVD GmbH, Berlin
Gesetzt aus der Minion und Univers
Druck und Bindearbeiten: Ebner & Spiegel, Ulm
Printed in Germany
ISBN-13: 978-3-548-36903-7
ISBN-10: 3-548-36903-0

Inhalt

Was drin ist, muss drauf stehen

Die Lehre vom richtigen Essen kann auf eine enorme Vergangenheit zurückblicken. Genau genommen nahm sie ihren Anfang vor über 5000 Jahren, mit dem ägyptischen Arzt Imhotep. Bereits der Urvater der heilenden Zunft verordnete seinen Zeitgenossen bestimmte Speisen zur Wiederherstellung und Erhaltung ihrer Gesundheit. Dass »Nahrung eure Medizin sein kann«, wie es später die Hippokratischen Schriften um 460 vor der Zeitenwende nahe legten, ist eine Erkenntnis, die sich über die Jahrhunderte hinweg erhalten hat.

Man ist, was man isst: Wie sehr die Ernährung unser Befinden beeinflusst, sei es positiv oder negativ, daran lässt die Forschung heute keine Zweifel mehr. Noch nie zuvor war das Wissen um die Folgen dessen, was wir uns servieren, so fundiert. Und die Auswahl dazu so groß.

Dennoch will es mit dem angeratenen Genuss nicht so recht klappen. Allen Empfehlungen und Richtlinien zum Trotz. Oder vielleicht gerade deshalb?

Warum wird man in den diätfixierten USA immer dicker, im lustvoll schwelgenden Frankreich hingegen bleibt man schlank? Paradox. Was sich Soziologen damit erklären, dass mit zahllosen und oft widersprüchlichen Ratschlägen richtig essen immer schwieriger wird. Was heute gesund und schlank macht, kann morgen bereits wieder vom Tisch sein. Zu viel Faktenwissen kann mitunter mehr schaden, denn nutzen. Und lässt Fundamentales ins Hintertreffen geraten. Wann etwa Saison für bestimmte Gemüse- und Obstsorten ist, können heute nur noch die wenigsten sagen.

Ebenso wenige haben eine Ahnung, woher das Mehl im Brot und das Schnitzel stammen, und ob im Erdbeerjoghurt tatsächlich Erdbeeren drin sind. Mal ganz abgesehen davon, wie zu deuten ist, was auf den Etiketten und Packungen zu lesen steht. Was steckt wirklich hinter »light« und »fettarm«, was ist von »geschwärzten« Oliven zu halten, von »längerfrischer Milch« oder von »naturidentischen Aromastoffen«? Fragen, auf die die wenigsten eine genaue Antwort parat haben. Was uns auch zweifelsohne immer schwieriger gemacht wird.

Die wenigsten wissen heute, nach welchen Kriterien sie ihre Ernährung zusammenstellen sollen – Fazit der Studie »Food, Body and Health«. Sie nahm die Ernährungsgewohnheiten in Frankreich, Großbritannien, USA, Deutschland, der Schweiz und Italien für zwei Jahre unter die Lupe.

Irrtümer löffelweise

Nahezu täglich landen neue Kreationen der Food-Designer in den Regalen. Eine enorme Produktvielfalt, in der sich von der Masse abzuheben gilt.

Die Konkurrenz schläft nicht und da muss man sich etwas einfallen lassen, um nicht Ladenhüter zu werden. Beim Kampf um die Gunst des Käufers geht es jedoch nicht immer fair zu. Bei den Versprechungen auf den Packungen handelt es sich keineswegs nur um umsatzorientierte Kavaliersdelikte der Werbestrategen. Was die Etiketten verheißen, sind allzu oft und im wahrsten Wortsinn Fehlanzeigen – die den Verbraucher in die Irre führen.

Wie aus dem Jahresbericht 2003 des Verbraucherschutzministeriums hervorgeht, wird fast die Hälfte aller beanstandeten Lebensmittel auf Grund falscher oder irreführender Etikettierung aus dem Verkehr gezogen. Auf »kontrollierten Anbau«, »natives Olivenöl« und ähnliche Auszeichnungen darf man sich mithin nicht so ohne weiteres verlassen. Sie verpflichten die Hersteller zu nichts und dienen häufig nur der besseren Verkäuflichkeit.

Falsch gekennzeichnete Lebensmittel sind jedoch nur eine Facette der heutigen Situation auf dem Nahrungsmittelmarkt. Daneben erweisen sich Zutatenlisten als lückenhaft und lose verkaufte Lebensmittel werden so gut wie gar nicht gekennzeichnet. Abgesehen davon wird munter gepanscht:

Der Ersatz von hochwertigen Zutaten durch billigere Austauschprodukte und Beimengungen von Wasser oder Ölen ist eine beliebte Strategie: 17,4 % aller Beanstandungen im Jahr 2003 bezogen sich auf eine nicht korrekte Zusammensetzung der Lebensmittel.

Food-Forensik: Spurensuche in der DNA

Tatenlos zusehen, wie der Kunde mit falschen Auszeichnungen, Verunreinigungen und anderen Tricks über den Tisch gezogen wird? Das wollte man in der Branche auch nicht. Die Betrügereien werden immer trickreicher, mit ihnen aber auch die Fahndungsmethoden der Verbraucherschützer. Wie die Kollegen von der Kripo sind die Lebensmitteldetektive den Schwindlern inzwischen auf der Spur: Mittels genetischer Analysen unterscheiden sie das Original von der Fälschung.

Vom »genetischen Fingerabdruck« profitieren vor allem Freunde edler Weine, mit und ohne Gärung. Champagner, Bordeaux? Nirgends wird so viel geschummelt wie beim Rebensaft. Gerade bei den teuren Tropfen ist Betrug gang und gäbe. So stammen beispielsweise drei Viertel der in den USA hochpreisig als »italienisch« verkauften Weine aus Anbaugebieten in den Staaten oder aus Südamerika.

Derartige Schwindeleien könnten dank moderner DNA-Analysen bald der Vergangenheit angehören. Wissenschaftler der Universität Sevilla haben eine Methode entwickelt, um vinologische Edelmarken wie Champagner und andere gute Tropfen vor der gefälschten und billigeren Konkurrenz zu schützen. Damit kann beispielsweise mit hundertprozentiger Sicherheit das Original aus der französischen Champagne von Nachahmern wie dem spanischen Schaumwein Cava unterschieden werden. Der in Südspanien entwickelte Test untersucht Spuren von Metallen, die aus dem Boden in die Trauben aufgenommen werden. Jedes Weinbaugebiet hat damit seinen ganz eigenen »Fingerabdruck« dieser Elemente. Weicht dieser vom Original ab, fliegt der Schwindel auf.

▶ Was isst der Bundesbürger?

Antwort darauf gibt alle vier Jahre der Ernährungsbericht der Deutschen Gesellschaft für Ernährung (DGE): Eine Momentaufnahme deutscher Essgewohnheiten. Die letzte zeigt, dass sich ganz allmählich etwas ändert in den Köpfen und damit auf den Tellern. Zwar lässt sich nicht vom Tisch wischen, dass der Deutsche noch immer einigermaßen vom Ideal entfernt is(s)t: Zu viel, zu fett und zu süß, garniert mit zu wenig Bewegung. Doch in der Zusammenstellung des Speiseplans offenbaren sich inzwischen so manche hoffnungsvolle Ansätze.

So essen die Bundesbürger mehr Obst und Gemüse als noch vor einigen Jahren, die Älteren deutlich mehr als die Jüngeren. Weiteres Lob verdient der stetig steigende Käsekonsum. Er sorgt für eine verbesserte Versorgung mit Kalzium in der Bevölkerung und kann damit besonders der Osteoporose entgegenwirken – bekanntermaßen ist die Erweichung der Knochen vor allem auf einen Mangel an diesem Mineralstoff zurückzuführen. Was die Ernährungsexperten ebenso freut, ist der sinkende Butterverbrauch. Zweifelsohne wird zwischen Flensburg und Garmisch nach wie vor zu viel Fett konsumiert. Doch was auf die Stulle und über den Salat kommt, ist gesünder geworden: Pflanzliche Öle, damit wertvolle und unerlässliche einfach wie mehrfach ungesättigte Fettsäuren, verbuchen bereits über die Hälfte dessen, was wir an Fett zu uns nehmen.

Das 4-Jahres-Fazit der DGE enthält aber noch etwas Positives: Fleischesser sind die Deutschen wie eh und je, doch sie servieren sich weitaus weniger Rind- und Schweinefleisch als früher. Stattdessen greift die Nation deutlich öfter zu Geflügel, Wild und Fisch. Schuppentiere aus heimischen wie fernen Gewässern erobern sich einen immer größeren Stellenwert in den Küchen.

Sahnehäubchen, oder vielmehr Joghurtklecks, zum krönenden Abschluss:

Milchprodukte liegen enorm im Trend. Besonders beliebt sind Sauermilcherzeugnisse wie Kefir, Buttermilch und vor allem Joghurt. Ob cremig gerührt oder stichfest, ob mit links- oder rechtsdrehenden Milchsäure-Bakterien – der Bundesbürger entdeckt seine laktophile Ader.

Löblich, da arm an Kalorien und Fett, dafür reich an Eiweiß und Mineralstoffen, besonders Kalzium.

Rätsel auf dem Etikett ...

... haben wir sicherlich noch so einige zu lösen. Begriffsverwirrung – unbeabsichtigt oder gewollt – wird es ungeachtet aller Bemühungen um mehr Klarheit in den Regalen immer wieder geben. Ebenso wie Pfusch am Eier-Code oder Manipulation an Verpackungen. Zu groß die gesetzlichen Schlupflöcher, zu hoch der Konkurrenzdruck, zu gering das Verantwortungsbewusstsein.

Doch wie es einst Winston Churchill formulierte, »... we are certainly not at the end, but we may be at the end of the beginning«. Der Anfang ist gemacht, die ersten Schritte in die richtige Richtung sind getan.

Das öffentliche Bewusstsein ist geschärft, die Aufmerksamkeit des Verbrauchers geweckt: Immer mehr Menschen wollen sich nicht mehr mit Halbwahrheiten abspeisen lassen. Sondern wollen wissen, was ihnen aufgetischt wird.

Schließlich hat Essen fundamentale Bedeutung: In körperlicher Hinsicht ebenso wie in emotionaler und gesellschaftlicher. Besonders hierzulande ist die Einstellung zur Ernährung sehr ethisch geprägt. Entsprechend groß die Empörung nach jedem Lebensmittelskandal. Bei der Bewertung von Nahrungsmitteln achtet der Bundesbürger vor allem auf Schadstoffbelastung, Tierhaltung und Umweltschutz. Umso gefragter sind Aufklärung und Information – wozu auch dieses Buch beitragen soll.

Zumal Menschen mit einem guten Ernährungswissen in der Regel auch gesünder essen. Und zumal, wie ein Zeitgenosse bemerkt, »im Essen alle Sehnsüchte zu finden sind, die uns prägen«. Diese sollten nicht zu sehr enttäuscht werden.

Kaufen Sie, was Sie wollen ...

Kein Grund zur Panik ... Oder etwa doch? Lebensmittelskandale sind inzwischen nahezu alltäglich geworden. Kaum ist der eine überstanden, schon informieren uns die Medien über neue beängstigende Zustände auf dem Teller. Wir erinnern uns: 1994 wurde in importierter Baby-Nahrung das giftige Insektenvernichtungsmittel »Lindan« entdeckt. 2002 fand sich in Bio-Weizen das seit 1990 verbotene Unkrautbekämpfungsmittel »Nitrofen«. Und 2003 stellte sich heraus, dass ein Drittel importierter Gemüse-Paprika erhebliche Pflanzenschutzmittelrückstände aufweisen. Das sind nur einige von vielen Beispielen aus jüngster Zeit.

Letzten Endes verunsichern die Nachrichten über immer neue Risiken auf dem Teller:

Stimmt es, dass die Schraubdeckel der Konservengläser mit Chemie verseucht sind?

Dass Chips das Krebsrisiko erhöhen, weil Acrylamid drin ist?

Dass in importierten Erdbeeren oft Pflanzenschutzmittel stecken?

Dabei sollen und wollen wir gesund und abwechslungsreich essen. Doch was? Hundertprozentige Sicherheit vor belasteten Lebensmitteln wäre toll, ist jedoch nicht zu haben. Was wir aber haben, ist die Möglichkeit, die Gefahren zu reduzieren. Dazu sind wir gefordert, selbst aktiv zu werden. Das könnte unter anderem durch eigene Kontrolle geschehen, statt nur immer auf die anderer zu vertrauen.

Was wir dazu vor allem brauchen, sind Kenntnisse und Antworten auf die vielen offenen Fragen. Um zu wissen, was uns angeboten wird. Und dann nur das zu kaufen, was wir auch wollen. Nicht das, was man uns verkaufen möchte.

»Was wir essen«

So heißt auch eine Kampagne des Bundesministeriums für Verbraucherschutz, Ernährung und Landwirtschaft. Auch in Berlin hat man längst erkannt, wie wichtig Aufklärung ist.

In den folgenden Kapiteln nehme ich Sie unter dem gleichen Motto an die Hand. Und mit auf einen Rundgang durch das große Sortiment des Lebensmittelhandels. In den Supermarkt und die Bäckerei, zum Obststand und ins Käsegeschäft, auch in den Schlachthof und an Bord des Hochseetrawlers. Natürlich auch in den Bio-Laden und auf den Hof des Öko-Bauers. Dabei lernen Sie Seite für Seite kennen, was wir essen und was wir trinken. Und was dabei wichtig ist: Worauf Sie beim Kauf und beim Lagern achten müssen. Was auf dem Etikett stehen muss. Wie hergestellt wird, was Sie so gerne mögen. Wo Sie sicher sein können und wovon Sie besser die Finger lassen sollten.

Das eine oder andere Lebensmittel werden Sie vielleicht vermissen. Das Wichtigste kommt jedoch in den Einkaufswagen. Den müssen Sie nun noch richtig durch die Regale lenken. Das Navigationssystem dazu bekommen Sie jetzt.

Unser täglich Brot

Es ist unser wichtigstes Nahrungsmittel und zugleich unser vielseitigstes: Nirgendwo sonst auf der Welt gibt es so viel Auswahl in den Bäckereien wie in Deutschland. An die 300 verschiedene Brotsorten und 1200 Arten an Kleingebäck warten zwischen Flensburg und Garmisch auf Käufer. Doch die Vielfalt im Brotkorb hat ihren Preis: Die Zeiten, in denen der Bäcker nur drei Dinge brauchte, sind lange vorbei. Neben Mehl, Salz und Wasser wandert heute eine Menge mehr in die Rührmaschinen. Unter anderem Hilfreiches wie Gärcontroller und Brotstabilisatoren sowie allerlei fertige Backmixturen: Vieles, was nach »uraltem Rezept« im Ofen backt, liefert inzwischen die Backmittelindustrie. Die »Tütenbäckerei« lässt den Bäcker länger schlafen und macht ihm auch sonst das Leben leichter. Sein Geschäft aber nicht lukrativer. Landauf, landab schließen Bäckereibetriebe ihre Pforten – die Quittung der Verbraucher. Dafür, dass das Vollkornbrot, in das sie morgens beißen, möglicherweise gar keines ist. Sondern industriell vorgefertigtes Machwerk aus Auszugsmehl, mit Körnern geschönt und durch Zuckercouleur »vollwertig« gebräunt. Für Brot vom Fließband geht der Kunde aber klüger in die Discounter. Das muss nämlich nicht zwangsläufig schlechter sein als Bäckers Brötchen um die Ecke – und damit häufig ebenso Industrieware zum Frühstück. Wovon der Käufer natürlich keine Ahnung hat.

Wer lieber weiß statt ahnt und wirklich Selbstgebackenes möchte, geht in andere Backstuben. In jene, in denen man den Verlockungen der Industrie entsagt. Sich stattdessen wieder auf die hohe Kunst des Backens besinnt und damit ordentlich Profit verzeichnet. Handwerk hat doch goldenen Boden …

Über 80 Kilogramm Brot und Backwaren isst der Bundesbürger im Jahr, ein knappes Viertel Pfund am Tag. Damit ist Deutschland Spitzenreiter in Europa.

Von Baguette bis Vollkornbrötchen

Dunkel oder hell, grobkörnig oder feingemahlen, kräftig oder mild im Geschmack, rund oder eckig, Weltmeisterlaibchen oder Vitalbrot, Mehrkornstange oder Laugenhörnchen … Das Sortiment der deutschen Bäckereien ist unvergleichlich – sowohl was die Sorten als auch die Bezeichnungen betrifft.

Was Sie alles in Ihrem Brotkorb liegen haben können:

Weizenbrot
Helles Backwerk wie Weißbrot oder Weizentoast, das aus mindestens 90 % Weizenmehl besteht. Toastbrot können auch Zucker, Fett und Milchprodukte zugesetzt werden. Die Teiglockerung erfolgt fast ausschließlich durch Hefe. Der Geschmack ist zurückhaltend mild, krustenreiche Sorten sind dagegen aromatischer.

»Toast«, aus dem Englischen für geröstete Scheiben von Toastbrot, lässt sich nicht nur essen, sondern auch aussprechen – als Trinkspruch. Englische Lords kündigten einst mit einem Stück geröstetem Brot im vollen Weinbecher an, dass sie einen Toast aussprechen wollen. Im 18. Jahrhundert hielt diese englische Tischsitte auch hierzulande Einzug.

Weizenmischbrot

Hier beträgt der Anteil an Weizenmehl mehr als 50 aber weniger als 90 %. Die Lockerung erfolgt ebenfalls überwiegend durch Backhefe, der Geschmack ist mild und schwach säuerlich. Viele so genannte Spezialbrote sind Weizenmischbrote, beispielsweise Kasseler Brot, Schwäbisches Bauernbrot und Schwarzwälder Brot.

Weizenvollkornbrot

Diese Brote müssen zu mindestens 90 % aus Weizenvollkornmehl und/oder -schrot bestehen. Weizenvollkornbrote schmecken aromatisch und sind meist saftig. Abhängig davon, ob das volle Korn fein vermahlen, als grober Schrot oder ganz verarbeitet wird, changiert die Farbskala von hellem Graubraun bis Dunkelbraun. Schwarze Schafe oder in diesem Fall braune gibt es jedoch einige; mehr dazu auf S. 30 ff.

Roggenbrot

Weithin bekannt als »Graubrot« mit einem Roggenmehlanteil von mindestens 90 %. Roggenbrot wird meist mit echtem Sauerteig oder Kunstsauer hergestellt, was ihm seinen ausgeprägt aromatisch-säuerlichen Geschmack verleiht.

Roggenmischbrot

Hier muss der prozentuale Anteil des Roggenmehls mehr als 50, aber weniger als 90 % betragen. Die Säuerung erfolgt ebenso wie bei Roggenbrot mittels echtem Sauerteig oder Kunstsauer.

Roggenvollkornbrot

Muss mindestens 90 % Roggenvollkornmehl und/oder -schrot enthalten. Je nach Art der Verarbeitung sind Roggenvollkornbrote unterschiedlich dunkel gefärbt. Für die »gesunde« Tönung sorgen jedoch leider häufig auch Malz- und andere Farbstoffe (S. 31).

Spezielle Brotsorten

Aus dem Backofen wird auch einiges geholt, was in der Bäckergilde die offizielle Bezeichnung »Spezialbrot« trägt. Unter anderem

- Brote mit besonderen Getreidearten wie beispielsweise Mehrkorn- oder Hirsebrot.
- Brote mit besonderen Backverfahren, beispielsweise Dampfkammerbrote wie Pumpernickel und Knäckebrote.
- Brote mit besonderer Teigführung, wie Grahambrot.
- Brote mit besonderen Zutaten wie beispielsweise Rosinen-, Buttermilch- oder Quarkbrot.
- Brote mit verändertem Nährwert: beispielsweise kalorienverminderte oder ballaststoffangereicherte Brote.
- Diätbrote: Dazu gehören Diabetikerbrot, das höchstens mit 840 kJ (200 kcal) pro 100 Gramm in der Energiebilanz zu Buche schlagen darf, sowie kochsalzarme Brote. Sie dürfen maximal 120 Milligramm Natrium pro 100 Gramm enthalten. Auch glutenfreies Brot fällt in die Diätkategorie. Es ist bei Eiweißverdauungsstörungen angezeigt und muss entsprechend frei von Mahlerzeugnissen aus Roggen, Weizen, Hafer und Gerste sein.

Brötchen oder Semmeln, Brezn oder Brezeln?

Was unter »Kleingebäck« rangiert, unterscheidet sich von der großen Verwandtschaft nicht durch die Bestandteile. Sondern durch Größe und Gewicht – 250 Gramm und nicht mehr darf so ein Fliegengewicht auf die Waage bringen.

Ob man es nun mit Röggelchen, Wasserweck, Rundstück, Schrippen oder Kaisersemmel zu tun hat, darüber bestimmen Aussehen und Herstellung. Und auch die Region, in der man lebt. In Norddeutschland fragen Sie besser nicht nach einer Semmel. Es könnte keine geben, wohl aber viele verschiedene Brötchen …

Lokale Unterschiede gibt es auch beim Bestseller der Backwerke. Ob als Brezn, Brezel oder Bretzel: 454 Millionen Exemplare davon wandern jährlich deutschlandweit in die Münder. In junge wie alte, pur oder halbiert und gebuttert, als Dauergebäck oder knusprig frisch vom Blech.

Eine Brezel, um beim Hochdeutschen zu bleiben, besteht traditionell aus folgenden Zutaten: Weizenmehl, Malz, Salz, Backhefe und Wasser. In manchen Regionen wird auch Fett, meist Schweineschmalz, zugegeben. Obendrauf kommt grobes Salz, inzwischen auch oft Sesamsaat, Kürbiskerne oder Mohnsamen. Für die charakteristische Form sorgt eine spezielle Wurftechnik: Dabei wird der ausgerollte Teigstrang an beiden Enden gehalten und bekommt durch eine kurze, ruckartige Bewegung einen 180° -Drall. Dann müssen die beiden Enden nur noch oben angedrückt werden. Was geübtem Brezelbäcker binnen Sekunden gelingt, bedarf allerdings langer Übung. Vor dem Backen geht die Brezel dann baden: In verdünnte Natronlauge, wie alle anderen Laugengebäcke. Was diesen ihren Namen, die typisch glänzend-braune Optik und den würzigen Geschmack verleiht, ist nicht ohne. Denn Natronlauge ist an sich giftig und selbst verdünnt ätzend. Gefahr für die Gesundheit ist indessen nicht zu befürchten: Beim Backen wandelt sich die Natronlauge durch das aus dem Teig kommende Kohlendioxid zu Soda um, das weder ätzend noch anderweitig schädlich ist.

Auf die Idee, Teig mit Lauge zu bestreichen, damit er besonders knusprig wird, kam ein bayerischer Bäcker vor rund 100 Jahren. Davor wurden Brezeln mit Zuckerwasser bestrichen und schmeckten entsprechend völlig anders.

Die Brezel-Form soll angeblich ein Kind mit verschlungenen Armen symbolisieren. Anderen Quellen zufolge stellt sie einen Mönch beim Gebet dar.

Man nehme ...

... Wasser, Salz, Mehl und füge Backhefe oder Sauerteig hinzu. Je nach Brotsorte gebe man diverse Gewürze, Nüsse oder Samen in den Teig. Diesem verpasse man eine intensive Knetmassage und bette ihn dann zur Ruhe. Zum Treiben, um ihn anschließend in die gewünschte Form zu drücken – fürs Finale im Backofen. Hier erledigen die hohen Temperaturen alles Weitere: Sie bringen Getreidestärke zum Quellen, Eiweiß zum Gerinnen und knusprige Kruste. Abhängig davon, wie die Teigstücke im Ofen platziert wurden: Liegen sie frei nebeneinander, kann sich rundum jene knackige Kruste bilden, die wir bei Land- und Bauernbroten so schätzen. Neben solchen »freigeschobenen« gibt es »angeschobene« Brote, die ihrer Fertigstellung Seite an Seite entgegenbacken. Dank des Schmusekurses können sie nur obenrum mit Kruste dienen. Auch Kastenbrote, die in Backformen in den Ofen kommen, haben wenig Knuspereffekt zu bieten – kennen Sie von Ihrem Toast. Ganz und gar krustenlos sind Sonderlinge wie Pumpernickel und Dampfkammerbrote, die in Backröhren bei geringen Temperaturen und dafür umso länger vor sich hin dampfen.

Wie gesund ist unser Brot?

In erster Linie eine Frage der Zutaten – allen voran des verwendeten Mehls. Grundsätzlich enthalten alle Mehlarten reichlich Energiespender, sprich Kohlenhydrate. Was das tägliche Brot darüber hinaus liefert, sind wertvolle Vitamine, Mineralstoffe, Spurenelemente und andere Vitalstoffe:

- Vitamin B1, das »Nerven-Vitamin«, stärkt Konzentration, Gedächtnis und Kondition
- Vitamin B6 fördert Stoffwechsel und Blutbildung
- Kalzium und Phosphor stärken Knochen und Zähne
- Zink aktiviert das Immunsystem
- Eisen ist zuständig für Sauerstofftransport und Blutbildung
- Magnesium, das »Anti-Stress-Mineral«, hemmt Erregungsvorgänge an Nerven und Muskeln
- Kupfer und Mangan sorgen für einen geregelten Stoffwechselablauf
- Ballaststoffe, unerlässlich für florierende Verdauung und gesunden Darm
- pflanzliches Eiweiß, das leichter zu verwerten ist als tierisches Eiweiß

Alles das findet sich jedoch überwiegend in den Randschichten des Korns. Der Grund, warum für Backwaren aus Vollkornmehlen plädiert wird. Mit einer Scheibe Vollkornbrot (etwa 50 Gramm) servieren Sie sich:

Kohlenhydrate	20 Gramm
Ballaststoffe	4 Gramm
Eiweiß	3 Gramm
Vitamin B1	0,09 Milligramm
Vitamin B6	0,15 Milligramm
Eisen	1,5 Milligramm
Magnesium	35 Milligramm

Eine Menge Gutes für die Gesundheit, bei nur 100 Kilokalorien. Vollkornprodukte gelten nicht umsonst als Basis einer gesunden Ernährung, der zahllose Studien umfassend günstige Effekte bescheinigt haben. Auch wenn noch nicht ganz geklärt ist, wie viel unser Körper vom vollen Korn hat – sprich tatsächlich verwerten kann. Womit Vollkornprodukte ebenfalls in der Diskussion stehen, ist deren mögliche Schadstoffbelastung. Diese kann erhöht sein, da sich Pestizide und Umweltgifte vor allem in den Randschichten des Getreidekorns anreichern. Das Risiko ist laut Ernährungswissenschaft bei weitem nicht so hoch, wie manche Schlagzeilen glauben machen wollen, und geht beim Bio-Bäcker nahezu gegen Null.

Greifen Sie also möglichst oft zu Brot und Brötchen aus Vollkorn. Sofern es Ihnen bekommt. Vielen Menschen beschert der gesunde Genuss so seine Probleme. Von Blähungen und Sodbrennen kann mancher um seine Gesundheit bemühte Esser ein Lied singen. Wenn es Ihnen ebenso geht, lassen Sie Produkte aus vollem Korn besser im Regal und nehmen Mischbrote. Auch die versorgen Sie mit wertvollen Nährstoffen.

Kein unnötiger Ballast

Ballaststoffe liefern zwar keine Energie, sind aber alles andere als nutzlos: Sie kurbeln die Darmtätigkeit an, verhindern damit Verstopfung auf natürlichem Weg und beugen Hämorrhoiden vor. Studien haben gezeigt, dass unverdauliche Pflanzenstoffe auch vor Darmkrebs schützen können: Sie binden Krebs erregende Stoffe und transportieren sie aus dem Darm. Ballaststoffe

haben auch einen positiven Einfluss auf die Zusammensetzung der Blutfette (Cholesterinspiegel) und beugen zu hohem Blutzucker vor.
Damit sind sie auch ein guter Schutz vor Herz-Kreislauf-Erkrankungen.

Ernährungswissenschaftler empfehlen pro Tag mindestens 30 Gramm Ballaststoffe, davon rund die Hälfte aus Getreideprodukten.

»Brot macht dick ...«

Irrtum: Brot enthält kaum Fett. Durch seine Stärke und Ballaststoffe ist es ein guter Sattmacher, aber kein Dickmacher. Was sich auf den Rippen sammelt, ist vielmehr der Brotbelag. Der nämlich schlägt mit meist mehr Kalorien zu Buche als die Schnitte selbst: Wurstwaren und Käse haben es meist gehörig in sich ...

Um beim Brotessen unnötige Kalorien zu vermeiden, schneiden Sie zukünftig die Scheiben dicker und belegen sie dafür dünner. Statt mit Salami oder fettreichen Käse auch mal mit Kräuterquark oder ganz einfach mit Tomatenscheiben. Radieschen und Kresse sind weitere kalorienarme Alternativen zu Mettwurst & Co. Butter und Margarine kratzen Sie dünn aufs Brot oder lassen sie ganz weg.

Das steckt in 100 Gramm

Toastbrot	253 kcal	3, 4 g Fett
Weißbrot	235 kcal	1,3 g Fett
Weizen- oder Roggenvollkornbrot	188 kcal	weniger als 1 g Fett
Roggen- oder Roggenmischbrot	210 kcal	weniger als 1 g Fett
Mehrkornbrot	220 kcal	weniger als 1 g Fett
Roggenbrötchen	223 kcal	weniger als 1 g Fett
Weizenbrötchen (Rundstück, Semmel)	248 kcal	1,4 g Fett
Laugenbrezel	246 kcal	1,8 g Fett

Brotkruste – gesünder als ihr Ruf

Seit im April 2002 entdeckt wurde, dass beim Zubereiten von Lebensmitteln als Nebenreaktion der Bräunung Acrylamid (S. 155) entstehen kann, stand auch im Visier der Gesundheitsschützer, was vielen mit das Liebste am Brot ist: die knusprige Kruste. Den knusprigen Genuss hat die Tatsache, dass Acrylamid im Tierversuch Krebs erregend und erbgutschädigend wirkt, doch einigermaßen vermiest.

Krustenknabberer können nun aber allem Anschein nach wieder getrost zubeißen: In Untersuchungen am Institut für Lebensmittelchemie der Uni Münster wurde nachgewiesen, dass in der Brotkruste auch solche Röststoffe vorkommen, die Krebs vorbeugen können: Je mehr dunkle Risse und Riefen eine Brotkruste hat, desto häufiger kommen Stoffe vor, die antioxidativ und entgiftend wirken. Im Tierversuch zeigte sich bereits, dass Brotkruste im Futter den Spiegel einer wichtigen Zellschutzsubstanz im Körper deutlich erhöht – das Antioxidans Pronyl-Lysin, das sogar eine Schutzwirkung auf die Darmflora besitzt. Und nur in der gebräunten Brotkruste gebildet wird, nicht aber im weichen Teil des Brotes.

Der Klassiker: Sauerteig

Keine Frage, launisch ist er und empfindlich obendrein. Doch was Millionen von Säurebakterien über 24 Stunden bewerkstelligen, macht die Stulle so richtig wertvoll: Echtes Sauerteigbrot ist das gesündeste, bekömmlichste und auch das haltbarste Brot überhaupt. Das lohnt den Aufwand allemal. Denn bis echter Natursauer in den Teig darf, muss ihm einige Zuwendung zuteil werden. Zubereitung und Handhabung erfordern Geduld – ungeachtet und vielleicht auch gerade wegen der schlichten Zutaten: Für echtes Natursauerteigbrot benötigt man tatsächlich nicht mehr als Mehl, Wasser und Salz.

Was es auf dem Weg vom Anfrischsauer in den Ofen noch bedarf, ist vor allem handwerkliches Können.

Der Reihe nach: Als erstes wird eine Tasse Roggenmehl mit etwas Wasser vermischt, als Würze einige Prisen Salz. Was nun binnen der nächsten Stunden für Gärung sorgt, hat Mutter Natur mitgeliefert: Säurebakterien und Hefepilze, die bereits im Roggenkorn stecken und sich alsbald immer zahlreicher im Anfrischsauer tummeln.

Wichtig für die Gärung sind vor allem Milchsäurebakterien. Sie produzieren emsig Milch- und Essigsäure und jene Aromastoffe, die Sauerteigbrot so einzigartig schmecken lassen.

Nach einigen Stunden wird für das Grundsauer und das Vollsauer jeweils weiteres Mehl und Wasser zugesetzt – insgesamt dreimal, bis aus der gärenden Masse schließlich Teig geworden ist. Bevor dieser seine Ofenreife erreicht hat, muss er noch einige Zeit ruhen. Sowohl im formlosen Zustand wie als Laib. Dann aber geht es endlich in den Backofen. Der wurde bereits mit Gasbrennern vorgeheizt und wartet mit gleichmäßig verteilter Hitze auf die Backlinge. Richtige Ofentechnik spielt eine wichtige Rolle beim Natursauerteig. Wer sie beherrscht, wird mit besonders vielen Geschmacksstoffen im Laib belohnt.

Soweit, so kurz die Stationen einer langen Reise – bei keinem anderen Brot heißt es so lange warten, bis es knusprig und frisch angeschnitten werden kann. Das genau aber zeichnet echtes Sauerteigbot aus. Im Zuge des langen Gärungsprozesses bauen Pilze und Bakterien ab, was natürlicherweise im Getreide vorkommt, der Bekömmlichkeit aber hinderlich ist. Als da wären Substanzen, die uns die Verdauung von Stärke erschweren und Ungemach wie Blähungen bescheren. Weiterhin werden im Natursauer unwirksam gemacht: Phytin, das dem Körper bei der Aufnahme von Zink und Magnesium im Weg steht, und Gliadin. Ein Eiweißstoff, der zur Darmkrankheit Zöliakie führen kann.

Vorzüge, die wohlgemerkt nur die traditionelle Sauerteiggärung kraft ihrer »Drei-Stufen-Führung« bietet. Was den Sauerteig pflegeleichter macht, geht zu Lasten seiner Qualität – gesundheitlich wie geschmacklich. Das gilt für einstufig hergestelltes und ganz besonders für künstliches Sauer. Damit kann sich der Bäcker die leidige Gärerei völlig ersparen, seinen Kunden aber dennoch Brote anbieten, die zumindest nach echtem Sauerteig riechen und schmecken. Ein nur allzu gern eingesetztes Imitat und leider ein sehr perfektes dazu. »Echten« von »falschem« Sauerteig zu unterscheiden, ist für Laien im Grunde unmöglich. Deshalb fragen Sie auch nach, welche Art von Sauerteig verwendet wurde. Und glauben nicht, dass Ihnen die Angabe mit »echten Sauerteig gebacken« tatsächlich auch echtes, weil dreistufiges Sauer im Abendbrot beschert (S. 23). »Echt« darf sich nämlich auch die bequeme einstufige Variante nennen.

Ob Sie echtes Sauerteigbrot in der Brotkapsel liegen haben, erkennen Sie noch am ehesten an der Haltbarkeit: Das Original bleibt Ihnen mindestens eine ganze Woche erhalten ohne zu schimmeln.

Was dem Teig noch aufhilft

Die Starbesetzung hatten wir eben. Außer ihr dürfen, um »die Herstellung von Backwaren zu erleichtern und Teiglockerung und Volumenzunahme zu bewirken«, auch Backtriebmittel in den Teig – natürliche wie synthetische. Je nachdem, wie schnell es in der Backstube gehen muss.

Hefe bringt vor allem Brotteige aus Weizenmehl in die Höhe. Bei Roggen- oder Roggenmischbroten erledigt das der Sauerteig oder eine Mischung aus Sauerteig und Hefe.

- Backhefe

Wie bei Großmuttern: Hefepilze vergären Stärke und Zucker zu Kohlendioxid und Alkohol. Ganz gemütlich und immer vorausgesetzt, sie haben es kuschelig warm und feucht.

Kohlendioxid treibt den Teig auf, Alkohol verdunstet beim Erhitzen und trägt zur Lockerung bei.

- Backpulver

Hier sorgen mehrere Stoffe zugleich dafür, dass Kohlendioxid frei wird und dem Teig aufhilft. Üblich ist eine Kombination aus Natron und Säureträgern wie Wein- oder Zitronensäure. Mit ins Backpulver kommen Trennmittel wie Stärkemehle oder Calciumcarbonat.

- Pottasche

Sie stand schon in mittelalterlichen Backstuben: Was die chemische Bezeichnung Kaliumcarbonat trägt, wird zugesetzt, wenn bei längerer Lagerung Säuren entstehen. Etwa bei Lebkuchenteigen, die ja bekanntlich lange haltbar sein sollen.

- Hirschhornsalz

Ein Gemisch aus Ammoniumsalzen, das bei Temperaturen von über 60 Grad Celsius in Ammoniak, Kohlendioxid und Wasser zerfällt. Hirschhornsalz wird nur für flaches Kleingebäck verwendet, das oft einen leichten Geschmack nach Ammoniak behält. Was bei Backwaren wie zum Beispiel bei den »Amerikanern« bewusst erwünscht ist.

- Fette

Bei Blätterteigen dient beispielsweise Butter als Triebmittel, in vielen anderen Backwerken gesättigte Fettsäuren. Ernährungsphysiologisch nicht eben wertvoll, aber dafür wirksam.

- Synthetische Backtriebmittel

Meist Phosphate oder synthetische Ascorbinsäure, die via Gasbildung dem Teig zu Fülle und Lockerheit verhelfen (S. 295).

Weniger ist mehr: Bio-Brot

»Back to the roots«: Sie verhelfen dem angeschlagenen Bäckerhandwerk zu neuen Ehren. Bio-Bäcker lassen die gute alte Backtradition wieder aufleben. Backen wie einst, ohne chemische Helferlein und anderen industriellen Support. Sondern einzig mit hochwertigen Zutaten aus ökologischem Anbau, handwerklichem Können und gutem Willen. Für den Ausstieg aus der Chemiebäckerei musste sich mancher Bäckersmann erst einen Ruck geben. Das

Wagnis macht sich jedoch bezahlt, nicht nur gesundheitlich und geschmacklich: Mit echtem Natursauer geht nicht nur den Teig, sondern auch die Rechnung für den Bäcker besser auf. Die ökologisch ausgerichteten Backstuben erfreuen sich wachsender Umsätze. Die größte unter ihnen, die Münchner Hofpfisterei, hält in ihrer Heimat bereits einen Marktanteil von 20 % – trotz deutlich höherer Preise.

Bei aller Sparsamkeit sehen ganz offensichtlich immer mehr Verbraucher ein, dass gute Qualität ihren Preis hat. Und das »weniger mehr« ist: Bio-Bäcker kommen mit einem Mininum an Zusatzstoffen aus. Die wie alle anderen Zutaten ebenfalls ökologischer Herkunft sind. Denn für Bio-Brot darf nur Getreide aus ökologischem Anbau verwendet werden. Nur dann gibt es das staatliche Bio-Siegel aufs Brot (S. 306). Weiterhin setzt man in Öko-Backstuben auf Vollkornmehl oder -schrot. Helles Auszugsmehl kommt nur in Kuchen- und andere süße Backteige, die mit Vollkornmehl nicht so gut gelingen.

Rohstoffe nur aus ökologischem Anbau, hoher Anteil an Vollkorn und kaum Zusatzstoffe – das zeichnet Bio-Backwerk aus.

Dafür, dass in der Bio-Backstube der Teig aufgeht, dürfen nur echter Natursauerteig, Bio-Hefe und Backferment sorgen. Bio-Hefe wird speziell auf Öko-Getreide gezüchtet, Backferment ist eine besondere Kreation aus Honig, Getreide und Hülsenfrüchtemehl. An weiteren Stoffen gestatten deutsche Bio-Verbände wie Demeter, Bioland oder Naturland nur, was schon einst in Omas Kochbuch stand: Weinstein beispielsweise oder Gelantine, die Tortengüssen und cremigen Füllungen Halt gibt. Auch Dinge wie Hirschhornsalz können auf eine lange Tradition in Backstuben und Küchen zurückblicken.

Synthetische Backhilfen, Kunstsauer & Co., dürfen keinesfalls in einen Bio-Teig. Das Backstop gilt auch für Enzyme wie Amylasen, die für mehr Volumen im Teig sorgen und für Proteasen, die den Teig elastischer machen. Auch Phosphate und Glyzeride für eine schönere Krume sind tabu, ebenso Konservierungsstoffe und »naturidentische« Aromen.

Körner allein machen noch kein Vollkornbrot ... Was aber viele glauben und was sich gut verkaufen lässt. Doch mit »Vollkorn« liegt man schnell voll daneben. Der Begriff sagt nur, dass das Brot kleine Anteile an ganzen Körnern enthält. Aber dennoch mit Auszugsmehl gebacken sein kann. Allein die Bezeichnung »Vollkornbrot« garantiert einen mindestens 90-prozentigen Anteil an Vollkornmehl.

Will man richtiges Vollkornbrot bekommen, sollte man bei seinem Bäcker konkret danach fragen. Und sich nicht mit Ausweichmanövern abspeisen lassen. Bei abgepacktem Brot achten Sie genau auf die Zusammensetzung: Was steht auf der Zutatenliste?

Für Vollkornmehl wird das ganze Korn gemahlen – Mehlkörper und Hülle. Das macht es dunkler und schwerer, mithin Vollkornbrote und -brötchen kompakter als Auszugsmehlware.

Original und Fälschung: Brot vom Fließband

Gut, beim Öko-Bäcker sind Sie auf der sicheren Seite. Aber was erwartet Sie in Betrieben, die ihre konventionellen Brötchen backen? Oder gar in Supermärkten und Tankstellen? Inzwischen oft das Gleiche: Keine von Hand gefertigte, sondern industriell produzierte Ware aus der tiefen Kühle. Immer mehr und besonders kleine Bäckerläden steigen auf das reichhaltige gefrorene »Pre-Bake«-Sortiment um: In nicht wenigen Bäckereien, so wissen Branchenkenner, ist heute die Tiefkühllagerfläche größer als die Fläche zum Backen.

Zugegeben, was frisch aufgebacken in die Tüte kommt, sieht gut aus und schmeckt. Dafür sorgt das Arsenal chemischer Zusätze schon: Sie verpassen Weißmehlgebäcken ein Vollkorn-Outfit, machen Teige hübsch plustrig und stellen nicht zuletzt sicher, dass aufgebacken nicht so schmeckt. Der Kunde hat schließlich Selbstgebackenes aus Bäckerhand gekauft.

Das ist nicht das einzige Täuschungsmanöver in der Backstube, beilaibe: Sehr beliebt ist auch der Zusatz färbender Stoffe. Das verwandelt mit Auszugsmehl Gebackenes flugs in dunkles Brot. Hübsch mit Flocken und Körnern verziert, landet es als Vollkornbrot im Regal. Und kann teurer angeboten werden.

Nur zwei von den vielen Konsequenzen dessen, was sich in den Backstuben landauf, landab seit Jahren abspielt.

Besser vom Bäcker …
Lust auf frische ofenwarme Brötchen? Also raus zum Bäcker. Nein, viel einfacher: Zum Kühlschrank gehen, Tiefkühlfach aufmachen und Teiglinge in den Ofen schieben. Kommt immer mehr in Mode. Was die Bäckerzunft nicht freut. Und wogegen sie seit letztem Jahr mit der Kampagne »Besser vom Bäcker« ins Feld zieht: »Seelenlose Backwaren aus Abbackstationen? Abgepackte Brötchen unter Frischhaltefolie? Bauernbrot in Hartplastik-Verpackung?« Das kann niemand wirklich wollen. Deshalb, so die Kampagne, muss die schwindende Käuferschaft sensibilisiert werden. Ob das dem Bäckerhandwerk aus der Misere hilft, die ihm industrielle Billigware und Discount-Bäckereien eingebrockt haben, ist fraglich.

Gefangen in der Preisspirale

Rund um Brot und Brötchen tobt ein harter Wettbewerb. Es hat seine Gründe, dass seit den fünfziger Jahren weit über die Hälfte der Bäckereibetriebe ihre Pforten dicht gemacht haben. Dass aus urigen Backstuben hochgerüstete Produktionsstätten mit Siloanlagen, elektronischen Knetern, Teigabwiegemaschinen und EDV-gesteuerten Öfen wurden. Und dass immer mehr Bäcker auf industriell vorgefertigte, vor allem tiefgekühlte Ware umsatteln. Nur so haben sie eine Chance, neben großen Bäckereiketten und Backwaren-Discountern, neben ständig »frisch« zu Dumping-Preisen zu bestehen – zumindest noch eine Weile.

Tiefkühltechnik, industriell hergestellte Teiglinge und chemische Backhilfen haben zweifelsohne weniger Arbeit und mehr Produktivität gebracht – das traditionelle Bäckerhandwerk aber in ein Dilemma zwischen Wettbewerbsfähigkeit und Qualität: Gutes Brot braucht seine Zeit. Und die ist bekanntermaßen Geld. Was einen höheren Preis zu Folge hat, den die Kunden aber mehr nicht bezahlen wollen oder können. Also bleibt vielen Bäckereibetrieben nichts anderes, als sich dem Billig-Diktat zu beugen: industriell, damit schneller und rentabler backen.

Was auf dem Backwarenmarkt weiter Druck macht, ist die Globalisierung. Baguette nach französischer Art, italienisches Ciabatta und türkisches Fladenbrot – wer mithalten will, bäckt international. Was den Griff zu fertigen Backmischungen noch schneller macht. Wenn Backen wie einst die heimische Sortenvielfalt kaum noch abdecken kann, wie anders sollen dann Importe geliefert werden. Die Antwort haben wir im Brotkorb. Und zugleich die Antwort darauf, weshalb das traditionelle Backen vom Aussterben bedroht ist.

Was darf in die Stulle?

Besonders angesichts des Preiskampfs eine heikle Frage. Auskunft über zulässige Brotzutaten gibt die »Anleitung zum Ausfüllen der Produktinformation« des Zentralverbandes des Deutschen Bäckerhandwerks. Der Blick fällt dabei schnell auf die lange Liste der Zusatzstoffe, die – durch deutsches Lebensmittelrecht abgesegnet – in den Teig dürfen. Es sind Dutzende von Substanzen mit so genannter »Wirksamkeit im Endprodukt«:

- diverse Säuren, die Basis für Kunstsauerteig.
- Emulgatoren zur Vergrößerung des Volumens der Backwaren und zur Minderung der Klebrigkeit der Teige. Kurz, damit weniger am Maschinenpark pappt.
- Mehlbehandlungsmittel wie Ascorbinsäure, die Mehle schneller verbackbar machen.
- Frischhaltemittel wie Mehl aus Johannisbrotkernen, die dafür sorgen, dass Brot und Brötchen nicht so rasch austrocknen.
- Konservierungsstoffe, ein ganzes Dutzend. Darunter der Schimmelhemmer Sorbinsäure, zugelassen nur für abgepacktes und geschnittenes Brot, sowie Natriumdiacetat.

- dunkelfärbende Stoffe wie geröstetes Malz und andere Farbstoffe.
- Stabilisatoren
- Schmelzsalze
- Antioxidationsmittel
- Säuerungsmittel
- Backtriebmittel
- Geliermittel
- Geschmacksverstärker
- Süßstoffe
- modifizierte Stärke
- Nitritpökelsalz
- Rauch

Nein, Ihnen wird jetzt nicht ganz anders. Sondern Sie vertrauen darauf, dass diese netten Dinge auch alle im Zutatenverzeichnis aufgeführt sind. Dazu ist der Hersteller nämlich gesetzlich verpflichtet. Könnte ja sein, dass der eine oder andere nicht nur keine Chemie mag, sondern sie schlichtweg körperlich nicht verträgt. Allergiker beispielsweise …

Wie muss Brot gekennzeichnet sein?

Mutige vor und ran ans Etikett. Klebt dieses auf Fertigpackungen von Brot und Kleingebäck, müssen folgende Angaben zu lesen sein:

- Verkehrsbezeichnung
- Zutatenverzeichnis (na also …)
- Füllmenge nach Gewicht – davon ausgenommen sind Knäckebrot und Brot in Scheiben mit einer Füllmenge von 100 Gramm oder weniger sowie Kleingebäck mit 250 Gramm oder weniger.
- Mindesthaltbarkeitsdatum – davon ausgenommen sind Backwaren, die normalerweise innerhalb von 24 Stunden nach ihrer Herstellung verzehrt werden, wie Brötchen.
- Name und Anschrift des Herstellers, Verpackers und Verkäufers.

- bei Kleingebäck der Hinweis »unter Schutzatmosphäre verpackt«.
- »Krume und Kruste gebräunt«, wenn dunkelfärbende Stoffe wie gebräuntes Malz verwendet wurden.
- »ohne Konservierungsstoffe« oder »chemisch nicht konserviert«, sofern die betreffende Ware durch Pasteurisierung – mithin 15 bis 30 Minuten auf etwa 70 Grad Celsius erhitzt – haltbar gemacht wurde.

So weit zu verpacktem Backwerk. Weitaus schwieriger ist der Durchblick bei unverpackten Broten und Backwaren. Die tragen bekanntlich kein Etikett. Deshalb müssen Schilder neben oder vor der Ware den Käufer aufklären. Durch folgende Angaben:

- Verkehrsbezeichnung
- Gewicht – davon ausgenommen sind lose Brötchen, die nach Stück und ohne Gewichtsangabe verkauft werden dürfen.
- Verwendung von Konservierungsstoffen
- Verwendung dunkelfärbender Stoffe
- Verwendung gefärbter Früchte

Der Zusatz von Zuckercoleur, ein brauner Farbstoff aus Zucker, ist bei Brot und Kleingebäck nicht zulässig.

Damit Brot lange schmeckt ...

... sollten Sie es richtig aufbewahren. Am besten in sauberen, atmungsfähigen und trockenen Behältnissen, wie einem Brottopf aus Ton oder Omas Brotkasten aus Blech. Haben Sie verpacktes Brot gekauft, lagern Sie es in der Originalverpackung. Wo Brot generell nicht hingehört, ist der Kühlschrank, denn die niedrigen Temperaturen lassen es schnell altbacken werden. Nur in Ausnahmen, bei hohen Temperaturen und hoher Luftfeuchtigkeit, sollte Brot in den Kühlschrank, um Schimmelbildung vorzubeugen.

Ein sehr guter Platz für Brot und Brötchen sind Tiefkühlfach und -truhe. Frisch lassen sie sich hervorragend einfrieren und halten bei mindestens minus 18 Grad Celsius ein bis drei Monate. Wollen Sie Brot bei Zimmertemperatur auftauen, müssen Sie dafür etwa fünf Stunden einplanen. Zeitsparender und wohlschmeckender ist, gefrorenes Brot im Backofen zu »entfrosten«. In wenigen Minuten können Sie es knusprig frisch vom Blech nehmen. Wenn Sie das Backgut zuvor mit etwas Wasser oder besser noch mit Olivenöl benetzen, bekommen Sie auch noch eine tolle knackige Kruste.

Lassen Sie knusprige Brote und Kleingebäck bis zum Verzehr offen liegen – luftdicht verpackt wird es weich und knatschig.

Je dunkler, desto länger

Brote und Brötchen mit hohem Weizenmehlanteil lassen sich nur kurz lagern. Je größer der Anteil an Roggenmehl oder Sauerteig ist, desto länger hält sich Brot bei Raumtemperatur frisch:

Weißbrot	1 bis 3 Tage
Weizenmischbrot	3 bis 5 Tage
Roggenmischbrot	5 bis 7 Tage
Roggenbrot	6 bis 10 Tage
Weizenschrot- und Vollkornbrot	4 Tage
Roggenschrot- und Vollkornbrot	7 bis 9 Tage
Toastbrot, originalverpackt	bis 7 Tage
Knäckebrot/Zwieback	bis 1 Jahr

(Quelle: GMF)

Schimmelstellen entdeckt?

Verschimmeltes Brot dürfen Sie nicht mehr essen. Denn Schimmelpilze sondern Stoffe ab, die unter anderem Leber und Niere schädigen können. Auch bei Tieren – deshalb verschimmeltes Brot nicht mit in den Wildpark oder zum Ententeich mitnehmen. Ob es genügt, nur die verschimmelten Stellen großzügig abzuschneiden, hängt von deren Umfang ab: Schimmelt das Brot bereits an mehreren Stellen, werfen Sie es besser komplett weg. Die Schimmelpilze wachsen nämlich nicht nur sichtbar an der Oberfläche, sondern auch im Inneren des Brotes. Dort können sich ihre giftigen Stoffe ebenso ansammeln. Ist geschnittenes Brot verschimmelt, werfen Sie nicht nur die angeschimmelten Scheiben weg, sondern auch einige davor und dahinter.

Wussten Sie, dass …

… die Brezel im siebten Jahrhundert von einem Mönch erfunden worden sein soll? Der Überlieferung zufolge steht die typische Brezelform sinnbildlich für betende Arme. Denn früher betete man mit über der Brust gekreuzten Armen und den Händen auf den Schultern.

… die Deutschen pro Kopf 85 Kilogramm Brot im Jahr essen?

… Hefeteig beim »Gehen« deshalb zugedeckt werden muss, damit sich der Sauerstoff im Gefäß verbraucht? Nur so können die Hefen auf anaerobe Gärung umschalten, wodurch sich Kohlendioxid bildet, das den Teig hebt.

… das Croissant eine österreichische Erfindung ist und mit einer Prinzessin aus dem Alpenstaat nach Frankreich gebracht wurde? Das Hörnchen wurde inspiriert von den Türkenkriegen: Der Halbmond sollte an die vertriebenen Muselmanenhorden erinnern.

… Calciumsulfat vielfach in den Brotteig wandert, um die Krusten knuspriger zu bekommen? Calciumsulfat wird auch in der Baubranche verwendet – da nennt man es Gips.

Eier – (k)eines gleicht dem anderen

Henne oder Ei? In unserem Fall kommen erst einmal die Eier. Sie haben seit jeher einen ganz besonderen Stellenwert: Sowohl als Sinnbild für Leben, Fruchtbarkeit und Wiedergeburt wie auch als Motiv in der Kunst. In jüngster Zeit leider auch als Dorn im Auge der Tier- und Verbaucherschützer. Mit den Eiern ist das so eine Sache – keineswegs immer eine runde. Wegen des Cholesteringehaltes in Verruf, wegen der Hühnerhaltung im Visier und kürzlich auch noch auf dem Index der Lebensmittelfahnder. Erhöhte Konzentrationen an Dioxin hatten sich unter den Schalen gefunden. Ausgerechnet noch da, wo man mit gutem Beispiel vorangehen wollte: bei Eiern aus Freilandhaltung. Aufschrei quer durch die Medien, dann Entwarnung. »Alles lanciert und Panikmache«, so die verantwortlichen Behörden. »Von wegen«, so die Umweltschutzorganisationen. Die Diskussion um die Dioxin-Belastung unserer Eier ist eines der besten Beispiele dafür, wie es um die Information des Verbrauchers bestellt ist. Nicht zum Besten – These, Antithese, je nach Interessenlage. Irgendwo dazwischen liegen die tatsächlichen Fakten. Die folgenden Seiten werden die Dioxin-Frage zwar nicht lösen, aber möglicherweise einen besseren Einblick unter die Schale vermitteln.

Ich wollt, ich wär ein Huhn …

… da legt ich jeden Tag ein Ei und sonntags auch mal zwei. Bei der heutigen Legehennenhaltung sollte man sich das gründlich überlegen. Und es besser bleiben lassen, nicht nur wegen der Lebensbedingungen. Sondern auch wegen des Eierlegens. Was die Hennen nur so unentwegt tun, weil sie täglich ausgetrickst werden. Normalerweise wird so lange gelegt, bis das Nest voll ist. Danach wird gebrütet und nicht mehr gelegt. Das gilt es natürlich zu vermeiden und deshalb werden der Henne ihre Eier weggenommen. Was sie anregt, weiter Eier zu legen und immer weiter … So müht sich das arme Tier tagein, tagaus ab: Bis zu 300 Eier kommen auf diese Weise pro Huhn und Jahr zustande. Was auch auf spezielle Züchtungen zurückzuführen ist: »Legehybriden«, die sich durch eine sehr hohe Legeleistung auszeichnen. Diese hält rund fünfzehn Monate an, dann hat es sich – wenig verwunderlich – »ausgelegt«. Und eine neue Henne muss ran.

Ein Huhn legt Eier, ob sie befruchtet sind oder nicht. Denn beinahe täglich erfolgt ein Eisprung. Lösen sich am gleichen Tag zwei Eizellen, legt das Huhn nicht zwei Eier. Sondern ein Ei mit zwei Dottern.

Ordentlich was unter der Schale

Nährstoffe geballt: Eier liefern nicht nur reichlich Eiweiß, sondern jede Menge anderer wertvoller Inhaltstoffe. Was vor allem im Dotter an Gutem steckt, sind Calcium, Phosphor und Eisen, Natrium und Kalium sowie jede Menge Vitamine: A, B1 und B2, D und K.

Ein Ei von etwa 50 Gramm hat 76 kcal, 5,6 Gramm Fett und 6,45 Gramm Eiweiß. Am meisten jedoch Wasser – der Anteil liegt bei 37,04 Gramm.

Was das Ei zum Kraftpaket macht, ist das Eiweiß. Es ist sehr gut verdaulich und kann vom Körper fast komplett verwertet werden. Übrigens ist der Eiweißgehalt im Eigelb höher als im Eiklar. Das gilt auch für das Fett, das im Eiklar nur in Spuren, im Eidotter dagegen reichlich vorhanden ist. Unter der Schale steckt aber auch noch etwas weniger Erfreuliches: Cholesterin, im Schnitt 250 Milligramm – die Ration für den ganzen Tag. Mehr gilt als schädlich für die Gesundheit.

Das stimmt aber nicht uneingeschränkt. Denn es gibt verschiedene Arten von Cholesterin und nicht alle sind schlecht für uns. Im Gegenteil; mehr dazu im Folgenden.

Für und wider das Ei

Warnung vor dem Ei: Das Bemühen um cholesterinarme Ernährung drängte es auf dem Frühstücksbuffet ins Abseits. Wer erhöhte Blutfettwerte hat – mithin nahezu jeder zweite Bundesbürger – verzichtet auf die Eierspeise.

Mehr und mehr jedoch häufen sich die Zweifel am Sinn des Eier-Zölibats. Die American Heart Association, eine der wichtigsten Institutionen zum Schutz der Gesundheit, votiert inzwischen für das Ei: Was an Cholesterin unter der Schale steckt, stelle kein Risiko für den Herzinfarkt dar. Die US-Behörde rät daher, »besser ein Ei pro Tag, als nur drei Eier in der Woche zu essen«. Was sich hinter dieser Kehrtwende verbirgt, ist die Erkenntnis, dass sich bei vielen Menschen der Cholesterinspiegel mit täglich ein oder sogar zwei Eiern nicht erhöht. So ergab eine Langzeitstudie in den USA, bei der 80 000 Frauen und 38 000 Männer untersucht wurden, dass bei Gesunden die zugeführte Menge an Cholesterin einen sehr geringen Einfluss auf den Gehalt im Blut hat: Wie hoch dieser ist, wird zu 98 % von körpereigenen Mechanismen bestimmt. Untersuchungen haben beispielsweise gezeigt, dass der größte Anteil des Cholesterins nicht vom Körper aufgenommen wird. Dafür sorgt das Lecithin im Ei: Es hemmt die Aufnahme über die Darmwand und somit wandert das Cholesterin in die Kanalisation. Dazu kommt, dass unser Körper selbst sehr gut weiß, wie viel er wovon braucht. Bekommt er zuviel Cholesterin im Essen serviert, bildet er Stoffe, die den Überschuss rasch beseitigen und darüber hinaus die Neuproduktion stoppen. Das gleiche Prozedere findet auch andersherum statt: Führen wir zu wenig Cholesterin zu, kurbelt der Körper die hauseigene Herstellung an. Woraus das Phänomen resultiert, dass gerade cholesterinarm Essende ihre erhöhten Blutfette nicht runter bekommen. Nur logisch, Versorgungsengpässen wirkt der Körper resolut entgegen. Schließlich braucht er Cholesterin, nicht umsonst produziert er es auch selbst – das vergisst man jedoch leicht.

Weiße Hühner, weiße Eier – braune Hühner braune

Das können Sie zu den Akten der lang gehegten Irrtümer legen. Denn dass die Farben der Eierschalen von reinem Weiß zu dunklem Braun reichen, liegt allein in den Genen. Je nach Rasse wird in verschiedenen Farben gelegt. Dabei bestehen weder in der Menge noch in der Qualität der Eierstoffe zwischen braun und weiß Unterscheide. Die Dotterfarbe ist übrigens einzig abhängig vom Futter: Goldgelb zeigt einen hohen Gehalt an Karotinoiden, die bekanntermaßen gelborange färben. Wenn es kein Grünfutter bei Legehennen gibt, wird nachgeholfen: Mit Maismehl und Paprika-Extrakt, aber auch künstlich. Weshalb Dotter vom Bio-Ei heller ist. Denn hier darf kein Extra-Farbklecks ins Futter.

60 % der Deutschen schlagen lieber braune Eier auf. Alljährlich zu Ostern verschiebt sich des Käufers Vorliebe jedoch in Richtung Weiß – weil zum Färben besser geeignet.

Machen Sie den Frischetest

Ob ein Ei alt oder frisch ist, lässt sich leicht ermitteln. Zum einen beim Schwimmtest. Je älter Eier werden, desto geringer ist

ihr Wasseranteil. Desto größer damit der Luftraum unter der Eierschale. Wird ein Ei nun in ein Wasserglas gelegt, sinken die frischen Eier nach unten, die alten schwimmen oben.
Zum anderen beim Schütteltest. Bei einem frischen Ei ist kein Geräusch zu hören, wenn man es leicht hin und her schüttelt. Alte Eier verursachen dabei ein glucksendes Geräusch, weil das Eiklar dünnflüssiger geworden ist.
Dritte Version: Aufschlagen. Ist der Dotter hochgewölbt und das Eiklar deutlich in zwei Zonen geteilt, ist Ihr Ei frisch. Mit zunehmendem Alter wird der Dotter flacher und vermischt sich trotz gekonnten Aufschlagens mit den Eiklar.
Abgesehen von diesen Tests können Sie die Frische auch anhand des Legedatums überprüfen.
Das ist nicht angegeben, aber leicht herauszufinden: Rechnen Sie einfach ab dem Mindesthaltbarkeitsdatum 28 Tage zurück und Sie wissen, wann das Ei im Nest gelandet ist.

Bis zum Mindesthaltbarkeitsdatum lassen sich Eier roh verarbeiten, wenn die Speisen innerhalb von zwei Stunden verzehrt werden. Nach Ablauf des Datums sollten Sie Eier vor dem Essen auf 70 °C erhitzen.

First Class-Ei

Eier werden in die Güteklassen A und B eingeteilt. Der Handel bietet hierzulande nur Eier der Güteklasse A an. Güteklasse B wird in der Industrie verarbeitet. A-Klasse-Eier haben vorzuweisen:

- saubere und unbeschädigte Schale
- unbewegliche Luftkammer, nicht höher als sechs Millimeter
- klares, durchsichtiges Eiklar mit gallertartiger Konsistenz, frei von fremden Einlagerungen
- Dotter, das beim Durchleuchten nur schattenhaft sichtbar ist, beim Drehen des Eies nicht wesentlich von der zentralen Lage abweicht und frei ist von fremden Ein- oder Auflagerungen
- nicht sichtbar entwickelten Keim
- keinen Fremdgeruch
- weder gewaschen noch auf sonstige Weise gereinigt

Binnen neun Tagen nach dem Legedatum dürfen Eier der Güteklasse A unter der Bezeichnung »Extra« oder »Extra frisch« in Kleinpackungen verkauft werden.

Frische Eier halten sich bei Zimmertemperatur etwa 18 Tage, danach müssen sie gekühlt werden.

XL, L, M oder S

Seit 1996 gibt es in der EU nur noch vier Gewichtsklassen für Eier. Die Gewichtsklassen werden EU-weit in der jeweiligen Landessprache mit »sehr groß«, »groß«, »mittel« und »klein« angegeben. Alternativ oder in Kombination sind auch die Kürzel XL, L, M und S auf der Verpackung erlaubt.

S, klein: unter 53 Gramm
M, mittel: 53 bis unter 63 Gramm
L, groß: 63 bis unter 73 Gramm
XL, sehr groß: 73 Gramm und darüber

Vom Stall in die Schachtel
Nach EWG-Recht müssen die Eier mindestens jeden dritten Arbeitstag, und sofern sie unter der Bezeichnung »Extra« angeboten werden sollen, jeden Arbeitstag beim Hühnerstall abgeholt werden.
In der Packstelle werden die Eier einer betriebseigenen Kontrolle unterzogen. Unter anderem auf dem Leuchttisch, wo sich Frische und Qualität unter der Schale offenbaren.
Was den Test nicht besteht, wird aussortiert und geht mit Ausnahme von bebrüteten Eiern in die Nahrungsmittelindustrie. Die für gut befundenen Eier werden automatisch nach Gewichtsklasse sortiert und verpackt – auf Höckern, in Groß- oder Kleinpackungen.
Kleinpackungen müssen neu sein und dürfen grundsätzlich nicht wieder verwendet werden.
Großpackungen dürfen nur dann wieder verwendet werden, wenn sie gewogen, neuwertig sind und den hygienischen Bestimmungen entsprechen.

Spätestens in der Packstelle, meist bereits im Legebetrieb, müssen die Eier mit dem Erzeugercode gestempelt werden.

Der Eier-Code

Seit dem 1. 1. 2004 muss europaweit jedes Ei mit dem Erzeugercode gestempelt sein. Damit sind »Käfig-Eier« endlich als solche zu erkennen. Auch die Herkunft muss deklariert sein und ebenso, ob die Henne ökologisch gehalten wurde. Ausgenommen von der Stempel-Pflicht sind nur Eier, die auf dem Hof des Erzeugers oder an der Haustür verkauft werden.

So deuten Sie den Stempel auf dem Ei:

Zahl für Art der Legehennenhaltung	Buchstaben für Herkunft des Eies
0 = Ökologische Erzeugung	AT = Österreich
1 = Freilandhaltung	BE = Belgien
2 = Bodenhaltung	DE = Deutschland
3 = Käfighaltung (ab 2007 in Deutschland verboten)	IT = Italien
	NL = Niederlande
	FR = Frankreich

Die darauf folgende siebenstellige Nummer gibt den Legebetrieb an. Dabei stehen die ersten beiden Ziffern für das jeweilige Bundesland:

01 = Schleswig-Holstein
02 = Hansestadt Hamburg
03 = Niedersachsen
04 = Hansestadt Bremen
05 = Nordrhein-Westfalen
06 = Hessen
07 = Rheinland-Pfalz
08 = Baden-Württemberg
09 = Bayern
10 = Saarland

11 = Berlin
12 = Brandenburg
13 = Mecklenburg-Vorpommern
14 = Sachsen
15 = Sachsen-Anhalt
16 = Thüringen

Weitere Infos finden Sie unter www.was-steht-auf-dem-ei.de/sowie unter www.freiheit-schmeckt-besser.de

Auskunftspflicht

Diese besteht auf der Eierschachtel für:

- Verkehrsbezeichnung, also etwa »Frische Eier« oder »Frische Landeier«. Hier gilt es allerdings aufzupassen, denn was so tiergerecht klingt, bedeutet nur, dass die Hühner auf dem Land, nicht in der Stadt gehalten wurden.
  Einige Vorsicht geboten ist auch bei Begriffen wie beispielsweise »Bauerneier« oder »Eier frisch vom Bauernhof«: Beides sind Phantasiebezeichnungen, die nicht geschützt sind und hinter denen sich durchaus Eier aus der Legebatterie verbergen können.
- Güte- und Gewichtsklasse
- Art der Haltung
- Name, Anschrift und Kennnummer des Betriebes, der die Eier verpackt oder diese beauftragt hat
- Zahl der verpackten Eier
- Mindesthaltbarkeitsdatum (MHD), maximal 28 Tage
- die Angabe »Verbraucherhinweis: Bei Kühlschranktemperatur aufbewahren – nach Ablauf des Mindesthaltbarkeitsdatums durcherhitzen«.

Bei lose angebotenen Eiern müssen Art der Haltung, Güte- und Gewichtsklasse, Mindesthaltbarkeitsdatum und der Verbraucherhinweis auf einem Schild neben der Ware stehen.

Freiwillige Angaben

Zulässig sind:

- Herkunft der Eier (Erzeugergebiet)
- Legedatum
- Angaben zur Fütterung der Legehennen
- Empfohlenes Verkaufsdatum: Nach dessen Ablauf ist die Qualität der Eier bis zu sieben Tagen bei sachgerechter Aufbewahrung im Haushalt garantiert.

Gefälschter Code

Der Eierausweis ist zweifelsohne eine gute Idee, aber nicht fälschungssicher. Was auf das Ei gestempelt wird, muss nicht zwangsläufig stimmen. Manipulationen sind einfach und deshalb häufig – zumal sehr lukrativ. Denn im deutschen Eiermarkt ist man auf Importe angewiesen. Dazu greift man gerne auf Händler in Osteuropa zurück, die Eier sehr preisgünstig anbieten.

Teils katastrophale Bedingungen bei der Legehennenhaltung und die Gabe von Antibiotika machen es möglich. Das lässt sich bei uns aber nicht verkaufen und so deklariert man einfach »Deutsche Eier«. Ganz einfach: Die Eier kommen ungestempelt über den Zoll. Die ausländischen Herkunftsbescheinigungen können in den Sortierbetrieben gegen Bescheinigungen aus deutschen Legebetrieben ausgetauscht werden.

Das Osterei

Rechtzeitig vor Ostern stellt sich alle Jahre wieder die Frage, was von bunt gefärbten Eiern zu halten ist. Nichts, finden Umweltschutzorganisationen wie Greenpeace: Selbst bei Bio-Eiern würden bedenkliche Farbstoffe eingesetzt. Sie stehen im Verdacht, Krebs zu verursachen, Asthma und Allergien auszulösen. Die staatlichen Nahrungshüter finden das reichlich übertrieben. Auch wenn die Farbe durch die Schale auf das Eiweiß durchgefärbt hat – »kein Grund zur Besorgnis«. Die Eierfarben sind schließlich allesamt gesetzlich zugelassen. Was indessen nicht ausschließt, dass sie der eine oder andere nicht verträgt. Dazu wird Allergikern von amtlicher Seite empfohlen, eben keine bunten Eier zu essen. Färben Sie Ihre Ostereier doch einfach mal wie früher selbst: Mit Zwiebelschalen beispielsweise, Rote Beete- oder Holunderbeerensaft.

Vom freilaufenden Ei

Der Verbraucher möchte sein Ei vom freilaufenden Huhn gelegt bekommen – so jedenfalls zeigen Umfragen und Marktanalysen. Die großen Handelsketten und Discounter haben längst mit dem Umrüsten begonnen. Dennoch stammen derzeit noch immer 80 % der Eier aus Käfighaltung, 10 aus Bodenhaltung und weitere 10 aus Freilandhaltung. Auf die Qualität der Eier hat es allerdings keinen Einfluss, wie die Hennen gehalten werden. Unter dem Aspekt Hygiene und Qualität betrachtet, ist die Käfighaltung genau genommen am besten fürs Ei – aber eben nicht für dessen Erzeugerinnen.

Was sich hinter den Ziffern 0 bis 3 im Eier-Stempel verbirgt:

0 = Ökologische Erzeugung
Für Eier aus ökologischer Erzeugung gelten EU-weit einheitliche Vorschriften. Der Auslauf der Legehennen ist zwingend vorgeschrieben, auf einem Quadratmeter Stallfläche dürfen höchstens sechs Hennen gehalten werden. Zudem darf nur Futter aus ökologischem Anbau verwendet werden.

1 = Freilandhaltung
Freilandhühner haben einen Stall mit Sitzstangen, Nestern, Einstreu und tagsüber Auslauf im Freien: Dabei stehen jedem Huhn mindestens vier Quadratmeter zum Scharren, Picken und anderen arttypischen Unternehmungen zu.

2 = Bodenhaltung
Die Hühner werden im Stall gehalten und können sich dort frei bewegen. Mindestens ein Drittel des Stalls ist eingestreut – dort

können sich die Hennen in den Disziplinen Scharren, Staubbaden oder Flügelschlagen üben. Der restliche Bereich ist mit Latten und Gitterrosten ausgestattet. Die Nester sind auf mehreren Etagen angelegt.

3 = Käfighaltung
Die Hennen werden in Käfigen gehalten, die in mehreren Etagen übereinander gebaut sind. Die Tiere stehen darin nur auf Drahtgeflechten, ohne Sitzstangen und Nester, und auf engstem Raum – jedwedes natürliches Verhalten können und müssen sie sich mithin sparen. Die Eier rollen über den geneigten Bodenrost sofort automatisch ab zur Packstelle.

Aus für den Hühnerknast

Seit 2002 hat das Federvieh gesetzlichen Anspruch auf Ausgang. Mit der Legehennenverordnung wurde die Haltung in Käfigen endgültig untersagt. Bestehende Käfiganlagen haben Übergangsfristen. Ab 2007 darf dann kein Huhn mehr im Knast eingesperrt, kein Ei aus Käfighaltung mehr verkauft werden. Das ist zweifelsohne gut und wichtig. Dennoch, Tiermediziner verweisen bereits auf die mit der Freilandhaltung einhergehenden Risiken: Käfighennen sind gesünder als ihre freilaufenden Kolleginnen. Sie haben ein geringeres Infektionsrisiko, während beim vogelfreien Hühnervolk mehr Wurmbefall, Salmonellen und auch Krankheiten wie der Rotlauf auftreten.

▶ **Wo sind die Eier?**
Eiersuchen für den Verbraucherschutz: Der Bund für Umwelt und Naturschutz Deutschland (BUND) hat einmal den Einzelhandel unter die Lupe genommen und geprüft, wie Eier aus biologischen Haltungsformen angeboten werden. Ergebnis des Öko-Eier-Suchens: Die billigeren Käfigeier sind oft auf den besten Regalplätzen zu finden. Um an Ökoeier ranzukommen, muss der Verbraucher vor den Regalen niederknien. Was unüblich ist,

denn teurere Ware wird normalerweise auf Augenhöhe platziert. Der BUND hat den Handel entsprechend aufgefordert, Bio-Eier besser zu bewerben und kundenfreundlicher zu platzieren.

Was für Öko-Eier spricht

Eier aus ökologischer Haltung sind fast um das Doppelte teurer als die aus konventioneller Freilandhaltung. Macht es Sinn, mehr Geld für Bio-Eier auszugeben? Zumal nicht zuletzt der Nitrofen-Skandal gezeigt hat, dass es auch mit »Bio« keine Garantie für Schadstofffreiheit gibt.Das giftige Pflanzenschutzmittel kam in die Bio-Eier, weil Futtergetreide für die Legehennen versehentlich in einer mit Nitrofen verseuchten Halle gelagert worden war.

Ob das Bio-Ei nun gesünder als das konventionelle ist, darüber gibt keine vergleichenden Untersuchungen. Klar ist aber, dass die strengen Vorschriften für Bio-Futtermittel und das Verbot von Antibiotika das Risiko für Rückstände von Pflanzenschutzmitteln, Medikamenten oder Hormonen senkt. Die hohe Qualität der Futtermittel für Bio-Legehennen machen deren Eier auch so teuer. Dazu addieren sich höhere Kosten für die Aufzucht und die Ansprüche, die zum Wohl der Tiere an Stall und Auslauf gestellt werden.

Abgesehen vom Nitrofen-Skandal blieben die Erzeuger von Bio-Eiern von Funden an Dioxinen, polychlorierten Biphenylen (PCB) oder dem Hormon Medroxy-Progesteron-Acetat (MPA) verschont.

Viel Ei für wenig Cent

Billig-Eier müssen nicht zwangsläufig von schlechterer Qualität sein. In zahlreichen Tests schneiden Eier vom Discounter ebenso gut ab wie die teureren.

Der Eierkauf ist also keine Frage besserer Qualität, sondern vielmehr eine Gewissensfrage: Wer höhere Preise zahlt, hilft dem regionalen Erzeuger. Der Sparsame dagegen hilft dem übermächtigen Konzern.

Gezuckertes Vollei, Eiklarpulver, Flüssigei – diese Begriffe haben Sie vielleicht schon mal auf Packungen bei den Zutaten gelesen. Für die Nahrungsmittelindustrie gibt es das Ei ohne Schale: Flüssig, tief gefroren oder in Pulverform ist die Anwendung viel schneller. Schließlich ist am Fließband keine Zeit fürs Aufschlagen und für das Trennen von Eigelb vom Eiklar. Die Eiprodukte wandern zuhauf in Backwaren und Nudeln, Speiseeis, Süßigkeiten und Majonäse. Ebenso wie in Salatsoßen, Trockensuppen, Fleischprodukten und selbstverständlich auch in Eierlikör.

Eigelbpulver wird besonders häufig in der Backwaren- und Feinkostindustrie eingesetzt. Es verleiht eine gelbliche Farbe, mehr Aroma und sorgt für einen saftigen Teig. Außerdem dient es als Bindemittel. Eiklar flüssig wird ebenfalls zur Herstellung von Backwaren eingesetzt. Der durch Aufschlagen von Eiklar gebildete Schaum dient zur Lockerung von Lebensmitteln – zum Beispiel für Schokoküsse.

Auch in der kosmetischen und pharmazeutischen Industrie wird reines Eigelb verarbeitet.

Tickende Eierbombe?

Nicht zuletzt die eingangs erwähnten Dioxin-Funde in Freilandeiern werfen die Frage auf, wie gut unsere Eier eigentlich wirklich sind. Ticken unter den Schalen allerlei Risiken mit enormer gesundheitlicher Sprengkraft oder kann man genüsslich löffeln? Man kann. Die Belastung ist keineswegs so gravierend, wie vielfach dargestellt.

Zweifelsohne findet sich Dioxin auch in Eiern. Kein Lebensmittel ist heute frei davon, denn das Gift ist überall zugegen. Da sich Dioxine besonders gut in Fett anreichern, sind fettreiche tierische Lebensmittel in der Regel am stärksten belastet. Nachdem 1999 erstmals erhöhte Dioxingehalte in Lebensmitteln gefunden wurden, hat die Europäische Komission 2002 Grenzwerte für alle Mitgliedsstaaten festgelegt. Sie beziehen sich mit Ausnahme von Fisch auf den reinen Fettanteil. Die tolerablen Höchstgehalte liegen für Eier aus Freilandhaltung und intensiver Auslaufhaltung bei 3 Piktogramm (pg) Dioxin pro Gramm Fett.

Dass der Dioxingehalt in Eiern aus Freilandhaltung höher sein kann, ist einfach nachzuvollziehen: Beim Picken und Scharren nehmen die Hennen auch Erde und Gras auf. Sind diese höher mit Dioxinen belastet, kommt es auch zu einer höheren Belastung jener Eier, die von diesen Hühnern gelegt werden.

Auch das verbotene Antibiotikum Chloramphenicol wird immer wieder in Eiern gefunden. Ebenso der synthetische Farbstoff Canthaxanthin. Stets aber in Mengen, die unter den Grenzwerten liegen – damit unbedenklich.

Salmonellen im Ei sorgen immer wieder für Schlagzeilen. Jedes Ei, vor allem Enteneier, kann prinzipiell mit den Erregern belastet sein. Gegen eine Infektion kann man sich aber schützen, sicher und relativ einfach. Zum einen, indem man Eier möglichst frisch kauft, immer im Kühlschrank aufbewahrt und bald verbraucht. Zum anderen, indem man Speisen, die rohe Eier enthalten, nur ganz frisch verwendet, stets gut kühlt und Reste der Speisen nicht aufhebt. Frühstückseier sollten Sie sicherheitshalber mindestens fünf Minuten brodelnd kochen lassen und Rühreier immer gut durchbraten. Eier, deren Mindesthaltbarkeitsdatum abgelaufen ist, dürfen Sie nur noch durcherhitzt essen. Das gilt auch für solche mit beschädigter Schale.

Da Enteneier sehr stark von Salmonellen befallen werden können, muss jedes Entenei den Aufdruck tragen: »Entenei: 10 Minuten kochen«.

Geflügel

Ganz im Sinne einer bewussten Ernährung, weil kalorienarm und eiweißreich, die BSE-Krise tat ihr Übriges: Die Deutschen essen so viel Geflügel wie nie zuvor. Hühner, Enten, Gänse und vor allem Puten sind gefragt. Das dirigiert das Angebot: Die Produktion läuft auf Hochtouren. Über eine Million Tonnen Federvieh kommen jährlich zwischen Flensburg und Garmisch unters Schlachtmesser. Kurzmast macht diese Mengen möglich. Kaum aus der Schale geklettert, wächst und wächst das Masthähnchen. Um nach wenigen Wochen gerupft und in Plastik verschweißt im Kühlregal zu landen. Im Hühnerhof fährt inzwischen die nächste Hähnchengeneration der Endstation Elektrobad entgegen – vollautomatisch auf dem Fließband für maximale Produktivität. Geflügelzucht findet heute in hoch technisierten Industriebetrieben statt. Was Tierschützer immer wieder auf die Barrikaden treibt, den Handelsketten aber günstige Ware beschert. Ein Brathähnchen für 99 Cent kann es nur mit Turbo-Mast geben. Bei Billig-Produkten sollte man die Herstellung nicht kritisch hinterfragen. Ansprüche erübrigen sich – leider auch, wenn es sich um Lebewesen handelt.

Was uns in die Küchen flattert

Am häufigsten Hähnchen, sie sind immer noch der Deutschen liebstes Geflügel. Ob Keulen, Brust oder ganz, als Poularde oder Suppenhuhn – der jährliche Verbrauch liegt bei über hunderttausend Tonnen. Nur ein Drittel davon stammt aus deutscher Mast, der Rest überwiegend aus den Niederlanden und Brasilien.

Hoch in der Komsumentengunst stehen auch Puten, vor allem die fettarmen Brüste und Filets. Die Hälfte der hierzulande verzehrten Truthähne wird importiert, vor allem aus Ungarn, Polen und Frankreich.

Anders als Puten sind Enten nicht eben mager: Mit ihrer Speckschicht unter der Haut bringen sie mit am meisten Kalorien auf den Teller. Wo sie dennoch vergleichsweise zahlreich landen. Enten sind weiterhin beliebt, trotz »Fettarm-Trend« – entsprechende Zubereitung macht sie schließlich auch leichter.

Mit den Gänsen ist das schon anders, sie rangieren weiter abgeschlagen auf der Rangliste. Gefolgt von Perlhühnern und Wachteln, beide sind eher selten auf den Speiseplänen der Nation zu finden.

Wie hat mein Huhn gelebt?

Wahrscheinlich kurz und intensiv – wie die meisten der »Fleischhähnchen« in unserem Land. Anders als bei den Legehennen ist die Massentierhaltung, intensive Bodenhaltung genannt, in der Geflügelzucht Standard. Trotz des wachsenden Drucks innerhalb der EU hinsichtlich verbesserter Haltungsbedingungen, verschärfter Tierschutzgesetze und Kontrollen, und auch trotz wachsendem Problembewusstseins der Käuferschaft: Immer mehr Verbraucher legen heute Wert darauf, dass ihr Mittag- und Abendessen von Tieren stammt, die ihrer Art und ihren Bedürfnissen gerecht leben konnten. Die artgerechte und umweltfreundliche Geflügelhaltung setzt sich dennoch nur langsam durch. Zu groß ist der Druck auf die Mastbetriebe, international konkurrenzfähig bleiben zu können. Zu groß ist die Verführung, für wenig Euro viel Huhn zu kaufen.

Wie viel Euro Sie sich Ihr Huhn kosten lassen, liegt bei Ihnen. Um Ihre Wahl zu treffen, sollten Sie allerdings wissen, worin sich die verschiedenen Haltungsformen unterscheiden.

- Intensive Bodenhaltung

Das bedeutet 35 Kilo Lebendgewicht auf einen Quadratmeter Stallfläche – macht im Schnitt 23 ausgewachsene Hähnchen. Hochleistungsrassen, die in rund 32 Tagen auf Schlachtgewicht gemästet werden, ohne Sitzstangen, Auslauf und Tageslicht versteht sich. Bei Puten dürfen nicht mehr als 25 Hähne oder 45 Hennen auf zehn Quadratmetern leben. Auslauf und Sitzstangen sind ebenfalls Fehlanzeige, die Mastdauer beläuft sich auf 16 bis 21 Wochen.

• Extensive Bodenhaltung
Dabei dürfen »nur« 25 Kilo Lebendgewicht auf einen Quadratmeter anfallen. Zudem werden langsamer wachsende Rassen eingesetzt. Das Fleisch kann bei der längeren Mast besser »ausreifen« – 56 Tage, dann wird geschlachtet.

• Auslaufhaltung
Ein wenig mehr Bewegungsfreiheit – 27,5 Kilo Hähnchen pro Quadratmeter – und mindestens für die Hälfte der Lebenszeit die Chance zum Auslauf im Freien: Dazu muss jedem Hähnchen ein, jeder Pute vier Quadratmeter zur Verfügung stehen. Zudem müssen 70 % des Futters aus Getreide sein.

• Bäuerliche Auslaufhaltung
25 Kilo Tier auf einem Quadratmeter, dazu ab einem bestimmten Alter die Möglichkeit zum Auslauf. 70 % des Futters sind Getreide. Die Mastdauer beträgt 81 Tage, da langsam wachsende Rassen eingesetzt werden müssen.

• Bäuerliche Freilandhaltung
Sie gestaltet sich wie die bäuerliche Auslaufhaltung, nur ist unbegrenzter Auslauf auf größerer Fläche vorgeschrieben – kommt mithin einer artgerechten Haltung am nächsten.

Aus welcher Haltung das Geflügel stammt, muss auf der Packung stehen. Wenn Sie diesbezüglich nichts lesen, können Sie davon ausgehen, dass Ihr Fleisch aus intensiver Bodenhaltung kommt. Kennzeichnungspflicht besteht bei verpacktem Geflügelfleisch nur für die folgenden vier:

»Extensive Bodenhaltung«, »Auslaufhaltung«, »bäuerliche Auslaufhaltung« und »bäuerliche Freilandhaltung«. Nur diese Begriffe sind geschützt und damit rechtlich verbindlich. Nicht jedoch »artgerecht«, »tiergerecht« und »bäuerlich« – diese Begriffe sind vom Gesetzgeber nicht definiert. Das ist wichtig zu wissen. Denn wenn Sie Hähnchen aus »bäuerlicher Bodenhaltung« oder »artgerechter Bodenhaltung« kaufen, steckt dahinter in den allermeisten Fällen nichts anderes als die übliche intensive Bodenhaltung. Dass Sie nicht nur im Bemühen um Tierschutz getäuscht werden, merken Sie dann erst daheim beim Kochen und beim ersten Bissen. Denn wie der Fleischlieferant behandelt wurde und vor allem gefüttert wurde, schmeckt man auch bei Geflügel. So hat das Fleisch der schnellwüchsigen Hähnchen weniger Fettgewebe im Muskel – damit weniger Aroma und Biss. Auch bei Putenfleisch geht die Turbo-Zucht zu Lasten der Qualität.

Wer es billig möchte, muss das in Kauf nehmen und tut das offensichtlich auch gerne. Wer mehr Ansprüche an sich und seine Ernährung stellt, lieber seltener und dafür besseres Geflügel isst, muss und wird sich anders entscheiden. Zu Gunsten des Wertes eines Lebewesens – nicht zu Gunsten des Preises.

▶ Handelsklassen
Gänse, Perlhühner, Hühner, Puten und Enten werden den Handelsklassen A und B zugeordnet. Über die Einstufung bestimmten Körperbau, Fleischfülle und Fettansatz sowie die Beschaffenheit der Haut.
Qualitätsmindernd und deshalb für Handelsklasse B sind Hauttrockenstellen oder Frostbrand an Brust und Schenkeln von tief gefrorenem Geflügel – zu erkennen an weißgrauen Verfärbungen. Im deutschen Handel ist praktisch nur Handelsklasse A zu finden.

Da in Deutschland ausschließlich Geflügel der Handelsklasse A angeboten wird, kann die Angabe der Handelsklasse entfallen.

Was auf das Etikett muss

Grundsätzlich müssen auf den Packungen von Geflügelfleisch diese Angaben stehen:

- Verkehrsbezeichnung

Die Geflügelart wie Ente oder Pute sowie bei Teilstücken deren Bezeichnung, beispielsweise Putenbrust

- Handelsklasse

• Angebotszustand
»Frisch oder gekühlt«: Dieses Geflügelfleisch darf nicht gefroren sein, muss bei einer Temperatur zwischen – 2 und +4 °C gelagert werden und den Vermerk »verbrauchen bis ...« tragen.
»Gefroren«: Dieses Fleisch wird schockgefrostet auf mindestens minus 12 °C (Kerntemperatur im Inneren).
»Tief gefroren«: Unmittelbar nach der Schlachtung auf eine Kerntemperatur von mindestens minus 18 °C schockgefrostet und bis zum Verkauf auf dieser Temperatur gehalten.
• Herrichtungsform bei ganzen Tieren
»mit Innereien«, »teilweise ausgenommen« oder »ohne Innereien«, »bratfertig« oder »grillfertig«
• Mindesthaltbarkeitsdatum
»mindestens haltbar bis ...« bei tief gefrorenem und gefrorenem Geflügel
• Verbrauchsdatum
»Verbrauchen bis ...« bei frischem Geflügelfleisch
• empfohlene Lagertemperatur
• Gewicht oder Nenngewicht
• Preis je Kilogramm und Gesamtpreis
• Zulassungsnummer des Schlacht- oder Zerlegungsbetriebes, bei Geflügel aus Drittländern das Herkunftsland (S. 53 f.)
• Zutatenverzeichnis bei mehr als einer Zutat
• Eventuell der Vermerk »unter Schutzatmosphäre verpackt« (S. 267)

Freiwillige Angaben des Herstellers über angewandte Kühlverfahren oder spezielle Bestandteile im Futter sind erlaubt.

Heimisch oder weitgereist

Das Geflügelfleisch, das wir kaufen, stammt nur rund zur Hälfte aus Deutschland. Der Rest ist Importware, überwiegend aus Übersee: Der Hamburger Hafen ist Umschlagplatz für Tausende Tonnen an Geflügelfleisch, allen voran aus Thailand und Brasilien. Die Billigimporte bergen einige Risiken. Experten warnen schon seit Jahren, dass die Kontrollen der Geflügelproduktion nicht streng genug sind. In den Herkunftsländern sind Tierschutz und Gesetze, die den Einsatz von Medikamenten in der Tiermast verbieten, vielfach nur auf dem Papier bekannt. Oft überlebt das Geflügel dort nur mit Hilfe von Antibiotika, die in der EU schon seit langem nicht mehr zugelassen sind – beispielsweise die als Krebs erregend identifizierten Nitrofurane oder Chloramphenicol. Besonders Geflügel aus Brasilien fällt damit häufig bei Rückstandskontrollen auf. Daran haben auch die strengeren Einfuhrbestimmungen nicht viel geändert: Immer wieder werden an bundesdeutschen Grenzkontrollstellen belastete Geflügellieferungen entdeckt.

Die Gefahr, dass mit Nitrofuranen und anderen Medikamenten belastetes Geflügelfleisch in den Handel kommt, besteht mithin nach wie vor – und nicht nur bei Importen aus Brasilien und Thailand, sondern auch aus anderen asiatischen oder südamerikanischen Ländern.

Vertrauen statt Kontrolle

Eine lückenlose Kontrolle aller Geflügelimporte wäre dringend erforderlich, wurde aber bislang nicht verordnet. Man verlässt sich darauf, dass die gestellten Anforderungen erfüllt werden – ein riskanter Vertrauensvorschuss, wie die Stichproben belegen. Leider ebenso bei Geflügelfleisch aus der EU. So wurde unter anderem auch bei Ware aus Portugal Nitrofuran entdeckt.

Allen diesen Gefahren zum Trotz importiert Deutschland weiterhin – so viel wie kein anderes Land in der EU. Und das, obwohl wir problemlos 80 % unseres Bedarfs selbst decken könnten. Doch die Importware ist schlicht und einfach billiger. Was dem Verbraucher also einzig bleibt, ist Eigeninitiative.

Die drei D

Selbst in der intensiven Geflügelhaltung werden in Deutschland im Vergleich zu anderen Ländern noch die höchsten Anforderungen gestellt. So ist wenigstens ein Mindestmaß an Tierschutz und

Fleischqualität gewährleistet. Erkennbar an den drei D: Wenn Sie auf der Verpackung von frischem Geflügelfleisch ein dreifaches »D« lesen, können Sie davon ausgehen, dass das Tier in Deutschland geschlüpft, aufgewachsen und geschlachtet ist. Diese Kennzeichnung ist freiwillig, wird jedoch unabhängig überprüft – zumindest laut Verband der Geflügelwirtschaft.

Die drei D sind nicht mit dem ovalen Genusstauglichkeitskennzeichen zu verwechseln – darauf dürfen Sie sich nicht verlassen. Denn das D zusammen mit der Veterinärkontrollnummer des Betriebes in Form des Kürzels »ESG/EZG ... EWG« weist nur auf einen EU-zugelassenen deutschen Geflügelschlacht- oder Zerlegebetrieb hin. Bedeutet jedoch nicht, dass das Federvieh auch aus Deutschland stammt. Ihre Entenbrust kann nur hierzulande verpackt worden sein und dennoch impliziert die Kennzeichnung deutsche Herkunft.

Gut getarnt: Chicken Wings & Co.

Wo der Verbraucher komplett im Dunklen tappt, ist bei verarbeiteten Geflügelprodukten. In Chicken Wings, Fertigkost aus der Tiefkühltruhe oder Wurstwaren steckt das meiste minderwertige Billigfleisch aus Drittländern. In den meisten Fällen ist der Lieferant – seit Thailand wegen der Vogelgrippe auffällig wurde – Brasilien.

Im Sinne eines vorsorglichen Verbraucherschutzes müsste eine gesetzliche Kennzeichnungspflicht für die Herkunft auf fertigen Geflügelprodukten verordnet werden. Das EU-Parlament hat eine entsprechende Kennzeichnung bereits gefordert. Bis diese rechtlich verpflichtend ist, wird es allerdings dauern.

Herkunft aus der Region

Wenn Sie wissen möchten, woher Ihr Brathuhn stammt und wie es gehalten und gefüttert wurde, sollten Sie direkt beim Erzeuger einkaufen: ab Hof, über hofeigene Verkaufswagen auf Wochenmärkten und vereinzelt auch bei Fleischern. Lassen Sie sich aber nicht von Formulierungen wie »aus heimischer Produktion« oder »aus der Region« täuschen. Fragen Sie nach, was das konkret bedeutet.

Heimisches Geflügelfleisch aus ökologischer Landwirtschaft wird nahezu ausschließlich direkt vermarktet.

Alternatives Bio-Geflügel

Angesichts der genannten Probleme mit Importgeflügel erscheint die ökologische Zucht vielen als bester Ausweg. Denn schließlich ist auch unser heimisches Federvieh nicht frei von Medikamenten. Das ist allerdings bei Bio-Tieren der Fall. Der vorsorgliche Einsatz ist bei ökologisch gehaltenem Geflügel verboten. Sollten die Tiere krank werden, muss nach der medikamentösen Behandlung doppelt so lange bis zum Schlachten gewartet werden wie bei konventionell gehaltenem Geflügel. Insofern ist Bio-Ware also um einiges gesünder zu werten.

Auch das Futter ist um einiges besser: Es muss zu mindestens 80 % ökologischer Herkunft sein. Die längere Mast sorgt zudem für festeres Fleisch. Das weniger Fett und dafür mehr Eiweiß enthält – weitere Pluspunkte

Bio-Geflügel erkennen Sie am Bio-Siegel oder an den Siegeln der Anbau-Verbände, wie beispielsweise Bioland oder Demeter (S. 306). Darüber hinaus finden Sie wie bei allen anderen Öko-Lebensmitteln auf der Verpackung die Codenummer der verantwortlichen Kontrollbetriebe, die die Züchter mindestens einmal jährlich kontrollieren.

Federvieh aus ökologischer Haltung ist teurer, keine Frage. Wie so oft hat gute Qualität auch bei Geflügel ihren Preis. Ob Sie ihn zahlen wollen, müssen Sie entscheiden. Dabei sollten Sie allerdingsbedenken: Auch Billigware ist teuer erkauft. Das merken Sie nicht gleich im Geldbeutel, sondern beim ersten Bissen.

Für den nächsten Gänsebraten …

… einiges für den Hinterkopf. Was wenige wissen: Anders als bei Legehennen gibt es in Deutschland keine bundesweit geltende Haltungsverordnung für Mastgänse. Inländische und besonders ausländische Betreiber der Mastanlagen mästen daher leider allzu oft weit jenseits allen Tierschutzes und einzig für den schnellen Profit. Deshalb gilt es, selbst aktiv zu werden: Achten Sie beim Kauf eines Gänsebratens auf die Aufschrift »Freilandhaltung«. Erkundigen Sie sich auch im Restaurant nach der Herkunft.
Gänseleber und Produkte daraus sollte ohnehin niemand essen, der sich nicht an Tierquälerei beteiligen will. Die Zwangsmast für die Erzeugung von Stopfleber ist nicht umsonst in Deutschland und endlich auch in Polen verboten. Allerdings nicht in Frankreich oder Ungarn, beides bedeutende Importeure von Gänsefleisch und -leber.
Doch auch wenn Sie bewusst auf Gänseleber verzichten, können Sie in die Falle tappen: Denn insbesondere Gänse ohne Innereien oder auch Teilstücke können von gestopften Tieren stammen – was nicht angegeben werden muss. Nur bei Angaben wie »Auslaufhaltung« oder »Freilandhaltung« ist der Hinweis »aus der Fettlebererzeugung« vorgeschrieben. Auch hier gilt also: Nachfragen und nur Ware bekannter Herkunft kaufen.

Salmonellen & Co.

Nicht nur Medikamente können den Genuss von Federvieh zur Gefahr machen, sondern auch gesundheitsschädliche Keime: Nur wenige Züchter schaffen es, ihre Geflügelbestände frei von Salmonellen und Campylobacter zu halten. Beide Erreger können Magen-Darm-Infektionen verursachen, die mit Fieber, Durchfall und Erbrechen einhergehen. Bei älteren Menschen und Kindern kann das mitunter lebensbedrohlich werden.

Bedenklich ist auch die hohe Zahl an Pseudomonaden, die wiederholt in Geflügel gefunden werden. Denn die Mikroorganismen sind an Fäulnisprozessen – mithin am Verderb von Lebensmitteln – beteiligt.

Campylobacter sind in Deutschland nach Salmonellen die häufigsten Verursacher von durch Lebensmittel bedingten Durchfällen. Mehr als 300 000 Menschen erkranken jährlich an Campylobacter-Infektionen.

Für die Keimbelastung von frischem Geflügelfleisch gibt es in Deutschland bislang keine eigenen Richt- oder Grenzwerte – einheitliche Hygienevorschriften fehlen. Eine Beanstandung kann nur anhand der allgemeinen Verkehrsauffassung und anhand von Erfahrungswerten erfolgen.

So ist Geflügelfleisch laut Lebensmittel- und Bedarfsgegenständegesetz »genussuntauglich«, wenn Aussehen, Geruch oder Geschmack »ekelerregend« sind beziehungsweise nicht den üblichen Qualitätsanforderungen entsprechen. Eine Formulierung, die großzügig ausgelegt werden kann – und es auch wird.

Vogelgrippe – Spätfolgen oder akute Bedrohung

Die Furcht vor der Einschleppung der Vogelgrippe wächst: Seit Anfang 2004 gilt ein europaweites Einfuhrverbot für Geflügelfleisch aus Thailand und Vietnam. Denn in diesen beiden Ländern hatte das Vogelgrippevirus besonders gewütet.

Mit diesem Importstopp für Geflügelprodukte und lebende Vögel aus von der Geflügelpest betroffenen Ländern will sich die EU vor der Einschleppung des Virus schützen. Das Einfuhrverbot gilt auch für Privatpersonen: Geflügelprodukte, Eier sowie unbehandelte Jagdtrophäen und Vogelfedern aus den jeweiligen Ländern mitzubringen, ist untersagt.

Das Risiko der Infizierung ist indessen sehr gering. Zum einen wird der Virus beim Garen abgetötet. Zum anderen besteht nur bei engem Kontakt mit infizierten Tieren eine Ansteckungsgefahr: In den Todesfällen, die bei Menschen bislang durch die Vogelgrippe verursacht wurden, hatten die Betreffenden direkten und sehr engen Kontakt mit dem kranken Geflügel.

Höchstmöglichste Keimfreiheit

Die letzten Zeilen verdeutlichen einmal mehr, dass beim Federvieh peinliche Hygiene unerlässlich ist – vom Stall bis in Ihre Küche. Denn auch bei unsachgemäßer Lagerung und Zubereitung können sich schädliche Keime regelrecht explosionsartig vermehren. Berücksichtigen Sie deshalb einige Dinge – bereits beim Kauf.

So sollten die Kühltheken, in denen das Geflügel angeboten wird, blitzsauber und ausreichend kühl sein. Von Ware aus Wühlbergen und angetautem Fleisch lassen Sie tunlichst die Finger. Achten Sie weiterhin darauf, dass das angegebene Verbrauchsdatum erst einige Tage nach dem Kauftag abläuft. Nach Ablauf des Verbrauchsdatums dürfen Sie Geflügelfleisch nicht mehr essen.

Transportieren Sie das Fleisch nach dem Kauf nicht lange ungekühlt. Am besten ist, wenn Geflügel noch am Kauftag auf den Tisch kommt. Wollen oder müssen Sie das Fleisch jedoch lagern, dann nehmen Sie es aus der Verpackung und legen es in eine saubere Schale. Gut zudecken und ab in den Kühlschrank – hier hält sich Geflügel dann zwei Tage. Vor dem Zubereiten das Fleisch einmal kurz kalt abspülen, mit einem Haushaltskrepp trocken tupfen. Die Flüssigkeit in dem Aufbewahrungsgefäß darf auf keinen Fall mit anderen Lebensmitteln in Berührung kommen, um nicht eventuell vorhandene Keime zu übertragen. Ebenso müssen alle Küchenutensilien wie Bretter oder Messer, die mit dem rohen Geflügel in Berührung gekommen sind, mit heißem Wasser und Spülmittel gründlich gesäubert werden, bevor andere Lebensmittel mit ihnen in Kontakt kommen. Das gilt auch für die Hände.

Garen Sie Geflügelfleisch ganz durch. Nur so können Sie sicherstellen, dass Salmonellen und andere Keime abgetötet sind. Das Fleisch ist gar, wenn es sich leicht von den Knochen lösen lässt und der austretende Saft klar ist.

Haben Sie Geflügel tiefgefroren, ist es für einige Monate haltbar. Wie lange genau, richtet sich nach dem Fettgehalt und damit nach der Tierart: Enten bleiben zwei bis vier Monate essbar, Gänse drei bis sechs Monate und Hähnchen, Huhn und Poularde acht bis zehn Monate.

Tiefgekühlte Gänse stammen überwiegend aus Polen oder Ungarn und sind preislich um einiges günstiger als deutsche.

Wussten Sie, dass …

… die Vorlieben bei der Dotterfarbe unterschiedlich sind? Engländer mögen es blasser, Deutsche bevorzugen ein kräftiges Gelb mit einem rötlichen Stich.

… seit 1948 in den USA jedes Jahr zu Thanksgiving ein Truthahn vom amerikanischen Präsidenten begnadigt und adoptiert wird?

… Eigelb mehr Eiweiß enthält als das »Eiweiß«? Nicht umsonst heißt dieses genau gesagt auch Eiklar.

… Eiklar beim Kochen schneller gerinnt als das Eigelb? Nur deshalb gibt es das beliebte weiche Ei, mit hartem Eiklar und noch weichem Dotter zum Löffeln.

Die Milch macht's

Von Anfang an: Für uns wie für alle anderen Säugetiere ist sie die allererste Nahrung. Denn Milch enthält alles, was ein neugeborenes Lebewesen braucht, um groß und stark zu werden. Weshalb das weiße Elixier auch nicht als Durstlöscher, sondern als Nahrungsmittel zu verwenden ist. Warum aber ist dieses eigentlich nicht grün? Schließlich verdauen Milchlieferanten überwiegend Grünfutter.

Das Phänomen der weißen Milch liegt in dieser selbst begründet. Was so blütenweiß wie Pulverschnee ist und aus den Eutern plätschert, ist kein Ausscheidungsprodukt, sondern ein Drüsensekret. Das besteht zu mehr als 85 % aus Wasser und zu 5 % aus Milchzucker. Den Rest machen Milchfett und Eiweiß, Vitamine und Mineralstoffe aus. Bereits Fett und Eiweiß sorgen für die weiße Färbung. Alles weitere erledigen Fett und Wasser, die sich zu einer Emulsion verbinden. In ihr schwimmen zahllose winzige Fetttröpfchen. Sie streuen das einfallende Licht und lassen so die Milch weiß erscheinen.

Wo wir schon beim Innenleben der Milch sind: Ihr Aufbau macht sie enorm empfindlich. Bereits einfaches Umrühren bringt die Fett-Wasser-Mixtur in Unordnung und setzt ihrer Qualität zu. Lässt man sie ungekühlt, explodieren die Keime in der Milch. In einer einzigen Stunde vermehren sie sich um das Doppelte. Was mit den heutigen Haltbarmachungsmethoden gelingt, ist insofern erstaunlich: Ultrahocherhitzt hat die Milch eine Lebensdauer von immerhin drei Monaten.

Erstaunlich ist auch die Vielseitigkeit der Milch. Außer als Rundum-Nahrung für den Nachwuchs und als Rohstoff zahlloser Lebensmittel kommt sie auch dort zum Einsatz, wo man sie weniger vermutet. In Pillen und Tabletten, zu deren Herstellung die Pharmaindustrie Milchzucker verwendet. Das Milcheiweiß dient wiederum der Klebstofferzeugung. Mit Milch lässt sich wahrlich eine Menge auf die Beine stellen, und nicht nur müde Männer.

Eine Kuh macht Muh …

… viele Kühe machen Mühe. Wie viel Wahrheit in diesem Spruch steckt, versteht jeder, der einmal das Melken in einem Bauernhof erlebt hat. Enorm aufwändig, weshalb heutzutage Melkmaschinen automatisch Erleichterung bringen. Anders wären die Mengen nicht zu schaffen. Deutschlandweit käuen 4,2 Millionen Kühe wider und geben pro Euter jährlich 6000 Liter Milch. Um diese hohe Leistung zu erbringen, muss praktisch jede Milchkuh pro Jahr ein Kalb zur Welt bringen. Zwar sorgt gezielte Züchtung dafür, dass das liebe Vieh viel mehr Milch gibt, als zur Aufzucht eines Kalbes nötig ist. Dennoch muss die Kuh kalben, um Milch zu geben. So wird sie, kaum hat sie die Geburt hinter sich, auch schon wieder besamt. Sechs bis acht Wochen Verschnaufpause, dann ist sie wieder trächtig. Ruhe hat die Kuh dann nur noch einmal kurz vor der nächsten Niederkunft. Dann wächst ihr Kalb besonders rasch und deshalb wird sie »trocken gestellt«, wie es in der Branche heißt.

Nicht nur für müde Männer

Milch ist ein Kraftpaket – voll gepackt mit wichtigen Nährstoffen. Zum einen das hochwertige Eiweiß. Besonders wertvoll, weil voller lebensnotwendiger – essenzieller – Aminosäuren und entsprechend hoher »biologischer Wertigkeit«, wie die Ernährungsforschung dazu sagt. Zum anderen steckt in der Milch leicht verdauliches Fett. Fein verteilt ist es besser bekömmlich und sorgt zugleich dafür, dass die fettlöslichen Vitamine der Milch, wie Vitamin A und D, aufgenommen werden können. Der Milchzucker liefert nicht nur gut verwertbare Kohlenhydrate, sondern hat auch einen günstigen Einfluss auf die Darmflora.

Garniert werden diese Milchstoffe mit einer großen Portion Mineralien und Vitamine. Besonders bedeutsam für unsere Gesundheit ist der hohe Gehalt an Calcium. Sorgt für stabile Knochen und ist das beste Mittel, um brüchigen Knochen – der so genannten Osteoporose – wirksam vorzubeugen. Weiterhin schwimmen in der Milch Magnesium, der Anti-Stress-Stoff und unerlässlich für die Reizweiterleitung an Muskeln und Nerven, sowie Jod und Zink. Das eine stärkt die Schilddrüsenfunktion, das andere das Immunsystem. Nicht zu vergessen Kalium und Phosphor und natürlich die Milchvitamine: Als da wären A, B2, B6, B 12 sowie D. Alle mit wichtigen Aufgaben von Kopf bis Fuß, von der Sehleistung bis zur Zellentwicklung, betraut.

Milch und Milchprodukte enthalten von allen Lebensmitteln am meisten Kalzium. Ihren Tagesbedarf von 1000 mg decken Sie bereits mit einem halben Liter fettarmer Milch und zwei Scheiben Hartkäse, wie Emmentaler.

Wie bei allem, gilt auch bei Milch das Prinzip der richtigen Dosierung: Trinken Sie Milch maßvoll. Als Erwachsener täglich nicht mehr als einen Viertelliter, Kinder je nach Alter zwischen einem viertel und einem halben Liter.

Fettarm – nicht nur der Figur zuliebe

Statt Vollmilch, in der Regel mit einem Fettgehalt von 3,5 %, sollten Sie fettarme Milch mit 1,5 % Fett bevorzugen. Das reduziert nicht nur die meist ohnehin zu hohe Fettzufuhr und macht sich gut in der Kalorienbilanz, sondern ist noch aus einem anderen Grund gesünder: Fettarme Milchprodukte liefern Ihnen mehr Calcium.

Entrahmte, also Magermilch, mit maximal 0,5 % Fett sollten Sie allerdings besser im Kühlregal stehen lassen. Denn sie enthält nur noch geringe Mengen an fettlöslichen Vitaminen und, sie schmeckt auch nicht besonders.

Flecken auf der weißen Weste

Milch hat auch ihre Schattenseiten. Was mit jedem Schluck schnell Energie liefert, verträgt nicht jeder: Fehlt ihm ein bestimmtes Enzym, kann der Körper Milchzucker, Laktose genannt, nicht in Traubenzucker, in Glukose umbauen. Das nennt sich Laktose-Intoleranz und macht inzwischen 15 % der Bundesbürger Probleme: Blähungen, Durchfall und Unterleibskrämpfe. Symptome, die nicht zwangsläufig bei allen Menschen auftreten, denen das Enzym fehlt. Die Hälfte der Betroffenen bemerkt den Mangel nicht einmal. Umgekehrt vermuten viele, die häufig Beschwerden im Verdauungstrakt haben, an Laktose-Unverträglichkeit zu leiden. Ob zu Recht oder nicht, zeigt eine Milchpause: zwei Wochen lang keine Milch und Milchprodukte. Bleiben Verdauungsstörungen dann aus, sollte man die Palette der Milcherzeugnisse systematisch durchtesten. Sauermilchprodukte wie Joghurt oder Kefir werden häufig trotz Milchzucker-Intoleranz vertragen. Was daran liegt, dass diese Produkte wenig Milchzucker enthalten. Zudem liefern die Milchsäurebakterien das Enzym zur Aufspaltung von Laktose gleich mit. Allerdings nur bei nicht erhitzten Sauermilcherzeugnissen, denn Hitze macht das Enzym inaktiv.

Das Einzige, was gegen Laktose-Intoleranz hilft, ist Milchzucker meiden oder sich milchzuckerarm ernähren. In der Theorie einfach, im Alltag schwierig. Denn Milchzucker ist nicht nur in Milch enthalten, sondern auch in vielen anderen Lebensmitteln – von denen Sie das nie vermuten würden. Kritische Kandi-

daten sind vor allem Fertiggerichte und Süßigkeiten. Entsprechend müssen Sie die Zutatenliste von verpackten Nahrungsmitteln sehr sorgfältig lesen. Stehen da Laktose, Milchzucker, Milchpulver oder Trockenmilch, können Sie die Produkte vergessen. Übrigens sind die Hersteller ab November 2005 gesetzlich dazu verpflichtet, Laktose zu kennzeichnen.
Nicht zu verwechseln ist die Laktose-Intoleranz mit der Milcheiweiß-Allergie. Dabei handelt es sich um eine Reaktion des Immunsystems auf Eiweißbestandteile wie Kasein und Molkenproteine.

Milchzucker wird häufig als Trägersubstanz bei Arzneimitteln eingesetzt. Deshalb den Beipackzettel gut studieren und beim Apotheker nachfragen – eventuell können Sie auf andere Präparate umsteigen. Weitere Informationen finden Sie im Internet unter:
www.was-wir-essen.de/infosfuer/laktoseintoleranz.cfm

Vom Stall ins Kühlregal

Frisch gemolken kommt die Milch per Kühl-Tanklastwagen von den Landwirten zur Molkerei. Die LKWs sind speziell ausgerüstet: Automatische Messanlagen prüfen Menge und Fettgehalt jeder Milchpartie, bevor sie sich mit der Milch von anderen Bauern vermischt. In der Molkerei angekommen, wird die Milch erst einmal gründlich gereinigt – und zwar in einer Zentrifuge. Durch das Schleudern werden schwere Inhaltsstoffe wie Verunreinigungen nach außen gedrückt und abgetrennt. Zudem sorgt das Zentrifugieren für die Auftrennung in Magermilch und Rahm. Danach wird der gewünschte Fettgehalt der Milch festgelegt und wieder eine entsprechende Menge an Rahm zugemischt. Aus dem Rest des reinen Rahms werden Sahne und Butter hergestellt.

Da auch bei größter Hygiene Keime in die Milch gelangen können, wird diese erhitzt, bevor sie in den Laden kommt. Krankheitserreger werden dabei abgetötet und die Milch ist länger haltbar. Nach der Wärmebehandlung wird die Milch abgefüllt oder weiter verarbeitet.

Auf den Spuren Louis Pasteurs

Dem Chemiker Louis Pasteur hat die Welt einiges zu verdanken. Auch die nach ihm benannte Milch. Sie gehört, wie alles andere, was wir heute als Milch kaufen, zur Konsummilch – der Sammelbegriff für jedwede Art von Trinkmilch. Dennoch ist Milch nicht gleich Milch. Sie haben die Wahl zwischen unbehandelt, pasteurisiert, ultrahocherhitzt, sterilisiert und homogenisiert. Zudem variiert der Fettgehalt: Vollmilch mit natürlichem oder eingestelltem Fettgehalt hat mindestens 3,5 %. Teilentrahmte, so genannte fettarme Milch enthält mindestens 1,5 und höchstens 1,8 % Fett. Entrahmte Milch, Magermilch, ist nur noch mit höchstens 0,5 % Fett ausgestattet.

Zurück zu Pasteur. Er fand die Ursache der hohen Kindersterblichkeit im 19. Jahrhundert in lebensgefährlichen Keimen der Milch. Pasteur erhitzte sie kurz und siehe da, die Keime waren abgetötet. Dieses Verfahren wird bis heute angewendet. In verschiedenen Varianten – 15 bis 30 Sekunden auf 75 °C oder 4 Sekunden auf 85° C – und bei allem, was als Frischmilch gehandelt wird. Auch Bio-Milch ist pasteurisiert. Solcherart behandelt, bleibt die Milch – Kühlung vorausgesetzt – für mehrere Tage haltbar. Die Pasteurisierung ist zwar die schonendste Wärmebehandlung, dennoch bleiben dabei einige Nährstoffe, vor allem Vitamine, auf der Strecke. Das ist der Nachteil daran.

Unerlässlich: Die Wärmebehandlung

Bekanntermaßen gehört Milch zu den leicht verderblichen Lebensmitteln. Entsprechend muss alles, was in Molkereien zu Trinkmilch, Milcherzeugnissen und Frischkäse verarbeitet wird, einer so genannten Wärmebehandlung unterzogen werden. Das dient zum einem dem Schutz der Gesundheit, denn durch das Erhitzen werden schädliche Mikroorganismen abgetötet. Zum anderen wird so die Haltbarkeit der Milch verlängert. Was allerdings nicht ohne Wirkungen auf die Inhaltsstoffe bleibt – der Nährwert der Milch wird durch die Haltbarkeit verändert: Der Gehalt an Milchfett bleibt gleich, Verluste gibt es dagegen bei den B-Vitaminen zu verbuchen. In pasteurisierter Milch sind rund 10 %, in H-Milch bis zu 20 % weniger dieser Vitamine enthalten. Was sich weiterhin reduziert, ist der Gehalt an der Aminosäure Lysin. Sie geht beim Pasteurisieren um 0,6 bis 2 %, beim Ultrahocherhitzen um 0,6 bis 6,5 % und beim Sterilisieren um 3,3 bis 13 % zurück. Dennoch sind Pasteurisieren und Ultrahocherhitzen schonender als das Abkochen von Milch im Haushalt.

Das Original: Roh- und Vorzugsmilch

Wer Natur pur will, nimmt Rohmilch. Unmittelbar »ab Hof« und vollkommen unbehandelt – sieht man vom Filtern und Kühlen ab. Der Fettgehalt ist unverändert und liegt bei 3,5 bis 4 %. Rohmilch enthält zweifelsohne mehr der wertvollen Milchstoffe, darunter aber auch Unerwünschtes. Daher der Hinweis »Rohmilch, vor dem Verzehr abkochen« und heute zwingend vorgeschrieben. Schädliche Keime und Krankheitserreger können durch Erhitzen abgetötet werden.

Eine sicherere Alternative ist Vorzugsmilch. Sie enthält noch alle Qualitäten der Rohmilch, wird aber unmittelbar nach dem Melken auf Bakterien getestet und sofort gekühlt – amtlich überwacht. Da nicht hitzebehandelt, muss Vorzugsmilch binnen 24 Stunden zum Verbraucher gelangen und dann rasch verbraucht werden.

Für Säuglinge und Kinder, ältere Menschen und Kranke sollte sowohl Roh- als auch Vorzugsmilch kurz abgekocht werden.

H-Milch

Die Lösung für Singles, Berufstätige und Wenig-Milch-Trinker: H-Milch, die für eine Sekunde auf 135 bis 150 °C erhitzt wurde. Nennt sich »ultrahocherhitzen« und sorgt dafür, dass sich in der Milch rein gar nichts mehr an vermehrungsfähigen Keimen tummelt – auch keine Milchsäurebakterien. Damit kann die Milch nicht mehr spontan säuern und bleibt so ohne Kühlung über Monate haltbar. Allerdings nur, solange sie ungeöffnet ist. Angebrochene H-Milch müssen Sie nicht nur kühlen, sondern auch rasch verbrauchen. Drei bis vier Tage lang können Sie davon trinken, die Reste sollten Sie lieber wegschütten. Denn auch wenn man den Verderb nicht sieht oder schmeckt: In geöffneter H-Milch können sich Keime rasch vermehren.

Das »H« bei der H-Milch steht übrigens nicht für »hocherhitzt«, sondern für »haltbare Milch«.

Dem Vorteil der langen Haltbarkeit steht der geringere Gehalt an Vitaminen entgegen. Wenn Sie Milchvorräte anlegen müssen, sollten Sie die so genannte »längerfrische« Milch bevorzugen.

Sterilisierte Milch

Sie wird der härtesten Behandlung unterzogen: Für zwanzig bis dreißig Minuten auf 118 °C erhitzt, in der Packung. Das Resultat ist Milch, die sich ungeöffnet bis zu einem Jahr ohne Kühlung hält. Zu einem hohen Preis, denn in sterilisierter Milch sind kaum noch Vitamine enthalten. Auch der Geschmack wird stark in Mitleidenschaft gezogen.

Angesichts der hohen Nährstoffverluste eignet sich sterilisierte Milch nicht als Nahrung für Säuglinge und Kleinkinder.

»Längerfrische« Milch

Vergleichsweise Neulinge in den Kühlregalen sind Milchpackungen mit der Aufschrift »längerfrische Milch«. Dabei handelt es sich um Milch, die ganz kurz auf rund 100 °C erwärmt – »hocherhitzt« – wurde. Die so genannte ESL-Milch, kurz für »Extended Shelf Life« und zu deutsch »ausgedehnte Haltbarkeit«, können Sie bis zu 21 Tagen lagern. Anders als H-Milch oder sterilisierte Milch muss sie jedoch gekühlt werden. ESL-Milch wird zu Recht immer beliebter. Denn sie schmeckt wie pasteurisierte Milch und enthält auch noch (fast) genauso viele Nährstoffe.

Homogenisierte Milch

Nichts mit der Haltbarkeit zu tun hat ein anderes Verfahren bei der Milchverarbeitung: die Homogenisierung. Damit kommen die Molkereien einem Verbraucherwunsch entgegen. Der Rahm soll sich nicht oben auf der Milch absetzen und unschöne Schlieren auf Kaffee oder Kakao bilden. Deshalb wird die Milch unter Druck durch haarfeine Düsen gepresst. Dadurch teilen sich die Fettkügelchen in klitzekleine Tröpfchen und können nicht mehr an die Oberfläche steigen. Fast jede Milch ist inzwischen homogenisiert: Sie finden den Hinweis darauf auf der Verpackung.

Laktosearme Kuhmilch

Die Alternative für alle, die Milchzucker nicht vertragen: Laktosearme Milch, die weniger als 0,1 Gramm Laktose je 100 Milliliter enthält. Dabei aber genauso viel Calcium wie normale Kuhmilch – der enorme Vorteil gegenüber Sojamilch. Und mit dieser Milch können Sie genauso kochen wie mit herkömmlicher Milch.

Der Milchausweis

Auf der Milchpackung müssen folgende Angaben stehen:

- Verkehrsbezeichnung, zum Beispiel Vollmilch, fettarme Milch oder Magermilch
- Art der Wärmebehandlung: pasteurisiert, hocherhitzt, ultrahocherhitzt oder sterilisiert
- Bei ultrahocherhitzter Milch muss ein H stehen, in mindestens gleicher Buchstabengröße wie die Angabe der Milchsorte.
- Der Hinweis »homog.« oder »homogenisiert«.
- Füllmenge in Liter

- Fettgehalt: bei Vollmilch mit natürlichem Fettgehalt »mindestens ... %Fett«, bei Vollmilch mit eingestelltem Fettgehalt und bei teilentrahmter (fettarmer) Milch »... % Fett«, bei entrahmter Milch (Magermilch) »höchstens ... % Fett«.
- Mindesthaltbarkeitsdatum: »Mindestens haltbar bis ...«, bei pasteurisierter und hocherhitzter Milch mit dem Hinweis auf die Aufbewahrungstemperatur »bei ... ° C mindestens haltbar bis ...«.
- Verbrauchsdatum bei Roh- und Vorzugsmilch: »Verbrauchen bis ... – aufbewahren bei höchstens ... ° C«
- Verzeichnis der Zutaten bei entrahmter und teilentrahmter Milch, die mit Milcheiweißerzeugnissen angereichert sein kann. Daneben können der Milch auch Mineralstoffe und Vitamine zugesetzt sein. In diesem Falle muss eine Nährwertkennzeichnung auf die Packung: eine Übersicht, welche Mengen von welchem Nährstoff enthalten sind.
- Name und Anschrift des Herstellers, Einfüllers oder Verkäufers
- Genusstauglichkeitskennzeichen: Anhand dessen können Sie erkennen, aus welchem Bundesland und welcher Molkerei die Milch kommt. D-SH 204 EWG würde also bedeuten, dass die Milch aus Deutschland, und zwar aus Schleswig-Holstein kommt. Die Nummer 204 gibt den Molkereibetrieb an. Wer Zugang zum Internet hat, kann die Kürzel exakt entschlüsseln. Das Verbraucherministerium hat eine Liste, einzusehen unter: www.btl.bvl.bund.de/kategorie_dis.cfm?ID=14

Vor 60 Jahren kam der Tetra Pak auf den Markt und machte seinen Erfinder, den Schweden Ruben Rausing, zum damals fünftreichsten Mann der Welt.

▶ Ein empfindliches Gut

Milch bedarf sorgsamer Behandlung, auch was ihre Lagerung anbelangt. Angebrochene Packungen gehören sofort in den Kühlschrank, auch H-Milch und sterilisierte Milch. Als Faustregel kann gelten: Geöffnete Milch innerhalb von zwei bis drei

Tagen verbrauchen, sterilisierte Milch und Kondensmilch binnen fünf Tagen. Zudem nehmen Milch und Milchprodukte schnell Fremdgerüche an, weshalb sie nicht neben stark riechenden Lebensmitteln im Kühlschrank gelagert werden sollten.

Das weiße Sortiment

Deutschland, ohnehin der größte Milchmarkt in Europa, ist auch bei Joghurt, Buttermilch & Co. Spitzenreiter. In gut sortierten Supermärkten wartet das weiße Sortiment auf Käufer. Wie Marktforscher ausgerechnet haben, umfassen allein die endlos vielen Joghurtzubereitungen im Schnitt an die 30 Regalmeter, drei Meter entfallen auf die verschiedenen Butterarten, Molke und Buttermilch beanspruchen weitere fünf Meter im Kühlregal. Wie viele Molkereiprodukte heute auf dem Markt sind, weiß keiner so genau. Wie auch, schließlich landen jährlich an die dreihundert neue Kreationen in den Kühlregalen. Präbiotische Joghurts, laktosefreie Milch, Molkedrinks, cholesterinarme Brotaufstriche – die Möglichkeiten sind schier unbegrenzt. Ein wenig Warenkunde hilft, den Überblick in der Kühltheke besser zu behalten. Und nicht auf jeden neuen Marketing-Trick hereinzufallen. Davon gibt es gerade bei den Milcherzeugnissen eine Menge.

Wichtiges Qualitätsmerkmal: »-erzeugnis«

Den Verbrauchern weitgehend verborgen bleibt, dass die Gesetzgebung große Unterschiede bei den Milchprodukten macht. Diese betreffen allen voran Zusatzstoffe und sind insofern wichtige Parameter für den Kauf. Mit einem Produkt aus der Gruppe der so genannten »Standardsorten« holen Sie sich eine andere Qualitätskategorie nach Hause als mit einem »Gruppenerzeugnis«. Standardsorten heißen so, weil sie gesetzlichen definierten Anforderungen genügen müssen. Keines darf nach der Fermentation wärmebehandelt werden, Zusatzstoffe enthalten sowie mit Stärke oder Speisegelatine versetzt sein.

Anders bei den Gruppenerzeugnissen: Alles, was in seinem Namen die Endung »-erzeugnis« trägt, muss diese Vorschriften nicht erfüllen, also darf wärmebehandelt und mit dem allfälligen Arsenal an Zusätzen versehen auf den Markt gebracht werden. Was Sie mit besten Gewissen löffeln – Milchprodukte sind ja schließlich gut – kann einiges enthalten, was weniger gesund ist, als die Verpackung verspricht.

In Milchdesserts, Obstquarks und anderem aus dieser Kategorie dürfen die Hersteller Hunderte verschiedene Zusatzstoffe rühren. Besonders die »Fruchtzubereitungen« erweisen sich bei genauem Hinsehen als einigermaßen abenteuerlich.

Sauer macht lustig ...

... und ist gesund. Ob Buttermilch, Joghurt oder Kefir: Wird Milch unter Aufsicht sauer, entsteht daraus ein wertvolles Lebensmittel. Dafür sorgt die Milchsäuregärung, die Fermentation. Dabei wandeln die Milchsäurebakterien einen Teil des Milchzuckers in Milchsäure um. Sie sorgt für den säuerlichen Geschmack und lässt den Eiweißstoff Kasein feinflockig gerinnen. Dadurch wird die Milch dick und länger haltbar.

Die Milchsäuregärung zählt zu den ältesten bekannten Konservierungsverfahren. Früher überließ man die Milch dazu einfach sich selbst. Heute muss es effizienter zugehen und deshalb werden die Milchsäurebakterien gezielt zugesetzt.

Neben der konservierenden Milchsäure produzieren die Bakterien eine ganze Reihe andere Stoffe, die gut für unseren Körper sind.

Mit Sauermilchprodukten halten Sie Ihre Darmflora gesund und stärken das Immunsystem – sofern regelmäßig genossen.

Sauermilchprodukte werden oft auch bei Milchzucker-Unverträglichkeit vertragen (S. 62).

Sauermilch

Sie wird unter Verwendung der Milchsäurebakterienkulturen Streptococcus lactis und Streptococcus cremoris hergestellt. Ist das Ergebnis stichfest, spricht man von Dickmilch. Die flüssig-sämige Variante nennt man Sauermilch oder Schwedenmilch. Dickmilch und Sauermilch gibt es in den unterschiedlichsten Fettstufen von entrahmt mit höchstens 0,5 % Fett bis sahnig mit mindestens 10 % Fett. Übrigens gehört auch Crème fraîche zu den gesäuerten Milchprodukten, Fettgehalt mindestens 30 %.

Kefir

Ein Import aus dem Kaukasus. Heute wird Kefir überall hergestellt, und zwar statt mit reinen Milchsäurebakterien mit Kefirknöllchen oder einer daraus gewonnenen Kultur. Diese Knöllchen bestehen aus Hefen und speziellen Bakterien. Durch die Hefen findet neben der Milchsäuregärung eine alkoholische Gärung statt. Wenn auch nur in ganz kleinem Umfang: Der Alkoholgehalt von Kefir liegt bei 0,5 %. Kann also nicht zu Kopfe steigen. Wo Sie den Alkohol vielmehr spüren, ist auf der Zunge. Der typische, »prickelnde« Kefir-Geschmack geht auf sein Konto. Ebenso wie die Wölbung der Packungsdeckel. Kefir ist das einzige Milchprodukt, wo das kein Signal für »verdorben« ist.

Inzwischen gibt es auch Kefir mild, dem andere Knöllchen zugesetzt werden. Sie sorgen für einen weniger intensiven Geschmack. Beide Kefirsorten gibt es in vier Fettgehaltsstufen: Von höchstens 0,3 %, über 1,5 bis 1,8 % und 3,5 % bis hin zur Sahnevariante mit mindestens 10 % Fett.

Buttermilch

Sie fällt bei der Herstellung von Butter an, wenn das Milchfett zu Butter geknetet wird. Buttermilch enthält höchstens 1 % Fett. Steht auf der Packung »Reine Buttermilch«, muss der Inhalt auch ganz pur sein, weder Wasser noch Trocken- oder Magermilch aufweisen. »Buttermilch« darf dagegen bis zu 10 % Wasser oder 15 % Mager- oder Trockenmilch enthalten.

Buttermilcherzeugnissen können Milcheiweißerzeugnisse oder Sahne zugefügt werden. Mit Fruchtzusatz versehen, gehören sie zu den fermentierten Milchmischerzeugnissen.

Um Joghurt zu verdicken, werden oft Milcheiweiß und Bindemittel wie Stärke oder Gelatine zugesetzt.

Cremig gerührt, mild oder stichfest?

Naturjoghurt und mehr noch Fruchtjoghurt sind die Renner im Kühlregal. Tonnenweise löffeln die Bundesbürger. Und zu allen Gelegenheiten. Prinzipiell lobenswert – sofern die Wahl stimmt. Joghurt ist zwar ein Naturprodukt aus Milch, das außer Milchsäurebakterien keine weiteren Zugaben nötig hat. Dennoch werden Joghurts heute oft weiterbehandelt und mit Zusätzen angereichert: Bindemittel überdeckt die fehlende Reife, Zucker die natürliche Säuerung. Manchmal ist Joghurt noch ein zweites Mal erhitzt worden und büßt stark an Qualität ein. Da ist detektivischer Einsatz beim Kauf gefragt. Nicht zuletzt die Functional-Food-Welle hat manches in die Supermärkte gespült, was das Haushaltsgeld nicht wert ist.

Ein guter Joghurt sollte nicht zu viel Zucker enthalten. Doch besonders Kinderprodukte sind oft zu süß. Sie enthalten bis zu 18 % Zucker.

Beginnen wir mit der Herstellung, eine hohe Kunst. Jede Art von Milchsäurebakterien hat schließlich andere Ansprüche an Temperatur, Sauerstoffgehalt und Zeit. Diese Bedingungen können die Molkereien unterschiedlich steuern – Ergebnis ist die große Joghurt-Palette.

Für »Joghurt mild« werden Milchsäurebakterienkulturen verwendet, die weniger stark nachsäuern und so den Geschmack mildern. Will man »cremig gerührten« Joghurt, muss dieser im Tank sanft bewegt werden. Ohne das Schaukeln wird nämlich »stichfester« Joghurt daraus. Und der ist heute kaum noch gefragt. Anders »Probiotischer Joghurt«, der Verkaufsschlager mit den »ganz speziellen« Milchsäurebakterien. Dazu gleich noch mehr (S. 79f.). Kommen wir erst zum Fruchtjoghurt.

Sie haben die Wahl zwischen Joghurt mit mindestens 3,5 %, fettarmen Joghurt mit 1,5 bis 1,8 %, Magermilchjoghurt mit höchstens 0,3 % und Sahnejoghurt mit mindestens 10 % Fett.

Wie viel Frucht steckt im Fruchtjoghurt?

Wenn überhaupt, wenig und auch nicht immer das Obst, das auf dem Becher steht: Fruchtjoghurts sind nur allzu oft Mogelpackungen. Zugleich wahre Fundgruben an Zusatzstoffen, Aromen, Süßungsmitteln und Co.

In den meisten Fruchtjoghurts stecken mehr Aromastoffe als Früchte, wie folgendes Rechenexempel zeigt: Damit ein Joghurt sich »Fruchtjoghurt« nennen darf, muss er mindestens 6 % Frischfrucht enthalten. Umgerechnet auf einen 150-Gramm-Becher bedeutet das 9 Gramm Frucht. Das ist weniger als eine halbe Erdbeere. Ein »Joghurt mit Fruchtzubereitung« kommt mit noch weniger aus. Er muss nur 3,5 % Frischfucht enthalten, das sind ganze 5 Gramm pro Becher. Steht auf dem Becher »Joghurt mit Fruchtgeschmack«, darf der Fruchtanteil sogar unter 3,5 % liegen.

Damit wir trotzdem Erdbeeren, Kiwi oder Pfirsich schmecken, wird kräftig mit Aromastoffen und Zucker nachgeholfen. Gut versteckt hinter der Bezeichnung »Fruchtzubereitung« – als zusammengesetzte Zutat muss diese schließlich nicht aufgeschlüsselt sein (S.77). Ob der Konservierungsstoff Sorbinsäure in der Fruchtzubereitung steckt, muss nicht genannt werden.

So umfasst »Fruchtzubereitung« außer »Frucht« auch Wasser, Zucker sowie Verdickungsmittel (zum Beispiel Pektine). Eine »Fruchtzubereitung« von 18 % kann deshalb nur 6 % Früchte enthalten – und dafür umso mehr Zucker. Wahre Stilblüten sind Angaben wie »mit 12 % Fruchtzubereitung, davon 50 % Früchte«.

Die 50 % klingen nach viel, doch in Wahrheit erfüllt das nur das unterste Limit, um überhaupt Fruchtjoghurt heißen zu dürfen.

Noch ein Wort zu den Früchten: Es kann schon passieren, dass die Fruchtstücke im Joghurt aus Trester sind. Wiederaufbereitet werden die Obstabfälle und Pressrückstände mit Wasser, Zitronensäure, Dicalciumphosphat und Algenextrakt…

Beim Fruchtgeschmack kann es sich um das Stoffwechselprodukt eines Pilzes handeln. Pfirsicharoma lässt sich beispielsweise gut mit dem Pilz Sporobolomyces odorus herstellen. »Natürliches Erdbeeraroma« wird oft aus Sägespänen hergestellt.

Spannend sind auch die Fruchtjoghurterzeugnisse. Ihres Zeichens »Milchmischerzeugnisse« und Spielwiese der Milchmacher. Ob Stracciatella oder Lebkuchen, Latte-Macchiato oder Sommertraum – dank moderner Lebensmitteltechnologie sind dem Erfindergeist kaum Grenzen gesetzt.

Milchmischerzeugnisse wie Kakaotrunk oder Erdbeermilch sollen zu mindestens 70 % aus Milch oder Milcherzeugnissen und zu höchstens 30 % aus anderen Lebensmitteln wie Früchten, Kakao oder Zucker bestehen. Speiseeis, Cremes, Suppen und Soßen, werden zwar ebenfalls häufig mit Milch oder Milcherzeugnissen hergestellt, zählen aber nicht zu Milchmischerzeugnissen.

Molke

Vor einigen Jahrzehnten wurde Molke noch als Abfallprodukt an Schweine verfüttert, heute ist sie ein begehrter Wellness-Drink, extrem fettarn und dafür vollgepackt mit hochwertigem Molkeneiweiß. Was als Nebenprodukt bei der Käseherstellung anfällt, liefert auch viele Vitamine und Mineralstoffe.

Molkenmischerzeugnisse enthalten neben Molke oder Molkensahne andere Lebensmittel wie Früchte oder Fruchtsäfte. Sie können mit Milcheiweiß, Enzymen und Vitaminen sowie dem Enzym Laktase angereichert sein. Leider auch mit Zusatzstoffen und vor allem mit viel Zucker. Greifen Sie also besser zu Molke pur..

▶ Knallig bunt, täuschend gesund

Lustige Comics, leuchtende Farben – Fruchtzwerge und andere Milchprodukte speziell für Kinder haben so manche Mamis und Papis gerettet. Was den Schreianfall stoppt, ist obendrein auch noch gesund. Glaubt die Elternschaft. In Kindermilchprodukten sind schließlich Mineralstoffe, Vitamine und anderes Gutes drin. Stimmt, aber auch wesentlich mehr Fett und Zucker als in herkömmlichen Milchprodukten. Auch wenn »moderne« Fruchtzwerge anstatt Kristallzucker nun Traubenfruchtsüße enthalten. »Mit der Süße aus Früchten« so die Werbung – in einer Zeit, in der Übergewicht bei Kindern immer häufiger wird, macht sich das gut. Den Inhalt aber keineswegs besser. Die Zusammensetzung der Traubenfruchtsüße unterscheidet sich nämlich nicht von Kristallzucker. Weshalb das österreichische Bundesministerium für Konsumentenschutz den Hersteller auch wegen irreführender Werbung verklagen will. Zumal die im Namen gepriesenen Früchte nur zu 6 % vertreten sind: Macht pro Becher drei Gramm, etwa eine halbe Erdbeere. Aus ernährungsphysiologischer Sicht ist bei der nächsten Trotzattacke ein Naturjoghurt mit frischem Obst weitaus besser. Und ein Käsebrot statt einer Milchschnitte. Auch dieser »gesunde« Snack ist in Wirklichkeit nichts als eine üppige Süßigkeit.

Schaumschläger

Sahne entsteht beim Entrahmen von Milch. Früher ließ man die Milch dazu einfach eine Zeit stehen und schöpfte dann den Rahm ab, der sich oben auf der Milch absetzte. Heute geht das flugs durch Zentrifugieren. Die Schaumschläger gibt es als Kaffeesahne mit einem Fettgehalt von mindestens 10 % und als Schlagsahne, »Schlagrahm«, mit einem Mindestfettgehalt von 30 %. Gruppenerzeugnisse haben oft Phantasienamen und Fettgehalte, die von den Standardsorten abweichen, wie Süße Sahne mit rund 28 % Fett, Schlagsahne extra (Kuchensahne, Obers, Schmand) mit 36 % Fett oder Crème double mit 42 % Fett. Zur Stabilisierung werden die letztgenannten Sahnearten meist mit Milcheiweißerzeugnissen angereichert. Zudem dürfen Gruppenerzeugnisse wie Standardsorten Verdickungsmittel, Emulgatoren oder Stabilisatoren enthalten.

Wird der Rahm durch den Zusatz von Bakterienkulturen mild gesäuert, entstehen Sauerrahmerzeugnisse.

Milch konzentriert

Wird Milch bei etwa 60 bis 70 Grad Celsius eingedickt und sterilisiert, entsteht Kondensmilch. Sie wird gezuckert und ungezuckert angeboten und hält ungeöffnet mindestens ein Jahr. Der Fettgehalt liegt zwischen 4 und 10 %. Wird Milch das Wasser komplett entzogen, entsteht Milchpulver. Diese »Milchvariante« wird oft zur Herstellung von Milchprodukten wie Käse oder Joghurt sowie von Süß- und Backwaren verwendet. Der Erfinder von Milchpulver war übrigens der Schweizer Chemiker Henri Nestlé: Im Jahre 1867 entwickelte er die erste Säuglingsnahrung, »Henri Nestlé's Kindermehl« – was nichts anderes war als Milchpulver.

Instant-Milchpulver zum Weißen von Kaffee wird mit dem Emulgator Lecithin hergestellt. Er macht das Milchpulver leicht löslich.

Kennzeichnung von Milcherzeugnissen

Auf den Verpackungen des weißen Sortiments müssen Sie folgende Angaben finden:

- Verkehrsbezeichnung, zum Beispiel Buttermilch oder Dickmilch
- Art der Wärmebehandlung: wärmebehandelt, ultrahocherhitzt oder sterilisiert
- Fettgehalt »... % Fett« oder »... mindestens ... %« beziehungsweise Fett im Milchanteil in Prozent. Davon ausgenommen ist Buttermilch.

- Mindesthaltbarkeitsdatum »gekühlt mindestens haltbar bis ...«
- Zutatenliste, ausgenommen bei Kondens- und Trockenmilch: Enthalten Milchprodukte mehrere Zutaten, müssen diese in absteigender Reihenfolge der Gewichtsanteile aufgeführt sein (außer den zugesetzten Bakterienkulturen). Also zum Beispiel »Joghurt mit 3,5 % Fett im Milchanteil, Fruchtzubereitung, Zucker«. Falls Mineralstoffe und Vitamine zugesetzt sind, finden Sie auch eine Nährwertkennzeichnung, welche Mengen enthalten sind. Wird eine Zutat auf der Packung besonders hervorgehoben (zum Beispiel »Brombeerquarkdessert« als Produktnamen), muss ihr Gehalt in Prozent angegeben sein.
- Füllmenge in Gramm, bei Buttermilcherzeugnissen auch in Litern, ebenso wie Milchmischgetränke.
- Name und Anschrift des Herstellers, Verpackers oder Verkäufers
- Genusstauglichkeitskennzeichen

Kampf um die Kühlregale

Deutschland schwimmt im Milchsee: Jährlich werden 18 % mehr Milch erzeugt, als verbraucht. Folglich ist der Milchpreis im Keller. Und das bereits seit Jahren, was jedem dritten Milchbauern fast die Existenz kostet. Um die 30 Cent kostet der Liter Milch auf dem Markt. Die Großbetriebe können pokern und den Discountern Milch und Milchprodukte zu Dumping-Preisen liefern. Nicht umsonst stammt jeder vierte Liter Milch, der hierzulande verkauft wird, von Aldi.

Um die Kühltheken wird heiß gekämpft – gewinnen kann nur, wer billig produziert. Da wundert es nicht, warum die Milchmacher in ihre Produkte Billigware aus Polen, Tschechien und anderen Niedriglohnländern rühren. Fruchtzubereitungen und andere Zutaten wie auch der weiße Rohstoff selbst werden importiert. Bei uns kommt das Ganze dann in die Becher und Tetra Paks und als deutsche Milcherzeugnisse zu den Verbrauchern. Der Konkurrenzdruck lässt auch ehrenwerte Bio-Molkereien schon mal schwach werden. Zu verführerisch die Gesetzeslage, da kann die Milch aus dem bayerischen Oberland auch mal aus Sachsen kommen.

Bio-Milch und Bio-Milchprodukte

Öko oder nicht? Bio-Milch und Erzeugnisse daraus versorgen Sie prinzipiell mit den gleichen Nährstoffen wie konventionelle. Worin sich ökologische und konventionell hergestellte Milch und Milchprodukte unterscheiden, ist die Haltung und Fütterung der Milchspender – einerlei ob Kühe, Schafe oder Ziegen. Die vierbeinigen Lieferanten von Öko-Milch werden artgerecht gehalten und dürfen nur ökologisches Futter ohne Zusätze von Masthilfsmitteln oder Leistungsförderern bekommen. Tabu ist auch der Einsatz von Medikamenten.

Ebenso wie konventionelle wird auch Bio-Milch auf unterschiedliche Fettgehaltsstufen eingestellt und einer Wärmebehandlung unterzogen. Gemäß EU-Öko-Verordnung sind Pasteurisation, Ultrahocherhitzung und Sterilisation erlaubt. Milch in Öko-Qualität wird jedoch meist als pasteurisierte Milch vertrieben. H-Milch finden Sie eher selten im Öko-Milchsortiment, ebenso wie homogenisierte Milch. Als Alternative zur H-Milch bieten einige Bio-Molkereien inzwischen eine bis zu drei Wochen haltbare Frischmilch an. Sie wird vor dem Abfüllen von heißem Dampf durchströmt.

Wo sich Bio so richtig lohnt, ist bei Milcherzeugnissen und Käse: Aromen oder Zusatzstoffen steht man in Öko-Molkereien äußerst kritisch gegenüber. Erlaubt sind bei Bio-Milchprodukten: Wasser und Salz, Kulturen von Mikroorganismen, Enzyme, Pektin, nicht modifiziert (E440a), native Stärke oder Quellstärke, Johannisbrotkernmehl (E410), Agar-Agar (E406) sowie natürliche Aromen oder Aromaextrakte (nur für Fruchtzubereitungen). Zur Färbung werden einigen Produkten Rote Betesaft oder Kurkuma (Gelbwurz) statt Farbstoffe zugesetzt. Beim Süßen der Produkte kommen meist Rohrohrzucker oder Dicksäfte zum Einsatz.

Für Öko-Käse darf Rauch aus naturbelassenen Hölzern und Zweigen, Natriumhydrogencarbonat (E500), Calciumcarbanoat (E170) sowie Calciumchlorid und Trinatriumcitrat verwendet werden.

Verboten sind Bio-Molkereien alle Zutaten, die aus gentechnisch veränderten Organismen oder mit deren Hilfe hergestellt wurden sowie naturidentische oder künstliche Aromen. Auch die Zugabe künstlich hergestellter Vitamine ist nicht erlaubt.

▶ Wie belastet ist unsere Milch?
Vollkommen rückstandsfreie Milch kann es aufgrund unserer Umweltbedingungen nicht geben. Milch und Milchprodukte sind allerdings die mit am schärfsten kontrollierten Lebensmittel – Schwermetallbelastungen und Rückstände von Arzneimitteln sind entsprechend sehr selten.

Inzwischen lesen Sie häufig auch »Präbiotika« auf der Packung. Hier haben Sie es mit Ballaststoffen zu tun, die nützlichen Darmbakterien als Nahrung dienen. Ob das unsere Darmflora braucht, ist umstritten. Klar ist nur, dass Präbiotika Blähungen verursachen können.

Probiotisch und damit gesünder?

»Für das Leben« – nicht mehr und nicht weniger bedeutet probiotisch. Der Begriff wurde jedoch zur Zauberformel für Erfolg. Was probiotisch auf der Packung stehen hat, zieht Käufer geradezu magisch an. Kein Wunder, die Werbetrommel wird von den Herstellern schließlich seit Jahren fest gerührt. So verheißungsvoll, dass heute viele auf Probiotika nicht mehr verzichten wollen: Kein Frühstück ohne meine wichtigen probiotischen Milchsäurebakterien. Doch was ist wirklich dran an Bifidobakterien, Lactobacillus defensis und ihren Kollegen?

Die ersten probiotischen Joghurts kamen Mitte der 90er Jahre auf den Markt. Inzwischen sind sie der Spitzenreiter unter den funktionellen Lebensmitteln (S.257).

Was probiotische Bakterien anderen zweifelsohne voraus haben, ist ihre besonders hohe Widerstandsfähigkeit gegenüber den Säuren im Verdauungstrakt. Deshalb schaffen sie die Passage durch den Magen und Dünndarm zu einem großen Teil lebend. Die meisten »gewöhnlichen« Milchsäurebakterien kommen dagegen nicht über den Magen hinaus. Die guten Effekte reichen demgemäß auch nicht weiter.

Anders dagegen die Probiotika: Im Darm angekommen, siedeln sie sich an und sollen dann eine Vielzahl positiver Wirkungen entfalten: Das Gleichgewicht guter und schädlicher Darmbakterien aufrechterhalten, das Immunsystem stärken, Schutz vor krankmachenden Bakterien bieten und den Cholesterinspiegel senken. Sogar Krebs oder Diabetes soll vorgebeugt werden. So jedenfalls steht es mittlerweile schon bei einigen Herstellern auf dem Etikett.

Alle diese Versprechen sind jedoch nicht wissenschaftlich belegt. Verlässliche Studien gibt es bislang kaum. Gesichert ist nur, dass Probiotika Durchfallerkrankungen lindern und Milchzucker verträglicher machen. Dazu müssen sie aber regelmäßig gegessen werden – ganz nach Wunsch der Hersteller einmal täglich.

Ob probiotische Produkte gesunde Menschen jedoch gesünder machen und deren Wohlbefinden steigern, ist nicht untersucht und schon gar nicht bewiesen worden. Darmgesundheit und Immunsystem unterstützen Sie auch mit ganz traditionellen Lebensmitteln wie Sauerkraut. Deren natürliche probiotische Mikroorganismen sind für die Gesundheit mindestens ebenso wertvoll. Vor allem auch kostengünstiger als die funktionellen Kreationen aus dem Labor.

▶ Probiotika in Salami und Gummibärchen

Wissenschaftlern ist es gelungen, probiotische Bakterien in Mikrokapseln zu verpacken. Geschützt mit einem Mäntelchen aus Kohlenhydraten und Eiweiß kann der eingekapselte Lactobacillus reuteri nahezu allen Lebensmitteln zugesetzt werden. Wie sinnvoll es ist, fette Wurst oder zuckerhaltige Gummibärchen mit einem probiotischen Keim anzureichern, ist allerdings fraglich. Denn was Fett und Zucker an ungünstigen Eigenschaften mit sich bringen, macht kein Lactobacillus wett.

Alles Käse

Käseherstellung gehört zum Kulturgut. Finden zumindest Käsekenner. Immerhin können weltweit 4000 verschiedene Käsesorten verkostet werden. Ein Großteil davon stammt aus den Niederlanden und Frankreich – die Schlaraffenländer für Käseliebhaber. Um etwas Ordnung in die große weite Käsewelt zu bringen, unterscheidet man die Sorten nach Herstellungsprozess, Fett- und Wassergehalt in unterschiedliche Gruppen. Üblicherweise in:

• Hartkäse
Sie haben die höchste Trockenmasse von allen Sorten, sind sehr gut haltbar und lagerfähig. Die berühmtesten Vertreter sind Emmentaler, Cheddar und Greyerzer (Gruyére).

Schnitt- und Hartkäse bleiben im Kühlschrank bis zu zwei Wochen haltbar, Frisch- und Weichkäse eine Woche.

• Schnittkäse
Der Begriff bezieht sich auf den niedrigeren Gehalt an Trockenmasse. Schnittkäse reifen daher auch schneller als ihre härteren Kollegen. In diese Klasse fallen beliebte Klassiker wie Gouda, Edamer, Tilsiter und Appenzeller.

• Halbfester Schnittkäse
In dieser Käsefamilie gibt es große Unterschiede: Pikante Edelpilzkäse sind darin ebenso vertreten wie milde Butterkäse oder Bonbel. Allen gemeinsam ist, dass sie zwar geschmeidig sind, sich aber trotzdem in Scheiben schneiden lassen.

• Weichkäse
Sie unterscheiden sich weniger durch ihre weichere Konsistenz, als durch ihre andere Reifungsart: Weichkäse reifen nicht gleichmäßig, sondern von außen nach innen. Unterteilt wird die Weichkäse-Truppe in würzige Rotschmierekäse mit Käserotflora wie Romadur oder Limburger und in duftende Weißschimmelkäse wie Brie oder Camenbert.

Natürlich aus Schafmilch

Der »Feta« wird in Griechenland und anderen südosteuropäischen Ländern traditionell aus Schafmilch hergestellt.
Inzwischen haben auch nordeuropäische Käsereien den Lake-Käse im Repertoire, allerdings überwiegend aus Kuhmilch oder aus Mischungen von Kuh-, Schaf- und/oder Ziegenmilch. So gibt es nun auch deutschen Feta. Das ist aber ein Etikettenschwindel! Dem hat die EU seit Oktober 2002 einen Riegel vorgeschoben: Nur Schafkäse, der aus ganz bestimmten Regionen Griechenlands stammt, darf sich »Feta« nennen. Gemäß den Verordnungen zum »Schutz von Herkunftsbezeichnungen und traditionellen Spezialitäten« hat das griechische Original damit eine geschützte Bezeichnung bekommen – ebenso wie der Allgäuer Emmentaler. So darf nur heißen, was auch aus Allgäuer Käsereien stammt.
Bei Schafskäse wird generell gerne gemogelt. Schließlich ist er wesentlich teurer als Käse aus Kuhmilch. Für den Verbraucher schwer zu erkennen, denn spezielle Labkulturen machen aus Kuhmilch einen Käse mit charakteristischem Schafsmilch-Aroma. Bei verpackten Produkten hilft Ihnen der Blick auf die Zutatenliste. Denn Käse aus Schafs- oder Ziegenmilch müssen eindeutig als solche gekennzeichnet sein.
Durch die optische Aufmachung sollten Sie sich nie täuschen lassen: Schäfer auf der Packung machen noch keinen Schafskäse. Bei genauerem Hinsehen entpuppen sich die Schafe oft als Kühe.

• Frischkäse

Frischkäse brauchen keine Reifezeit und sollten möglichst schnell verzehrt werden. Für das Dicklegen wird meistens Milchsäure verwendet, nur selten Lab. Bekannte Vertreter sind Speisequark und Hüttenkäse.

• Sauermilchkäse

Sehen zwar unscheinbar aus, haben es aber in sich: Sauermilchkäse wie Harzer oder Handkäse sind sehr eiweißreich und äußerst fettarm, weil sie aus Sauermilchquark hergestellt werden.

Auch beim Käse gibt es Standardsorten, deren Herstellung und Eigenschaften per Käseverordnung vorgeschrieben sind. Das betrifft gute Bekannte wie Emmentaler, Gouda, Edamer, Tilsiter, Camembert, Brie, Romadur, Speisequark, Schichtkäse und Harzer Käse.

• Schmelzkäse
Geschmolzener Käse, dem meist noch Butter, Sahne, Milchpulver oder auch andere Lebensmittel, wie Schinken, Pilze oder Gemüse untergemischt werden – weshalb es sich meist um »Schmelzkäse-Zubereitungen« handelt.

• Gebrühte Käse (Pasta Filata)
Käse, deren Bruchmasse mit heißer Flüssigkeit – Salzwasser oder Molke – gebrüht, dann geknetet und zu Strängen ausgezogen wird. Diese Sorten stammen überwiegend aus Süditalien, beispielsweise Provolone und Mozzarella.

Edler Schimmel
Ihren weißen Pelz bekommen Brie und Camenbert durch Zusatz von Edelpilzsporen. Beim Roquefort geht es komplizierter zu. Irgendwann, so erzählt man sich, ging Brotschimmel auf Schafskäse: Die Geburtsstunde des berühmten Blauschimmelkäses hatte geschlagen.

Aus flüssig werde fest

Die Käseherstellung basiert auf einem Prinzip, das von den alten Ägyptern bereits vor 5000 Jahren entdeckt wurde – rein zufällig. Milch in Schläuchen aus Rindermägen wurde fest, ganz ohne weiteres Zutun. Was sich hinter diesem Phänomen verbirgt, ist Lab, ein Enzym, das natürlicherweise im Kälbermagen vorkommt und Milch gerinnen lässt – »dicklegt«, wie die Käser sagen. Bis heute wird Lab zur Käseherstellung verwendet, inzwischen auch aus künstlicher Herstellung.

Nach der Dicklegung der Milch wird die entstandene Gallerte

mit Schneide- und Rührwerkzeugen zerkleinert – zur Trennung von Bruch, der festen Käsemasse, und Molke, dem so genannten Käsewasser.

Lab ist der Magensaft von Kälbern, dessen Enzyme die Milch gerinnen lassen. Heute wird das Ferment auch künstlich im Labor hergestellt. Bei »mikrobiellen Lab« handelt es sich um ein gentechnisch verändertes Enzym. Es gilt als unbedenklich und ist nicht kennzeichnungspflichtig.

Im Anschluss wird der Bruch mittels Käseharfen zerteilt – wie fein, darüber entscheidet die Käsesorte. Soll Hartkäse hergestellt werden, wird der Bruch sehr klein geschnitten. Das fördert den Austritt der Molke, was den Käseteig fester werden lässt. Für Weichkäse lässt man den Bruch dagegen wesentlich größer. Ist er wunschgerecht geschnitten, kommt der Käsebruch in Formen und wird gepresst. Wie stark, hängt wieder von der Sorte ab: Je höher der Druck, desto härter wird der Käse. Nach dem Pressen geht das Käsekind baden – ins Salzbad. Das entzieht die letzten Molkereste und fördert die Rindenbildung. Dann haben die »Käserohlinge« endlich mal ihre Ruhe: In speziellen Reiferäumen dämmern sie ihrer Vollendung entgegen. Temperatur und Luftfeuchtigkeit der Reifekeller spielen dabei eine entscheidende Rolle. Natürlich auch die Dauer – Gouda beispielsweise muss mindestens vier Wochen reifen, bis er verkauft werden darf.

Je härter der Käse, desto mehr Milch steckt drin: 4 bis 5 Liter genügen für ein Kilogramm Frischkäse, für Hartkäse wird die dreifache Milchmenge benötigt. Der Grund, warum Hartkäse mehr Kalzium enthält als weiche Sorten.

▶ Käsepfleger

Beruferaten: Wissen Sie, was ein Affineur ist? Auf gut Deutsch ein Käsepfleger. Affineure sind von Berufs wegen mit der Obhut heranreifender Käse befasst: Mit bürsten, klopfen, waschen und wenden, bis das für die Käsesorte typische Aroma und der gewünschte Reifegrad erreicht ist.

Als Ihr privater Affineur sollten Sie darauf achten, Käse immer wieder in Originalpapier und Spanschachtel zu packen. Gut sind auch feuchte Leinentücher, auch Spanschachteln kann man darin einwickeln. Das schützt noch besser vor dem Austrocknen. In jedem Fall sollten Sie guten Käse mindestens eine Stunde, bevor Sie ihn essen möchten aus dem Kühlschrank nehmen und auspacken. So kann er atmen und ein wenig Temperatur annehmen – und belohnt Sie mit seinem vollen Aroma.

Gouda ist der niederländischer Exportschlager und zugleich der Deutschen liebster Käse.

»F. i. Tr.«

Kurz für »Fett in der Trockenmasse« steht dieser Kürzel vor allem auf abgepacktem Käse zu lesen. Während seiner Reifung und Lagerung verliert Käse laufend an Feuchtigkeit – damit an Gewicht. Deshalb kann sich der Fettgehalt nur auf die Trockenmasse und nicht auf das Gewicht beziehen.

Um zu wissen, wie viel Fett tatsächlich in Ihrem Schnittchen auf dem Teller steckt, hilft Multiplizieren – den Fett i.Tr.-Wert mit je nach Käsesorte unterschiedlichen Faktoren:

Frischkäse Fett i.Tr. mit 0,3
Weichkäse Fett i.Tr. mit 0,5
Schnittkäse Fett i.Tr. mit 0,6
Hartkäse Fett i.Tr. mit 0,7

Beispielsweise enthalten 100 Gramm Camembert mit 60 % Fett i.Tr. – 60 x 0,5 – 30 Gramm Fett.

Mit den Augen der Ernährungsmedizin

Käse hat fast alles zu bieten, was die Milch liefert. Der Gehalt an Vitamin A ist teilweise sogar noch höher. Zudem hält regelmäßiger Käsegenuss die Zähne gesund: Beim Kauen entwickelt sich eine Mixtur aus Calcium, Phosphat und dem Käseeiweiß Kasein, das den Zahnschmelz stärkt.

Käse hat jedoch einen hohen Fettgehalt – viele Sorten bestehen zu einem Drittel aus Fett. Deshalb sollte man darauf achten, ihn in Maßen zu genießen.

»Light« darf sich ein Käse nur nennen, wenn er nicht mehr als 32,5 % Fett i. Tr. enthält. Schichtkäse und Speisequark dürfen nicht mehr als 12 % enthalten.

Rohmilchkäse – ein Risiko?
Für viele Feinschmecker bedeutet es die einzig wahre Art, Käse zu genießen: Rohmilchkäse, für den Milch nur auf 40 °C erwärmt wird. So bleiben viele Keime erhalten, die dem Käse sein typisches Aroma verleihen. Die allerdings auch zu Infektionen wie der Listeriose führen können. Das Risiko ist zwar sehr klein, dennoch sollten Schwangere auf Rohmilchprodukte – nicht nur auf Käse – verzichten.

Was in unseren Käse darf

Bei der konventionellen Käseverarbeitung sind Zusatzstoffe erlaubt: zum Beispiel Nitratsalze bei Schnittkäsen, Phosphate bei Schmelz- und Kochkäse, Natamycin – ein Antibiotikum – zur Oberflächenbehandlung von Hart-Schnitt- und halbfestem Schnittkäse, Nisin – ebenfalls ein Antibiotikum – zur Konservierung von gereiftem Käse. Zuküftig ist mit dem Einsatz bio- und gentechnischer Zusätze zu rechnen: Enzyme und genmanipulierte Stoffe sollen beispielsweise die Reifezeit des Käses drastisch verkürzen.

Gefälschter Käse

Echter Käse wird aus Milch hergestellt. Doch nicht alles, was wie Käse aussieht und schmeckt, hat Milch als Rohstoff. Häufiger als man meinen möchte, sind so genannte Käseimitate: Mixturen aus

Käse, pflanzlichen Fetten und Zusätzen, wie Salzen. Wodurch sich die Käseimitate beim Kochen besser machen als echter Käse. Pizzas und Backwaren wie Brezeln beispielsweise werden häufig mit gefälschtem Käse überbacken – was ausgewiesen sein muss. Aber kaum kontrolliert wird.

Rein optisch sind Original und Fälschung kaum zu unterscheiden. Klarheit bringt erst eine Untersuchung des Fettes. Echter Käse enthält nur Milchfett, Käseimitate weisen noch andere Fette, wie Pflanzenfette auf.

Kennzeichnung

Auf der Verpackung von Käse müssen stehen:

- Verkehrsbezeichnung
- Gegebenenfalls die geographische Herkunftsbezeichnung.
- Füllmenge und Gewicht.
- Fettgehaltsstufe oder Fettgehalt in der Trockenmasse »... % Fett i. Tr.«. Ausgenommen hiervon sind Sauermilchkäse, da diese nur als Magerstufe hergestellt werden.
- Mindesthaltbarkeitsdatum.
- Name und Anschrift des Herstellers, Verpackers oder Verkäufers.
- Zutatenverzeichnis, dabei müssen die zur Herstellung nötigen Milchinhaltsstoffe, Enzyme, Mikroorganismen oder Speisesalz allerdings nicht aufgeführt werden. Gewürze und beigefügte Lebensmittel sind als »weitere Zutaten« zu nennen.
- Genusstauglichkeitskennzeichen (siehe Milch, S. 68).
- Bei geriebenem Käse aus einer Sorte »hergestellt aus ...« oder »gerieben« mit Angabe der Käsesorte.
- Falls keine Kuhmilch verwendet wurde, der Hinweis auf eine andere Tierart.
- Der Hinweis »wärmebehandelt«, ausgenommen bei Schmelzkäse.
- Gegebenfalls der Hinweis »mit Farbstoff«, »mit Konservierungsstoff« sowie »aus Rohmilch«.
- »Kunststoffüberzug nicht zum Verkehr geeignet« falls die Rinde bei Hart- oder Schnittkäse eine Kunststoffbeschichtung hat.

Fleisch und Wurst

Kälbermast-Skandal, Maul- und Klauenseuche, Antibiotika und Hormone – das und manch anderes kommt uns schnell in den Sinn, wenn wir an Fleisch denken. Seit der BSE-Krise ist Fleisch in Verruf geraten. Besonders Rindfleisch ist zum Synonym für Risiken auf dem Teller geworden.

Generell, so befürchten inzwischen viele, kann die Fleischeslust unkalkulierbare Gefahren mit sich bringen. Wer kann schon garantieren, dass sich nicht doch einige Prionen eingeschlichen haben, man sich mit dem Schnitzel eine Dosis Penizillin oder andere unerwünschte Dinge mitserviert …

»Fleisch, ein Stück Lebenskraft«, dieser Slogan hat einen leicht zynischen Beigeschmack bekommen. Besonders, was Rindfleisch angeht. Hier, so zeigt der Blick auf die Statistiken, liegt der jährliche Pro-Kopf-Verbauch bei bescheidenen 8,8 Kilogramm. Weit abgeschlagen hinter Schweinefleisch, der Deutschen Liebstes: 39, 7 Kilogramm isst der Bundesbürger davon im Jahr. Am allerliebsten aber beißt man hierzulande in die Brühwurst. Stattliche Mengen, nämlich 150 400 Tonnen wandern davon jährlich ins heiße Wasser oder auf den Grill.

Erquickliche Mengen, möchte man meinen. Die nicht darüber hinwegtäuschen dürfen, dass der Fleischkonsum in den letzten Jahren zurückgegangen ist. Was wahrlich nicht schadet. Schließlich haben gerade wir Deutschen uns stets viel zu viel der Braten und Schinken serviert und tun es noch. Und schließlich bescheinigen uns zahllose wissenschaftliche Studien schwarz auf weiß, dass zu viel tierisches Fett und Eiweiß der Gesundheit nicht zuträglich ist. Skandale gepaart mit gesundheitlicher Aufklärung haben Wirkung gezeigt.

Vor all dem sollte jedoch nicht vergessen werden, dass Fleisch einen wertvollen Beitrag zu unserer Ernährung leisten kann. Sofern es in vernünftigen Mengen genossen und verantwortungsbewusst eingekauft wird.

Vor allem bei Fleisch und Wurstwaren zahlt sich Bio enorm aus. Diese Ware ist zweifelsohne um einiges teurer. Was uns die Sicher-

▶ Energie aus dem Stall

Im Fleisch steckt eine ganze Menge: allem voran hochwertiges Eiweiß, reich an essenziellen Aminosäuren. Anders als pflanzliches wird das aus Fleisch fast restlos in körpereigenes Eiweiß umgewandelt: Von 100 Gramm verbucht unser Körper bis zu 90 Gramm für sich. Weiterhin enthält Fleisch einiges an Eisen. Mit dem Pluspunkt, dass unser Körper es besser aufnehmen kann als aus pflanzlichen Nahrungsmitteln. Neben Eisen liefert das liebe Vieh uns Zink und Selen. Ersteres stärkt das Immunsystem, zweiteres ist ein wirksames Antioxidans und schützt uns somit vor den schädlichen Effekten freier Radikale. In Fleisch sind aber auch Vitamine enthalten. Als da wären die Vitamine der B-Gruppe. Vitamin B12 beispielsweise, das bei der Bildung roter Blutkörperchen mithilft. Mit 150 Gramm Schweinefleisch können Sie bereits Ihren Tagesbedarf an diesem B-Vitamin decken. Auch Vitamin B1, unerlässlich im Energiestoffwechsel, ist reichlich in Fleisch vorhanden. Ebenso wie das B-Vitamin Niacin, das bei der Bereitstellung von Energie eine bedeutende Rolle spielt.

Fleisch ist ein wertvoller Fitmacher. Den Sie sich jedoch nicht täglich, sondern höchstens zwei bis dreimal wöchentlich gönnen sollten: Jeweils eine Portion von nicht mehr als 150 Gramm. Dazu wöchentlich nicht mehr als zweimal Wurst, je maximal 50 Gramm. In einem Stück durchwachsenem Fleisch harren beachtliche 250 Milligramm Cholesterin, in 100 Gramm magerer Fleischsorten wie Filet immer noch 45 bis 70 Milligramm.

Da beim Schwitzen Mineral- und Spurenelemente verloren gehen, sollten besonders Sportler nicht völlig auf Fleisch verzichten. Übrigens: Vitamin C verbessert die Eisenaufnahme, weshalb Fleisch mit Gemüse oder Kartoffeln besonders gut sind.

---

heit guter Qualität wert sein sollte und was wir immer beim Kauf bedenken sollten.

Hesse oder Bug: Die besten Stücke

Zwischen Filet und Suppenfleisch liegen Welten, das weiß jeder Feinschmecker und Sie nun auch: Nachfolgend können Sie sich einen Überblick verschaffen, welche Fleischstücke es gibt und wofür Sie diese verwenden können.

- Keule

Das schwerste und fleischreichste Teilstück, das wegen seines hohen Gewichtes zerlegt wird, in Oberschale – gut für Rouladen – und Unterschale. Typisches Bratenfleisch, bestens geeignet für Spieß-, Schmor- und Sauerbraten. Spezielle Teilstücke der Unterschale sind Tafelspitz und Rolle.

- Blume

Die Hüfte liefert wertvolles Bratenfleisch mit lockerer Struktur und feinen Fettadern. Hüftsteaks, auch bekannt als Rumpsteaks, sind die Idealbesetzung zum Kurzbraten.

- Kugel

Mageres Fleischstück, das sich besonders für Geschnetzeltes, Braten und Rouladen empfiehlt.

- Rücken

Der Rücken, das Roastbeef, zählt zu den wertvollsten Stücken und wird vor allem für Steaks verwendet, aber auch für Braten. Charakteristisch sind der magere Fleischkern – am Rücken verlaufen lange Muskeln – und die vereinzelten Fetteinlagerungen, die saftige, aromatische Fleischgerichte ergeben.

- Filet

Das zarteste und teuerste, was es an Fleisch gibt. Nach dem Abtrennen von Fettgewebe wird nur das reine Muskelfleisch mit seiner feinen Faserstruktur angeboten. So macht sich Filet hervorragend als Grill- und Bratenfleisch. In Scheiben oder Würfel geschnitten kennen Sie es als Spezialitäten wie Chateaubriand, Filet medaillon, Boeuf Stroganow und Fonduefleisch.

• Knochen- und Fleischdünnung
Beide haben einen hohen Knochen- sowie Fettgewebeanteil und sind deshalb weniger gefragt – höchstens als Zugabe zu Suppen oder Gulasch. Ansonsten wandern dieses Stücke in Dosen und Wurstdärme.

• Kamm
Kamm oder Nacken, zwar reich an Fleisch und arm an Fett, wird wegen seiner groben Struktur überwiegend weiterverarbeitet.

• Fehlrippe
Die Fehlrippe, auch bekannt als hohe Rippe, ist in der Zusammensetzung dem Roastbeef ähnlich. Sie eignet sich als Bratenstück, insbesondere für Sauerbraten. Das ausgelöste Kernstück können Sie auch gut zum Kurzbraten nehmen.

• Bug
Der Bug, die Schulter, wird entbeint und weiter zerlegt. Das Beste ist das dicke Bugstück, das zartfaserige Bratenstücke, Steaks und Rouladen liefert. Das Schaufelstück, von einer dicken Sehne durchzogen, eignet sich zum Kochen; ohne Sehne zum Schmoren oder für Sauerbraten. »Falsches Filet« ist in der Form dem Filet ähnlich, jedoch kleiner und sehnenreicher. Gut als Bratenstück oder in Scheiben geschnitten für Steaks.

• Brust
Die Brust hat einen hohen Knochen- und Fettgewebeanteil und wird als Suppenfleisch sowie in Eintopfgerichten verwendet.

• Hesse
Hinter- und Vorderhesse haben einen hohen Knochen- und Sehnenanteil. Zerlegt und entsehnt finden sie als Gulasch und als Suppenfleisch in Form von Beinscheiben Verwendung. Beinscheiben sollten im Hinblick auf die BSE-Problematik heute nichts mehr in Ihrer Küche zu suchen haben.

• Markknochen
Sie ergeben ausgekocht Knochenbrühen oder Fonds, Grundlagen

für Suppen, Soßen und Eintöpfe. Die BSE-Krise hat allerdings deutlich gemacht, dass man auf die Verwendung von Knochen sicherheitshalber komplett verzichten sollte.

Innereien, umstrittener Genuss

Vielen Menschen sind Innereien nicht ganz geheuer. Berichte über Schadstoffbelastungen und nicht zuletzt der BSE-Skandal haben die Verbraucher verunsichert. Nicht ganz zu Unrecht, besonders was Leber und Niere betrifft. Denn wie beim Menschen reichert sich in den beiden Ausscheidungs- und Entgiftungsorganen am meisten Schädliches an. So sind die Bleigehalte von Rinderleber und -nieren seit 1985 zwar um über 90 % gesunken, die Belastung durch Cadmium blieb jedoch nahezu unverändert. Weshalb der Verkauf von Nieren, die von Rindern stammen, die älter als 24 Monate sind, heute verboten ist.

Neben Cadmium fanden sich bei Untersuchungen an Schlachttierleber in der Vergangenheit auch immer wieder erhöhte Vitamin-A-Konzentrationen. Die Gefahr einer akuten oder chronischen Vergiftung, so die offiziellen Stellen, bestehe zwar nicht. Fruchtschädigende Wirkungen können »aber nicht mit Sicherheit ausgeschlossen werden«. Für Schwangere sollte Leber aller Tierarten daher auch tabu sein. Kleinkinder sollten Leber und leberhaltige Erzeugnisse nicht häufiger als einmal in der Woche bekommen. Zumal sich bei Rückstandskontrollen immer wieder ungewöhnlich hohe Konzentrationen an Kupfer in Kalbslebern gefunden wurde.

Grundsätzlich, so die offizielle Empfehlung, sollten Innereien jeglicher Art nur gelegentlich, das heißt, mit zwei- bis dreiwöchigen Abstand verzehrt werden.

Milz und Därme gelten heute als »Risikomaterialien« und sind daher aus dem Verzehr gezogen worden.

Pfusch im Wurstland

Nach den Fleischstücken zu den Würsten, »bearbeitete, verarbeitete und gewürzte Erzeugnisse, die ausschließlich oder überwiegend aus Fleisch bestehen«. Der Definition nach, die Realität in den Theken sieht leider oft anders aus. Im Wurstparadies – bei uns gibt es die größte Sortenvielfalt – wird mitunter ordentlich gepfuscht. Denn was in Schinken, Roh- Koch- oder und Brühwürsten steckt, ist vor allem eine Menge Fett und Wasser. An Fleisch wird gerne gespart, egal ob es sich um billige oder teure Produkte handelt. Viel Fett und Wasser, wenig Fleisch – so scheint inzwischen das Credo vieler Wurstmacher. Das gerät schnell zur »Verbrauchertäuschung besonderen Ausmaßes«, wie offizielle Stellen bemängeln. So finden sich immer mal wieder Wurstwaren in den Theken, die Wasserbinder – so genannte Proteinhydrolysate – enthalten. Was nach deutschem Recht verboten ist. Schließlich bedeutet mehr Wasser mehr Gewicht und damit einen höheren Verkaufspreis.

Einer der Gründe, weshalb man beim Wurstkauf kritisch sein sollte. Und beim Wurstgenuss zurückhaltend. Denn was Sie sich aufs Brot legen, haben Sie schnell auch auf den Rippen. So manches Wurstrad ist eine pfundige Angelegenheit:

In 100 Gramm	stecken	
Brühwurst	300 kcal	26 g Fett
Schinkenwurst	300 kcal	28 g Fett
Kochschinken	110 kcal	4 g Fett
Rohschinken	150 kcal	8 g Fett
Fleischwurst	280 kcal	25 g Fett
Leberwurst	330 kcal	30 g Fett
Salami	360 kcal	30 g Fett
Mettwurst	370 kcal	35 g Fett
Bratwurst	310 kcal	28 g Fett
Fleischkäse	300 kcal	28 g Fett

Der deutsche Esser hat die Wahl unter 1500 verschiedenen Wurstsorten – ganz oben auf der Beliebtheitsskala stehen die Brühwürste.

• Rohwürste

Dazu gehören viele der beliebten Brotbelege, wie unter anderem Salami, Cervelat-, Mett- und Teewurst. In Rohwürste wandern Skelettmuskulatur, Fettgewebe, Gewürze, Pökelsalz und Zucker. Ist die Wurstmasse in die Schläuche gefüllt, werden die Rohwürste geräuchert oder man lässt sie an der Luft weitertrocknen und nachreifen.

• Kochwürste

Wurstwaren wie Leberwürste, Blutwürste und Sülzwürste, deren Rohstoffe zuerst vorgegart, dann zerkleinert und in Hüllen abgefüllt werden. Dann werden die Würste erneut erhitzt, manche auch zusätzlich geräuchert, was Geschmack und Haltbarkeit verbessert. Kochwürste enthalten überwiegend Schweinefleisch sowie Fettgewebe, Blut und Innereien.

Kalbsleberwurst enthält keine Kalbsleber: Ihr Brät besteht aus Kalb- und Schweinefleisch, Schweineleber und Gewürzen.

• Brühwürste

Fleisch- und Jagdwurst, Leberkäse und Weißwurst, Bierschinken und Wiener Würstchen und die vielen anderen aus dieser Gattung sind die Umsatzschlager an der Wursttheke. Brühwürste werden aus rohem zerkleinertem Rind-, Schweine- und/oder Geflügelfleisch, Speck sowie Salz und Gewürzen hergestellt.

Von den 80 Gramm Wurst, die der Bundesbürger im Schnitt pro Tag isst, sind die Hälfte Brühwürste. Roten Sorten wird Nitritpökelsalz (»Pökelrot«), weißen wie Gelb- und Weißwurst reines Kochsalz zugesetzt.

• Schinken

Es gibt ihn roh oder gekocht – welcher besser ist, entscheidet der Gaumen. Beide stammen jedenfalls aus der Keule des Schweins (Hinterschinken) und werden als Erstes gepökelt. Das entzieht dem Fleisch einerseits Wasser, andererseits können dabei Salz und Gewürze eindringen.

Nach dem Pökeln wird der Rohschinken geräuchert oder luftgetrocknet. Letzteres ist vor allem in südlichen Ländern verbreitet, etwa Parma- und Serrano-Schinken.
Der Kochschinken, auch als Kasseler bekannt, wird gepökelt und anschließend gegart.

Vorderschinken stammt aus der Schweineschulter. Auch Lachsschinken kommt nicht von der Keule, sondern aus dem fett- und sehnenarmen Kernstück des Koteletts.

»Formschinken« ist aus mehreren Fleischstücken zusammengeflickt. Er hat zwar die gleiche Zusammensetzung wie gewachsenes Fleisch, ist aber qualitativ minderwertiger und muss entsprechend gekennzeichnet sein. Um nicht ahnungslos Formschinken zu kaufen, sollten Sie bei gekochtem Schinken immer darauf achten, dass er eine Speckschwarte hat. Das zeigt Ihnen, ob er aus einem einzigen Stück gemacht wurde, oder ob er etwa Flickwerk aus vielen Einzelteilen ist.

▶ Schinkenimitat auf der Pizza
Pizza prosciutto? Dem Namen nach vielleicht. Was als Schinken auf der Pizza liegt, ist oft gar keiner. Sondern eine zwar gute, aber minderwertige Kopie davon. Kreationen aus »gelatineartiger Grundmasse«, wie es das Bundesamt für Verbraucherschutz und Lebensmittelsicherheit (BVL) formuliert, angerührt aus Muskelstücken, Sojaprotein, Molkeneiweiß und reichlich Wasser. Für die bessere Optik sorgen Wasserbinder, vor allem Proteinhydrolysate. Die aber sind nicht zugelassen – damit ist der Verstoß gegen das Lebensmittelrecht perfekt.

- Hitzekonservierte Fleischzubereitungen

Sie werden in Gläsern oder Dosen, landläufig als »Konserven« bezeichnet, verkauft. Doch Wurstkonserven sind vielfach keine Vollkonserven. Weshalb Sie unbedingt die Hinweise auf Lagertemperaturen und garantiertes Mindesthaltbarkeitsdatum sorgfältig beachten müssen.

»Szegediner Gulasch« besteht überwiegend aus Sauerkraut mit etwas Schweinefleisch – um die 30 %. Bei Gulasch-Erzeugnissen müssen Zutaten wie Kartoffelstücke oder Sauerkraut mit der Verkehrsbezeichnung angegeben werden.

Einkauf – eine Sache des Vertrauens

Wohl bei keinem anderen unserer Nahrungsmittel ist der gute Einkauf so wichtig. Zum einen, was die Gaumenfreuden anbelangt. Ob Ihr Filet tatsächlich schmeckt, wissen Sie erst, wenn Sie die ersten Bissen im Mund haben. Zum anderen und nicht minder wichtig, ist der Einkauf in gesundheitlicher Hinsicht entscheidend. Was alles in dem Stück Fleisch steckt, das Sie nach Hause tragen, ist schließlich nicht einerlei. Wer beim Fleisch- und Wurstkauf auf der sicheren Seite sein möchte, sollte Bio-Produkte kaufen. Die Gründe dafür lesen Sie ab S. 99. Auch in Discountern und Supermärkten wird zusehends mehr Ware ökologischer Herkunft angeboten.

Was nicht so viel teurer sein muss: Einige – leider noch wenige – Großhandelsketten bieten Fleisch und Wurst in konventioneller wie in Bio-Qualität an und nutzen dafür die gleichen Vertriebswege. Dadurch hält sich der Preis der Bio-Ware in verträglichen Grenzen. Pro Kilo müssen Sie beispielsweise nur einen Euro mehr in Kauf nehmen.

Ansonsten gilt: Kaufen Sie Fleisch und Wurst bei einem Metzger, den Sie kennen und dem Sie vertrauen. Ihn können Sie fragen, woher und aus welcher Haltung das Fleisch stammt, ob es ausreichend abgehangen ist und was so alles in seine Würste hineinkommt. Ein guter Metzger wird Ihnen das alles beantworten, sofern er nichts zu verbergen hat.

Darüber hinaus sollten Sie sich an den verschiedenen Gütesiegeln orientieren und vor allem am Etikett (S. 102). Bei abgepackter Ware ist das die einzige Chance, sich über Herkunft, Haltung und andere wichtige Dinge zu informieren. Die Codes auf dem Etikett richtig entziffern und deuten zu können, wird mithin zusehends wichtiger. Zumal immer mehr Käufer nicht mehr zum Metzger gehen, sondern ihre Fleischeslust aus dem Kühlregal decken – vakuumverpackt und mitunter nur einen halben Euro über dem Schlachtpreis. Dass ein Brathähnchen für 99 Cent aber keine gute Qualität hat (haben kann) und dazu möglicherweise zuhauf Schädliches unter der Haut, wird viel zu leicht übersehen. Doch spätestens bei Fleisch und Wurst ist Geiz alles andere als »geil«.

Achten Sie auf Hygiene im Geschäft und während des Verkaufs: Das Personal darf Fleisch und Geld nicht abwechselnd anfassen, sondern muss sich dazwischen zumindest die Hände waschen.

Vorsicht bei Fleisch in Fertigmarinade

Fertig eingelegtes Fleisch ist mit Vorsicht zu genießen, da es bereits weiterverarbeitet wurde und darum möglicherweise nicht mehr ganz frisch ist. Zudem können Sie die Fleischqualität nicht mehr erkennen. Nicht selten werden ältere Fleischstücke durch Marinaden mit Weichmacher wieder aufgepeppt und zart gemacht. Außerdem enthalten die fertigen Marinaden fast immer den Geschmacksverstärker Glutamat (S. 300), der bei einigen Menschen Allergien und Kopfschmerzen auslösen kann. Eine nicht eben angenehme Reaktion, und bekannt unter dem Begriff »Chinese-Restaurant-Syndrom«.

Woran Sie gute Fleischqualität erkennen

Vertrauen ist gut, selbst hinschauen besser. Fleischkenner achten deshalb beim Einkauf auf bestimmte Qualitätskriterien wie unter anderem Farbe und Struktur. Und darauf, wie sehr das Fleisch von feinen Fettadern durchzogen ist – die so genannte Marmorierung.

Zum Grillen sollten Sie nicht zu fettes Fleisch kaufen: Tropft Fett in die Glut, bilden sich schädliche Stoffe, die sich auf der Fleischoberfläche absetzen.

Farbe

Generell gilt: Bei jüngeren Tieren ist die Fleischfarbe heller, bei älteren dunkler.

Schweinefleisch sollte gleichmäßig rosa bis dunkelrosa sein.

Rindfleisch sollte immer dunkelrot sein.

Lammfleisch sollte eine hellrote bis rote Farbe haben.

Wildfleisch sollte dunkelrot und auf keinen Fall leicht bräunlich sein, dann ist es bereits angetrocknet und nicht mehr frisch.

Geflügel sollte fleischfarben und nicht käsig weiß sein, denn sonst stammt das Tier vermutlich aus Massentierhaltung.

Festigkeit

Ob Geflügel, Rind oder Schwein – Fleisch muss die »Fingerdruckprobe« bestehen, darf mithin beim Eindrücken nicht zu stark nachgeben. Ebenso darf sich Fleisch nicht schwammig weich anfühlen.

Oberfläche

Fleisch darf nicht schmierig oder feucht sein, sondern muss einen schönen frischen Glanz haben.

Geruch

Fleisch, bis auf Wild (S. 109ff.), muss immer neutral riechen. Ist dies nicht der Fall, lassen Sie die Finger davon.

Marmorierung

An vielen Stellen marmoriertes Fleisch ist zarter und saftiger als sehr mageres.

Safthaltevermögen

Erkennen Sie am trockenen Anschnitt: Fleisch, das im eigenen Saft liegt, hat keine gute Qualität und sollte besser nicht eingekauft und verwendet werden.

Genügend abgehangen

Fleisch muss beim Metzger abgehangen werden, weil das die Muskeln lockert. So wird Fleisch zart und saftig: Rind muss 15 bis 21 Tage hängen, Schwein, Wild und Lamm 4 bis 5 Tage.

Im Kühlschrank können Sie Geflügel und Wildfleisch maximal 2 bis 3 Tage, Schweinefleisch maximal 3 Tage, Rind- und Lammfleisch nicht länger als 4 bis 5 Tage aufheben.

Ein Ende mit Schrecken?

So schmerzlos und schnell wie möglich – die Tierschutz-Schlachtverordnung soll dem Leiden der Tiere einen Riegel vorschieben. Keine Tötung darf deshalb ohne Betäubung erfolgen.

Besserer Umgang bei Transport und Schlachtung ist keinesfalls nur im Sinne der Tierschützer, auch die Verbraucher profitieren davon. Gestresste Tiere liefern schließlich schlechteres Fleisch: Die Quittung für die Qual. Schrumpft das Schnitzel in der Pfanne und ist es mit einer Schuhsohle zu vergleichen, stand das Tier kurz vor dem Schlachten unter starkem Stress.

Abgesehen von diesen Folgen müssen wir uns auch die Frage stellen, ob wir es vertreten können, Fleisch von Tieren zu essen, die unsägliches Leid auf dem Weg in den Tod ertragen mussten. Die Antwort darauf liegt bei jedem allein. Auch die Einstellung gegenüber Tiertransporten ist eine sehr individuelle Angelegenheit. Weshalb diese Themen an dieser Stelle auch nicht weiter behandelt werden sollen.

Mittels Tierschutztransport-Verordnung sollen unvermeidbare Transporte möglichst tiergerecht und schonend gestaltet werden. Kernpunkt ist die Begrenzung der Transportzeiten.

Klasse statt Masse

Wer auf Nummer Sicher gehen möchte, sollte Fleisch und Wurst beim Öko-Metzger kaufen. Ob nun Bio-Kühe glücklicher und Bio-Schweine zufriedener sind, wissen wir nicht. Wäre aber gut möglich. Denn im Vergleich zu ihren konventionell gehaltenen Artgenossen haben sie es zweifelsohne um einiges angenehmer. Schließlich berücksichtigt die ökologische Haltung die artspezifischen Eigenheiten und Verhaltensweisen – soll heißen, die Tiere sind weder in ihrer Bewegung noch in ihrem Verhalten behindert. Hühner können frei herumlaufen, scharren und picken, Rinder gemächlich über die Weide schlendern und dabei gemütlich wiederkäuen. Schönes Landleben … Die romantische Idylle kommt der Qualität von Fleisch und Wurst und damit letztlich uns zugute. Ökologisch gehaltene Tiere leben nicht nur ihrer Art gerecht, sie bekommen auch nur hochwertiges Futter ökologischer Herkunft. Futter mit Masthilfsmitteln oder synthetischen Zusatzstoffen ist tabu. Ebenso wie Futtermittel, die von gentechnisch veränderten Organismen abstammen oder mit deren Hilfe erzeugt wurden. Darüber hinaus wird das Futter weitgehend auf dem eigenen Betrieb erzeugt – unterliegt also der Kontrolle des Tierzüchters. Im Krankheitsfall werden die Tiere sofort behandelt, wobei man grundsätzlich homöopathische und pflanzliche Heilmittel bevorzugt. Hormone und Antibiotika, ob zur Leistungsförderung oder zur Behandlung, sind nicht erlaubt.

Das liebe Bio-Vieh hat es besser, verursacht aber auch mehr Arbeit und Kosten. Extensive Tierhaltung ist teurer als intensive und deshalb müssen Sie für ein Öko-Steak eben auch mehr bezahlen. Um die Preisdifferenz geringer und den Verbraucher kaufgeneigter zu machen, beginnt die Branche umzudenken. Werden beispielsweise bereits vorhandene Vertriebswege, wie der Verkauf im Supermarkt, genutzt, lässt sich der Preis senken. Das hat eine deutsche Handelskette bereits vorgeführt – mit großem Erfolg. Dass dieses Vorbild Schule macht, steht zu hoffen. Durch bessere Organisation könnte beim Öko-Fleisch einiges an Kosten eingespart werden und dieses attraktiver für den Käufer machen. Was beide Seiten, vor und hinter der Stalltür, freuen würde.

Intensive, extensive und Bio-Mast

Die intensive Mast ist jene, die als konventionell bezeichnet wird. Der Bauer darf sein Vieh dabei in künstlich beleuchteten Ställen, auf Vollspaltenböden (Betongitter über Güllekanälen) stellen und ihm Futter mit allen zugelassenen Zusatzstoffen geben – damit auch synthetische und gentechnisch veränderte Stoffe. Wird ein Tier krank, kann es mit Antibiotika behandelt werden.

Bei der extensiven Mast muss das Tier artgerecht gehalten werden: genügend Auslauf, Tageslicht und frische Luft in den Ställen, Teilspalten- statt Vollspaltenböden. Beim Futter sind gentechnische und synthetische Zusätze verboten, zudem muss es aus 70 % Getreide bestehen. Werden Tiere über 40 Kilo Lebendgewicht mit Antibiotika behandelt, darf ihr Fleisch nicht mehr als Markenfleisch verkauft werden.
Artgerechte Haltung, mit allem, was dazu gehört, ist oberstes Gebot der Bio-Mast. Teilspaltenböden in den Ställen sind (noch) erlaubt. Das Futter darf nur aus ökologischem Anbau stammen. Wird ein Tier krank, darf es nicht mit Antibiotika behandelt werden.

Von der Packung zurück in den Stall

Der Code auf der Verpackung ist so was wie der Fingerabdruck des Herstellers. Die Buchstaben und Ziffern weisen den langen Weg zurück – vom Schinken dorthin, wo einst das Schwein stand, aus dem er gemacht wurde.

Bei Rindern ist die lückenlose Dokumentation vom Tier bis zum Steak seit der BSE-Krise Pflicht. Seit dem 1. Januar 2002 soll jeder Verbraucher auf dem Etikett erkennen können, in welchem Land das Rind geboren, gemästet, geschlachtet und zerlegt wurde. Ist das Fleisch nicht verpackt, müssen diese Angaben an deutlich sichtbarer Stelle im Verkaufsraum stehen. Für anderes Hufgetier und das liebe Federvieh wird eine so engmaschige Kontrolle derzeit noch aufgebaut – auch von den Herstellern selbst.

▶ **Qualität und Sicherheit – für mehr Profit**
Im Herbst 2002 kam erstmals Fleisch mit dem QS-Zeichen für kontrollierte »Qualität und Sicherheit« auf den Markt – zunächst in die Kühltheken einer Supermarktkette. Hinter diesem Qualitätssiegel steht eine breite Allianz: Bauernverbände, Futtermittel- und Fleischindustrie sowie der Einzelhandel. Sie alle haben sich – auf freiwilliger Basis – verpflichtet, neben den gesetz-

lichen Vorschriften zusätzliche Anforderungen zu erfüllen. Zu diesen Auflagen gehören unter anderem Verbot antibiotischer Leistungsförderer, Verpflichtung zu einem Vertragstierarzt und die Offenlegung aller verwendeten Roh-, Inhalts- und Zusatzstoffe.
Was zunächst ganz gut klingt, soll vor allem eines: den Absatz von Fleisch fördern. Sprich, Fleisch aus konventionellen Betrieben und extensiver Mast adeln. Alles nur Augenwischerei? Die Verbraucherverbände jedenfalls sehen das QS-Zeichen nach wie vor kritisch. Vor allem deshalb, weil einige der Kriterien weit hinter den üblichen Öko-Standards herhinken. So existieren keinerlei Vorschriften zur Tierhaltung, es ist lediglich das Gesetz einzuhalten. Das aber gestattet gerade in der Schweinemast Haltungsbedingungen, die alles andere als tiergerecht sind. Krankheiten im Stall sind damit vorprogrammiert – damit der Einsatz von Antibiotika. Die nämlich sind zur Behandlung von Krankheiten erlaubt. Ebenso wie Gentechnik in den Futtermitteln, ein weiteres Manko der QS-Ware.
Auf Kritik der Verbraucherschützer stößt auch die großzügige Kontrolle von »Qualität und Sicherheit«. Schließlich müssen die Landwirte nur alle drei Jahre zum »QS-TÜV«. Bio-Bauern müssen den Kontrolleuren hingegen jährlich die Stalltüren öffnen. Das QS-Siegel ist und bleibt umstritten. Mit Recht – statt auf verbesserte Dopingkontrollen sollte verstärkt auf naturnahe Landwirtschaft gesetzt werden. So war es immer die Linie von Ministerin Künast, das QS-Zeichen erst zu unterstützen, wenn es ein explizites Gentechnik- und Tiermehlverbot vorsieht und bei der Tierhaltung nachgebessert wird.

Was auf dem Etikett stehen muss

- Verkehrsbezeichnung:

die handelsübliche Bezeichnung.

- Mindesthaltbarkeitsdatum oder Verbrauchsdatum

Das Mindesthaltbarkeitsdatum sagt Ihnen, bis wann die Ware bei richtiger Lagerung ihre spezifischen Eigenschaften mindestens behält. Nicht zu verwechseln also mit dem Verbrauchsdatum.

»Verbrauchen bis …« steht auf Produkten, die leicht verderblich sind wie Hackfleisch, Geschnetzeltes und rohe Bratwürste. Nach diesem Zeitpunkt darf die Ware nicht mehr verkauft und sollte auch nicht mehr gegessen werden.

- Menge

Bei fester Ware wird das Gewicht in Gramm oder Kilogramm angegeben, bei Erzeugnissen in Aufgussflüssigkeit wie beispielsweise Dosenwürsten das Abtropfgewicht. Bei Produkten, die außer Fleisch noch andere Bestandteile enthalten, ist die Fleischeinwaage angegeben.

- Preis

Den Preis (Endpreis) finden Sie entweder direkt auf der Ware oder auf einem Schild nahe daran. Neben dem Endpreis muss der Grundpreis stehen. Das ist der Preis pro Kilogramm.

- Zutatenliste

Bei mehr als einer Zutat (Beispiel Cordon Bleu) müssen sämtliche Zutaten angegeben werden – einschließlich der Zusatzstoffe. Die Zutaten müssen in absteigender Reihenfolge ihres Gewichtanteils aufgelistet werden.
Eine Mengenangabe ist bei den Zutaten nur dann erforderlich, wenn diese Zutat in der Verkehrsbezeichnung genannt oder im weiteren Text oder einem Bild besonders hervorgehoben wird. Bei einem »Pfeffersteak« muss demnach die Pfeffermenge in Prozent angegeben werden.

- Adresse

Die Angabe beinhaltet Name und Anschrift des Herstellers, Verpackers oder eines in der Europäischen Union niedergelassenen Verkäufers.

Das Wichtigste: Referenznummer/-code

Er gewährleistet, dass das Fleisch vom Stall bis zur Ladentheke zurückverfolgt werden kann. Die Nummer kann die Kenn-Nummer des Einzeltieres oder die Kenn-Nummer einer Gruppe von Tieren sein (Charge), von denen das Fleisch stammt.

- Geboren in …, gemästet in …, geschlachtet in …

Hier müssen die vollen Namen der EU-Mitgliedsstaaten oder der Drittländer stehen, in denen das Tier geboren, gemästet und geschlachtet wurde. War das in einem einzigen Land, darf vereinfacht der Begriff »Herkunft« angegeben werden.

- Europäische Schlachthofnummer (ES-Nr.)

Das ist die Zulassungsnummer des Schlachtbetriebes. Wenn diese nicht vorhanden ist, ist die nationale Registriernummer anzugeben. Wenn es keine nationale Registriernummer gibt, müssen Name und Anschrift des Schlachtbetriebes angegeben werden. Chargen müssen »schlachthofrein« sein, was bedeutet, dass nur die Nummer oder die Anschrift eines Schlachtbetriebes genannt werden darf.

- Zerlegt in …

Dort ist der volle Name des Staates, in dem der Zerlegebetrieb liegt, genannt.

- Europäische Zerlegebetriebsnummer (EZ-Nr.)

Das ist die Zulassungsnummer des Zerlegebetriebes. Wenn diese nicht vorhanden ist, wird die nationale Registriernummer oder Name und Anschrift des Zerlegebetriebes angegeben – wenn es keine nationale Registriernummer gibt.

▸ Fleisch ist Fleisch ist Fleisch …?

Bis Ende 2002 firmierten unter dem Begriff »Fleisch« offiziell alle Teile von Tieren, die sich zum menschlichen Verzehr eignen. Nach BSE sah dann man genauer hin: »Fleisch« ist heute per Definition einzig und allein das Muskelfleisch eines Tieres. Andere genusstaugliche Tierkörperteile, wie Innereien oder Fett müssen in der Etikettierung auch als solche kenntlich gemacht werden. Aus der Zutatenliste können Sie heute auch sofort entnehmen, ob Rind- oder Schweinefleisch verarbeitet wurde.

Und was ist mit BSE?

Eines gleich vorweg: Entwarnung kann nicht gegeben werden. Trotz aller Tests und Kontrollen gibt es keine hundertprozentige Sicherheit. So trat kürzlich ein BSE-Fall bei einer Ziege auf und sorgte erneut für Unruhe in den zuständigen Ministerien und unter den Verbrauchern.

Fakt ist jedoch, dass die Gefahr durch das Verbot von Tiermehl und so genannten Risikomaterialien wie Gehirn, Rückenmark und Knochen eingedämmt wurde. Das gilt für Fleisch ebenso wie für Wurst.

Seit dem 25. Januar 2001 wird jedes in Deutschland geschlachtete Rind, das älter als 24 Monate ist, auf Prionen untersucht. Nur Fleisch von auf BSE getesteten Rindern gelangt in den Handel.

So sorgen Sie auch selbst für Ihren Schutz

• Keine Knochen

Prionen, auf die BSE zurückzuführen ist, sind durch Kochen, Braten oder Einfrieren kaum zerstörbar. Verzichten Sie deshalb auf Fleischstücke mit Knochen. Das Auskochen von Knochen und die Herstellung von Markklößchen aus Knochenmark ist ebenso nicht zu empfehlen.

• Nur kontrolliertes Fleisch

Kaufen Sie nur Rindfleisch aus Herkunftsländern mit ausreichenden Kontrollen beziehungsweise aus Ländern, in denen es kein BSE gibt.

Die größte Sicherheit bietet Ihnen Bio-Rindfleisch. Denn in Öko-Betrieben dürfen nur geringe Mengen Futtermittel zugekauft werden, Tiermehl wurde nie verfüttert.

In Milch und Milchprodukten wurde der BSE-Erreger bisher nicht gefunden. Milch von erkrankten Kühen in den Handel zu bringen, ist jedoch verboten.

Gut zu wissen ...

• Seit Oktober 2000 dürfen EU-weit keine Risikomaterialien mehr in Lebensmitteln verarbeitet werden. Auch Separatorenfleisch (mechanisch gewonnenes Restfleisch von Knochen) gilt als risikoreich, weil es dem Knochen anhaftete. Daher darf es nicht mehr in Fleischwaren verwendet werden.

• Viele Hersteller von Brühwürfeln verwenden freiwillig nur noch Rinderprodukte, die aus BSE-freien Ländern wie beispielsweise Argentinien stammen.

• Gelatine, unter anderem in Joghurt, Gummibärchen und einigen Medikamenten enthalten, wird zu 90 % aus Schweineschwarten hergestellt. Aber auch Rindergelatine gilt als gefahrlos, denn die Säure- und Laugenbehandlung bei der Herstellung würde den BSE-Erreger zerstören.

• Für Arzneimittel gelten strenge Vorschriften. Insulin wird zum Teil aus Rinderorganen gewonnen. Der Einsatz von Risikomaterial ist dabei seit 1998 verboten.

• In Hunde- und Katzenfutter werden keine Produkte aus Tierkörperbeseitigungsanstalten mehr verwendet. Darauf hat sich die Heimtierfutter-Industrie freiwillig geeinigt. Verarbeitet werden nur Bestandteile von Rindern, die auch für den menschlichen Verzehr zugelassen sind.

Salmonellen – weiterhin ein Risiko

Die Salmonellose ist in Deutschland immer noch die häufigste durch Lebensmittel übertragene bakterielle Infektionskrankheit: Allein im Jahr 2004 wurden 60 000 Fälle erfasst. Die Dunkelziffer liegt weitaus höher, denn viele Salmonellen-Erkrankungen werden nicht als solche erkannt.

Salmonellen lauern vor allem im rohen Fleisch. Das Bundesinstitut für Risikobewertung rät deshalb

- auf den Verzehr von rohem Fleisch, insbesondere rohem Schweinefleisch, wie Mett, Hackepeter, frische Bratwurst und Hack zu verzichten,
- Fleisch, Hackfleisch und frische Bratwurst beim Kochen, Braten und Grillen völlig durchzuerhitzen,

- Lebensmittel, die gekühlt werden müssen, nicht zu lange außerhalb des Kühlschranks zu lagern,
- Kühlschranktemperatur auf unter 7 °C einzustellen, bei empfindlichen Lebensmitteln wie rohes Fleisch und Fischprodukten sogar unter 4 °C,
- Küchengeräte wie etwa Messer und Schneidbretter sehr gründlich zu reinigen und auf peinliche Sauberkeit in der Küche zu achten.

Die Infektion mit Salmonellen führt zu Durchfall, Erbrechen, Kopfschmerzen, Fieber und Abgeschlagenheit. Eine Salmonellose kann aber auch sehr ernste Darmerkrankungen nach sich ziehen.

Hormone und Antibiotika: Ist die Kuh vom Eis?

Beides Reizworte, die so manchem die Gänsehaut über den Rücken jagen. Nicht ganz unberechtigt, schließlich hat man ja doch schon einiges gehört …

Hormone sind ebenso wie Präparate mit Hormonwirkung heute in der gesamten europäischen Union bei der Tierhaltung grundsätzlich verboten. In anderen Ländern, zum Beispiel in den USA, dürfen allerdings natürliche wie synthetische Hormone verwendet werden. Hormonbehandeltes Fleisch darf aber nicht in die EU eingeführt werden.

In Sachen Antibiotika ist die Kuh indessen noch lange nicht vom Eis. Besonders nicht bei Schweinefleisch, denn hier dürfen in der intensiven Mast nach wie vor antibiotische Wirkstoffe als Masthilfe eingesetzt werden. Darüber hinaus sind Schweine anfälliger und in Folge der ungünstigen Lebensbedingungen entsprechend häufig krank. So werden sie, auch bereits vorbeugend, mit Medikamenten behandelt, die in der kurzen Lebensspanne bis zur Schlachtung aber nicht abgebaut werden. Und Sie mithin in Ihrem Schweinebraten Substanzen haben, die unser Körper gar nicht brauchen kann. Also kann Ihnen auch in Punkto Antibiotika nur zu Fleisch aus Bio-Mast oder extensiver Haltung geraten werden. Etwas mehr für das Steak auszugeben, zahlt sich eben in jeder

Das gläserne Rind

Nicht zuletzt BSE hat gezeigt, wie wichtig es ist, tierische Erzeugnisse bereits von Beginn der Produktion an zu überwachen. Zu diesem Zweck wurde ein »Nationaler Rückstandskontrollplan« ins Leben gerufen.

Die Herkunftssicherung beginnt mit der Geburt des Kalbes und reicht bis zur Kennzeichnung an der Fleischtheke. Jedes Rind in Europa soll auf diese Weise »vom Stall bis zur Theke« registriert werden. Um das lückenlos zu gewährleisten gibt es zwei Ohrmarken, einen Rinderpass für jedes Tier, ein Bestandsregister in jedem Betrieb und eine zentrale Datenbank in jedem Mitgliedstaat der EU. Die deutsche hat ihren Sitz in München.

Die Ohrmarken machen das Tier unverwechselbar. Denn darin sind alle Angaben eingestanzt und können nicht gelöscht werden. Zunächst das Länderkürzel, DE für Deutschland, dann eine standardisierte 10-stellige Nummer. Sie steht für Bundesland, Regierungsbezirk, Landkreis, Gemeinde und laufende Betriebsnummer.

In der Datenbank ist der Lebenslauf eines jeden Rindes in Deutschland gespeichert. Hier meldet der Landwirt die Geburt seines Kalbes nebst Ohrmarkennummer der Mutter, Rasse und Geschlecht. Das Kalb erhält daraufhin einen Rinderpass, der das Tier bis zum Schlachttag begleitet. Dort sind alle wichtigen Daten vermerkt wie beispielsweise die Orte, an denen das Tier gehalten wurde.

Wenn das Rind seinen Geburtsort verlässt, weil es beispielsweise verkauft oder auch nur vorübergehend auf einer Ausstellung gezeigt wird, muss eine Meldung an die zentrale Datenbank folgen. Was die Landwirte aus Eigeninteresse auch machen: Schließlich bekommen sie nur Geld für ihr Rind, wenn sein Lebenslauf lückenlos ist.

Nach dem Schlachten wird die Ohrmarke entfernt und der Schlachthof meldet an die Datenbank das Schlachtdatum, Schlachtkörpergewicht und -kategorie. Die Identifikationsnummer auf der Ohrmarke wird mit einer neuen Schlachtnummer verknüpft und auf den Schlachtkörper des Rindes gestempelt. Diese Angaben kommen dann aufs Etikett. So lässt sich erkennen, in welchem Land das Rind geboren, gemästet, geschlachtet und zerlegt worden ist.

Hinsicht aus. Auch was andere Medikamente, wie beispielsweise den Beta-Blocker Clenbuterol angeht. Er hat zum so genannten »Kälbermastskandal« geführt. Das Arzneimittel, normalerweise gegen Atemwegserkrankungen und zur Wehenunterdrückung eingesetzt, wurde Kälbern illegal verabreicht – um das Muskelwachstum anzukurbeln und damit den Tieren einen höheren Fleischanteil anzumästen.

Reh, Hase & Co.

Rehschlegel, Rebhuhnbrust und andere Wildgerichte sollten Sie sich öfter servieren. Denn Wild ist ernährungsphysiologisch sehr wertvoll. Es enthält leicht verdauliches Eiweiß, viel Eisen, Vitamine aus der B-Gruppe sowie Zink und Selen. Der Cholesterin-Gehalt entspricht etwa dem anderer Fleischarten.

Zum Federwild gehören alle jagd- und genießbaren Vögel, wie unter anderem Rebhühner, Fasane, Wildenten und Wachteln. Haarwild ist der Sammelbegriff für jagdbare Säugetiere, die ein Fell tragen: Rehwild, Rotwild (Hirsche), Schwarzwild (Wildschweine), Damwild, Sikawild, Muffelwild, Gamswild, Hasen und Wildkaninchen.

Wild ist besonders für Kalorienbewusste eine gute Alternative, denn bis auf Kaninchenfleisch ist es besonders mager.

Fleisch von Haarwild wie Reh, Hirsch oder Hase enthält pro 100 Gramm durchschnittlich 112 kcal (470 kJ).

Federwild wie Fasan liefert ebenfalls recht mageres Fleisch. 100 g Fasanenfleisch mit Haut enthält etwa 133 kcal (557 kJ).

Ein großer Vorteil bei Wild ist zudem, dass es in der freien Natur lebt. Damit also von Dingen wie Masthilfen verschont bleibt. Neben freiblebenden Tieren kommt in Deutschland aber auch Fleisch von Gatterwild in den Handel – in Gehegen lebende Tiere, die im Herbst und Winter geschossen werden.

Wildfleisch darf nie roh verzehrt werden – auch nicht rosa gebraten. Krankheitserreger könnten dies zu einem riskanten Genuss machen.

Wie wird Wildfleisch kontrolliert?

Wildfleisch unterliegt wie jede andere Fleischart der Fleischbeschau. Zuständig dafür sind der Revierinhaber und Jäger, die für die Vermarktung von gesundheitlich unbedenklichem Wildbret verantwortlich sind.
Bestehen Zweifel am Gesundheitszustand des Wildes, muss ein Amtstierarzt eingeschaltet werden. Kommt ein Jäger dieser Pflicht nicht nach, drohen ihm Gefängnis oder hohe Geldstrafen. Der Jäger ist weiterhin gesetzlich verpflichtet, Haar- und Federwild unmittelbar nach dem Erlegen sorgfältig auszuweiden. Bei Federwild muss er auch den Kropf entfernen.

Das meiste Wildfleisch stammt aus Deutschland.

Für die Einfuhr von Wildfleisch aus anderen Ländern, wie zum Beispiel Argentinien oder Neuseeland, gelten strenge Vorschriften.

Tschernobyls lange Schatten

Auch fast zwei Jahrzehnte nach dem Reaktorunfall von Tschernobyl sind in einigen deutschen Waldgebieten noch erhöhte Konzentrationen des Cäsium-Isotops 137 nachweisbar – allen voran in südlichen Gebieten, besonders in Bayern. Die Belastung von Wildfleisch und -pilzen ist zwar auch dort rückläufig. Dennoch müssen Tiere aus diesen Regionen noch Jahre kontrolliert werden, damit kein belastetes Fleisch in den Handel kommt.
Alles, was den gesetzlich festgelegten Grenzwert von 600 Becquerel Cäsium pro Kilogramm Fleisch überschreitet, darf nicht verkauft werden.

Zerlegtes und bratfertiges Wildbret kann man beim Wildhändler oder Metzger kaufen. Jäger oder Forstämter verkaufen auch ganze Tiere mit Haut und Haaren sowie in küchenfertigen Teilstücken zu günstigen Erzeugerpreisen. Die Adressen erfahren Sie bei Kreisjägerschaften oder im Internet, zum Beispiel www.wild-aus-der-Region.de

Frisches Wildbret gibt es mit wenigen Ausnahmen nur zu bestimmten Jagdzeiten, denn Wild unterliegt in der Bundesrepublik Deutschland gesetzlich festgelegten Schonzeiten. Wildfleisch aus der Tiefkühltruhe gibt es dagegen das ganze Jahr über.

Ob Sie gutes Fleisch vor sich haben, erkennen Sie an der Farbe und am Geruch: Das Fleisch darf nicht schwärzlich schimmern oder unangenehm riechen. Ein angenehmer, säuerlich aromatischer Geruch ist für Fleisch von Haarwild typisch und zeugt von einer guten Fleischreifung. Einen urinösen Geruch und Geschmack kann das Fleisch von männlichem Schalenwild wie Reh, Hirsch oder Wildschwein besitzen, falls das Tier in der Paarungszeit erlegt wurde.

Achten Sie bei verpacktem, tiefgefrorenem Wildfleisch auf das Mindesthaltbarkeitsdatum. Wählen Sie die Ware mit der längsten Haltbarkeit und bereiten diese möglichst bald zu.

Wie lange lässt sich Wildfleisch lagern?

Frisches Wildfleisch hält sich nur wenige Tage, weshalb Sie es binnen zwei Tagen verbrauchen müssen. Die Alternative ist, es einzufrieren, wobei dabei das Fleisch nicht zuvor gewaschen oder mariniert werden darf. Versehen Sie die Fleischstücke mit Inhaltsangabe, Gewicht und Datum und frieren sie bei minus 18 Grad Celsius ein. Gefrorenes Fleisch sollten Sie im Kühlschrank langsam auf einer Platte auftauen lassen. Dabei wegen möglicher Keime peinlich genau darauf achten, dass abtropfender Fleischsaft nicht mit anderen Lebensmitteln in Berührung kommt. Die Auftauflüssigkeit gießen Sie sofort weg.

Wussten Sie, dass …

… Hamburger ihren Namen wirklich Hanseaten zu verdanken haben? Seeleute aus Hamburg brachten ihre Frikadellenbrötchen mit über den großen Teich, wo sie alsbald in New York von deutschen Imbiss-Pionieren verkauft wurden – unter der Bezeichnung »Hamburger«.

… der bayerische Leberkäse nicht ein einziges Gramm Leber enthält? Bei den Bayern gehen nicht nur die Uhren anders.

… Parmaschinken und -käse ihren Namen behalten dürfen, auch wenn sie nicht in Italien geschnitten oder gerieben wurden?

… Teewurst weder mit Tee gewürzt, noch speziell dazu gegessen werden soll? Der Name geht darauf zurück, dass Mitte des 19. Jahrhunderts, als diese Wurstsorte kreiert wurde, Teetrinken als etwas Besonderes galt. Entsprechend wurde Auserlesenes mit dem Attribut »Tee« versehen.

… Bockwürste ihren Namen tatsächlich dem Bockbier verdanken? Zu dem passen sie geschmacklich hervorragend.

… Gelbwurst mit Safrangewürz gefärbt wird?

… die Rindswurst in Frankfurt erfunden wurde, weil ein Metzger für seine jüdischen Kunden eine koschere Alternative zu den Frankfurter Würstchen aus Schweinefleisch brauchte?

… Sauerbraten früher zubereitet wurde, um verdorbenes Fleisch zu kaschieren und noch verkaufen zu können?

… es um 1800 noch drei Jahre dauerte, um ein Schwein auf 50 kg zu mästen? Heute benötigt man 6 Monate für 110 kg Lebendgewicht.

Fisch

»Und Freitag gibt es Fisch« – diese Zeiten sind lange vorbei. Inzwischen kommen Schuppentiere regelmäßig auf den Tisch. Aus nah und fern und in allen erdenklichen Varianten. Fisch hat sich als gesundes und dabei kalorienarmes Nahrungsmittel etabliert. Für viele ist er eine willkommene Alternative zum Fleisch und eine günstige obendrein: Fleisch ist heute – natürlich abhängig von Qualität und Herkunft – teurer.

Der Trend geht zum Fisch. Keineswegs neu, sondern im Grunde so alt wie die Menschheit. Fisch war sehr wahrscheinlich die erste tierische Nahrung für den Homo sapiens sapiens. Der Neandertaler jedenfalls konnte sein Abendessen bereits angeln: Die Angel, so wissen wir heute, ist eine Errungenschaft der Steinzeit. Bis heute ist die Speisung aus den Fluten die zweitwichtigste der Welt – gleich nach Getreide. Was uns hierzulande kaum bewusst ist.

Die horrende Nachfrage hat inzwischen zur Überfischung geführt: Organisationen wie der Internationale Rat für Meeresforschung und die Welternährungsorganisation (FAO) warnen, dass so manche Nutzfischbestände stark dezimiert sind und die Meere bald leer sein werden.

Keineswegs der einzige Grund zur Besorgnis. Alarm schlagen auch Umwelt- und Verbraucherschützer. Denn die Flossentiere sind zunehmend mehr Umweltgiften ausgesetzt: Makrele, Hering und Thunfisch sind verseucht, Antibiotika werden in Garnelen und Lachs nachgewiesen. Wer sagt da noch, dass Fisch gesund ist …

Bedenken sind berechtigt und Kritik nicht von der Hand zu weisen. Doch wer beim Kauf bewusst auswählt, auf Herkunft und Fangart achtet, kann sich weiterhin guten Gewissens Schuppen- und Krustentiere servieren.

Aus nahen und fernen Fluten

Über 20 000 Fischarten, so viele wie Säugetiere, Vögel, Reptilien und Amphibien zusammen, haben die Zoologen identifiziert – die meisten davon sind essbar.

Um in Meeren, Flüssen und Seen wenigstens etwas Durchblick zu behalten, unterscheidet man zunächst zwischen Süß- und Salzwasserbewohnern. Ein weiteres Kriterium zur Unterscheidung ist der Fettgehalt. Der kann sich zwar mit dem Wechsel der Jahreszeiten verändern, dennoch lässt sich eine Einteilung in Mager- bis Fettfische vornehmen. Was besonders in gesundheitlicher Hinsicht von Bedeutung ist, wie Sie noch lesen werden.

Seefische (Salzwasserfische)	**Süßwasserfische**
Flunder	Aal
Hering	Flussbarsch
Kabeljau (= Dorsch)	Forelle
Katfisch (= Steinbeißer)	Hecht
Leng (= Lengfisch)	Karpfen
Makrele	Lachs (= Salm)
Rotbarsch (= Goldbarsch)	Saibling
Sardelle	Zander
Sardine (= Pilchard)	
Schellfisch	
Scholle	
Seehecht	
Seelachs (= Köhler)	
Sprotte	
Thunfisch	
Wittling (= Merlan)	

Magerfische (< 1% Fett)	**Mittelfette Fische** (1 bis 10 % Fett)	**Fettfische** (> 10 % Fett)
Flunder	Forelle	Aal
Flussbarsch	Karpfen	Hering
Hecht	Katfisch	Lachs
Kabeljau (= Dorsch)	Krebstiere	Makrele
Leng	Rotbarsch	Sprotte
Schellfisch	Saibling	Thunfisch
Scholle	Sardine	
Seelachs (= Köhler)	Seehecht	
Wittling (= Merlan)	Scholle	
Zander		

▶ Krabben oder Garnelen?

Was als »Krabben« verkauft wird, sind in Wahrheit meist Nordseegarnelen und Krabben. Garnelen oder Krabben, Schrimps oder Scampi – bei den Krustentieren herrscht einiges Durcheinander. Kein Wunder, schließlich gibt es schon allein mehr als 2000 verschiedene Garnelenarten. Sie gehören zu den Langschwanzkrebsen. Bei den vermeintlichen »Krabben« handelt es sich in den meisten Fällen um Garnelen. Krabben sind hingegen Kurzschwanzkrebse mit fast rundem Körper und Scheren. Typisches Erkennungsmerkmal ist der Seitwärtsgang.

Etwas Krustentierkunde:

- Nordseegarnelen (Granat, Crevetten) sind kleine Krebse und stammen, wie der Name schon sagt, aus der Nordsee. Nach dem Fang werden sie an Bord sofort gekocht. Sie sind gekühlt, tiefgefroren oder als Konserven im Handel.
- Tiefseegarnelen (Shrimps) stammen aus Nordost- und Westatlantik und dem Pazifik. Sie werden vorwiegend tiefgefroren und gekocht verkauft. Die gekochten Tiere sind gleichmäßig hellrot, die Schwänze innen weiß.
- Riesengarnelen (Prawns), oft fälschlicherweise Scampi genannt, werden bis zu 20 cm groß. Es gibt sie roh, gekocht oder tiefgekühlt zu kaufen.
- Languste (Scampi) ist ein circa 20 cm großer Krebs und ein Verwandter des Hummer mit schlanken Scheren und sehr langen Fühlern. Oft sind nur die Schwänze im Handel.
- Hummer zählen ebenso zu den Krebstieren. Sie stammen meist aus amerikanischer Aquakultur. Das Gewicht kann bis zu 9 Kilogramm erreichen. Er ist sowohl lebend, als auch fertig gekocht oder tiefgefroren zu haben.

Kaltwassergarnelen sind hochwertiger als Warmwassergarnelen. Im kalten Ozeanwasser wachsen sie langsamer heran und sind deshalb besonders zart und aromatisch.

Schwimmendes Vitalstoffreservoir

Ob aus salzigen Gewässern oder aus Flüssen, Teichen und Seen: Fisch ist eines unserer wertvollsten Nahrungsmittel. Unter den Schuppen stecken zum einen zahlreiche wichtige Vitamine wie A, D und die der B-Gruppe, Mineralstoffe und Spurenelemente. Zum anderen versorgen uns Süß- wie Salzwasserfische mit leicht verdaulichem Eiweiß. Und, wie die Wissenschaft in den letzten Jahren erkannt hat: Fischfett ist das mit Beste, was wir unserem Körper servieren können. Deshalb empfehlen Ernährungsmediziner zweimal pro Woche Fisch. Wer sich fettarm ernähren will, kann auf Magerfische zurückgreifen. Doch auch fettreichere Fische sollten Sie regelmäßig servieren. Denn sie liefern reichlich mehrfach ungesättigte Fettsäuren, allen voran Omega-3-Fettäuren.

Marines Frostschutzmittel
Was sich in kalten Fluten tummelt, braucht mehr Fett auf den Gräten – Omega-3-Fettsäuren nämlich. Umso mehr, je kälter die Wassertemperatur ist. Dass Kaltwasserfische viel Omega-3-Fettsäuren liefern, liegt am oder besser im Plankton. Denn die winzigen pflanzlichen Meeresbewohner haben in ihren Zellmembranen Omega-3-Fettsäuren eingebaut – wodurch sie in den arktischen Gewässern vor dem Erstarren bewahrt werden. Unsere Speisefische profitieren ebenfalls vom »Frostschutz« aus der Nahrungskette: Indem sie Plankton fressen, nehmen sie Omega-3-Fettsäuren auf und können damit auch in sehr kaltem Wasser geschmeidig bleiben. Was Fische vor Kälte schützt, hält uns gesund (S. 202).

Auch in pflanzlichen Ölen steckt ein hoher Anteil der wertvollen Fettsäuren. Die bedeutsamste pflanzliche Omega-3-Fettsäure ist die Alpha-Linolensäure.

Potente Pölsterchen

Was in den Fettpölsterchen des Fischvolks steckt, hat einiges zu bieten: Omega-3-Fettsäuren sind essenzielle Nährstoffe für unseren Körper, ebenso unerlässlich wie Vitamin C. Weltweite Studien untermauern das immense Potenzial dieser mehrfach ungesättigten Fettsäuren. Omega-3-Fettsäuren bewahren uns vor Erkrankungen, allen voran von Herz und Gefäßen. Im Verbund mit der mediterranen Ernährung (siehe S. 213 f.) gelten sie heute als beste Maßnahme zum effizienten Herzschutz.

Seefisch gegen den Kropf

Seefisch, besonders Thunfisch, Seelachs und Schellfisch, ist die beste natürliche Jodquelle. Gerade für uns wichtig, denn Deutschland – vor allem der Süden – ist Jodmangelgebiet. Bekommt der Körper dauerhaft zu wenig von dem Spurenelement, gerät die Funktion der Schilddrüse aus dem gesunden Gleichgewicht. Unterfunktionen der Schilddrüse äußern sich durch Müdigkeit, Konzentrationsschwäche, Gewichtszunahme und Kropfbildung.

Fischfleisch ist auch eine gute Quelle für Selen – wichtig für das Immunsystem und ein wirksamer Schutz vor den schädlichen Effekten der freien Radikale.

Fischkauf: Sehen Sie ihm in die Augen

Frischen Fisch erkennen Sie am schnellsten an den Augen: Sie müssen klar, durchsichtig und prall nach außen gewölbt sein. Sind sie milchig und trocken, sollte sofort Zweifel bei Ihnen aufkommen. Nächstes Frischemerkmal ist der Geruch. Fangfrischer Fisch riecht nicht nach Fisch, sondern nach Meer – Salzwasser, Tang … Die Kiemen sollten hellrot, die Haut glänzend und mit einer klaren Schleimschicht überzogen sein. Die Schuppen sind bei frischen Fischen festsitzend und glatt. Das Fleisch sollte fest und elastisch sein. Bei leichtem Druck darf keine Delle zurückbleiben – die eingedrückte Stelle muss flugs wieder die alte Form annehmen. Bei bereits aufgeschnittenem Fischfilet sollten die einzelnen Muskelsegmente nicht schon auseinanderklappen.

Achten Sie beim Einkauf auch darauf, dass der Fisch ausreichend mit Eis bedeckt und damit gut gekühlt ist. Wo wir beim Eis sind: Gegen gefrorene Ware ist nichts einzuwenden. Im Gegenteil, die Sicherheit ist hier sogar größer. Denn der Fisch wird sofort nach dem Fangen gefrostet. Was dagegen »frisch« beim Fischhändler liegt, hat oftmals eine mehrtägige Reise hinter sich. Falls der Fisch gefroren war, muss er mit dem Hinweis »aufgetaut« gekennzeichnet sein – was, wie Sie nun wissen, keinen Makel bedeutet.

Klopfen Sie an

Frisch sind nur Muscheln, die noch leben. Ob das der Fall ist, erkennen Sie, wenn sie anklopfen: Dann schließen Muscheln ihre Schalen, schließlich wollen sie nicht gestört werden. Oder sie halten sich ohnehin bereits »schalenbedeckt«. Bei abgestorbenen und verdorbenen Muscheln klaffen die Schalen auseinander – Ausschlusskriterium zum Kauf. Das gilt auch für Muscheln, die auf das Anklopfen nicht reagieren.

Wie Fisch sollen auch Muscheln nach Seewasser und keinesfalls fischig riechen, sofern sie frisch sind.

Die Monate mit »r«, mithin September bis April, galten stets als die besten Einkaufsmonate für Muscheln. Der Hintergrund dieser Regel sind nicht die höheren Temperaturen im Sommer, was nahe liegend wäre. Warum man Muscheln in der warmen Jahreszeit meiden sollte, liegt an der Algenblüte: Bestimmte Algenarten vermehren sich in diesen Monaten massenhaft. Willkommenes Fressen für Muscheln – was jedoch ihnen und uns zum Verhängnis werden kann. Denn eine ganze Reihe der Algen produzieren giftige Stoffe, die sich im Fleisch der Muscheln anreichern. Das kann Erbrechen, Gedächtnisstörungen und Lähmungen hervorrufen. Typische Symptome einer »Muschelvergiftung«, bei der es sich jedoch genau genommen um eine Algenvergiftung handelt. Um dieses Risiko gegen Null zu führen, werden Muscheln heute nach dem Fang für zwei Wochen in algenfreies Wasser gebracht. Erst dann kommen sie in den Handel. Muscheln aus dem Supermarkt oder Fischgroßhandel können Sie also gefahrlos essen. Wo es aufzupassen gilt, ist bei direkt vom Fischer gekauften Muscheln. Denn die sind fangfrisch. Was zwar prinzipiell gut ist, jedoch das Risiko der Algengifte birgt.

Harte Schale, weicher Kern
Austern, Muscheln und Tintenfische – sie alle gehören zu den Weichtieren. Der Deutschen liebsten sind die Miesmuscheln, die meistens aus Aquakulturen stammen. Muscheln kommen in allen Gewässern vor, Tintenfische im Mittelmeer und Nordatlantik. Auf den Tellern haben wir überwiegend die zehnarmigen Calamares oder achtarmigen Octopusse.

Transparenz im Netz

Mit Beginn des Jahres 2002 traten EU-weit verschärfte Vorschriften zur Kennzeichnung von Fisch und Fischerzeugnissen in Kraft. Damit sollte mehr Transparenz geschaffen und die Verbraucher besser informiert werden. Die Regelung gilt für: Frischfisch, Räucherfisch und bearbeitete tiefgekühlte Fischerzeugnisse, zudem für rohe, bearbeitete, frische und gefrorene Meeresfrüchte. Panierte Fischerzeugnisse, Fischzubereitungen mit Saucen, Fischmarinaden und Dauerkonserven. Fischsalate, Schlemmerfilets und Kaviar sind von den Kennzeichnungsvorschriften ausgenommen.

Worüber die Verpackung informieren muss:

- Handelsbezeichnung

Verkehrsbezeichung in Verbindung mit dem Namen der Fischart. Bei Fischteilen muss der Name des Fischteils angegeben sein.

- Produktionsmethode

Angaben, ob der Fisch im Meer oder Süßwasser gefangen wurde oder aus der Zucht stammt. Hier gibt es drei Kategorien:

Seefisch: »gefangen in …«
Fisch aus Seen oder Flüssen: »aus Binnenfischerei«
Fisch aus Aquakultur: »aus Aquakultur« oder »gezüchtet in …«

- Fanggebiet

Bei Seefisch muss das FAO-Fanggebiet genannt werden; zum Beispiel Nordwestatlantik, Ostsee, Mittelmeer oder Pazifischer Ozean.

Bei Fisch aus Binnenfischerei muss das Land, aus dem der Fisch ursprünglich kommt, genannt werden.

Bei Fisch aus Aquakultur muss das Land, in dem die letzte Entwicklungsphase des Fisches – also die Aufzucht – stattgefunden hat, angegeben werden.

- Mindesthaltbarkeitsdatum
- Name und Anschrift des Herstellers, Verpackers oder Verkäufers
- Veterinärkontrollnummer des Herstellers oder Registriernummer des Umpackzentrums
- Zutatenverzeichnis
- Abtropfgewicht und Gewichtsanteil, bei Fischerzeugnissen in Aufgussflüssigkeit
- »aufgetaut«, falls die Ware ganz oder teilweise aufgetaut wurde

Bei lose verkauften Fischerzeugnissen müssen Zusatzstoffe wie Konservierungsstoffe oder Geschmacksverstärker deutlich in der Nähe der Ware ausgezeichnet sein.

Schwimmende Fischfabriken

Mit »Mann auf dem Meer«-Romantik hat der professionelle Fischfang nichts mehr zu tun: Die bunten tuckernden Fischkutter weichen nach und nach hochtechnisierten Trawlern. Schwimmende Fischfabriken, in denen der Fang noch auf dem Meer verarbeitet wird. Blitzschnell ausgenommen, filetiert und in den tiefgefrorenen Zustand überführt – als Filet oder Blöcke, je nach Fischart und gewünschtem Endprodukt. An Land werden die

Tiefkühlfische verkaufsfertig verpackt oder weiterverarbeitet: gesalzen, getrocknet, mariniert, gekocht, gebraten oder geräuchert.

Wo geht der Fisch ins Netz?

Das Gros unserer Speisefische geht heute aus den Meeren in die Netze. Die Fischerei in Seen und Teichen macht nur einen kleinen Anteil aus, die Flussfischerei hat praktisch keine große Bedeutung mehr – von angelnden Selbstversorgern an den Ufern mal abgesehen.

Das Fanggebiet der deutschen Fischerei reicht derzeit von den westbritischen Gewässern bis zur Barentssee: Die meisten Fische kommen aus der Nordsee und dem Nordostatlantik, gefolgt von der Ostsee. Auch in den Gewässern um Norwegen, Spitzbergen und Grönland machen deutsche Hochseekutter und Trawler mitunter fette Beute. Ungeachtet dessen werden vier Fünftel unserer Fische, Krustentiere und Muscheln importiert. Zum Teil von sehr weit her: So mancher Edelfisch kommt per Flugzeug zu deutschen Gourmets.

Was die Bundesbürger im Jahr verspeisen – 1,2 Millionen Tonnen waren es 2003 – ist weitaus mehr, als unsere eigenen Küsten- und Binnengewässer hergeben. Wodurch unsere eigenen Fischressourcen im Verhältnis zum Bedarf weiter geschmälert werden, ist die starke Überfischung.

So wurden laut Bundesforschungsanstalt für Fischerei in Hamburg 1972 noch 350 000 Tonnen Kabeljau aus der Nordsee gefischt.

Im Jahr 2000 waren es nur noch 100 000 Tonnen. Auch die Schollen- und Heringbestände sind inzwischen überfischt.

Die wichtigsten Fischarten, die in deutschen Häfen angelandet werden, sind Hering und Kabeljau sowie Muscheln, Garnelen und Krebse. Aus Seen und Teichen kommen vor allem Forellen und Karpfen.

Hauptfanggebiete der wichtigsten Fische

- Alaska-Seelachs: aus Wildfang im Nordpazifik
- Forelle: überwiegend aus Aquakulturen in Deutschland, Italien, Spanien, Dänemark und Chile
- Garnelen: aus Wildfang und Aquakulturen in Nordsee, Pazifik, Nordost- und Westatlantik sowie aus Bangladesch, Vietnam, Thailand und Indonesien
- Hering: aus Wildfang in Nordostatlantik und Ostsee
- Kabeljau: aus Wildfang in Nord- und Ostsee, Nordostatlantik sowie Norwegen
- Karpfen: aus Aquakulturen in Deutschland, Polen, Tschechien und Ungarn
- Lachs: überwiegend aus Aquakulturen in Schottland, Irland, den Färöer-Inseln, Norwegen und Chile sowie aus dem Nordpazifik
- Rotbarsch: aus Wildfang im Nordatlantik
- Scholle: aus Wildfang im Nordostatlantik
- Seelachs: aus Wildfang im Nordostatlantik
- Viktoriabarsch: aus Wildfang im Viktoriasee (Ostafrika)
- Zander: aus Aquakulturen in Deutschland, Polen und dem Baltikum

---

Auch der Deutschen liebster Fisch kommt aus dem Ausland: Der Alaska-Seelachs, der meist in Rechtecken gefroren als Fischstäbchen in den Pfannen landet.

Gefrostet liegt im Trend

Frisch kommen nur 10 % der Fische in die Einkaufsnetze der deutschen Verbraucher. Was hierzulande aus Meeren und Seen in Töpfen und Pfannen landet, ist meist tiefgefroren. Der Renner sind dabei die Fischstäbchen – nicht nur bei kleinen Essern. Was unter der Panade steckt, ist meist Alaska-Seelachs, Seelachs oder Seehecht. »Praktisch grätenfrei«, so will es das Deutsche Lebensmittelbuch. Hier ist auch festgelegt, was noch in ein ordentliches

Fischstäbchen gehört. Die Panade darf nur 35 % ausmachen, der Rest muss Fischfleisch sein.

Außer aus der Gefriertruhe versorgt sich der deutsche Fischesser gerne mit Dosenkost: Der Anteil an Fischkonserven ist fast ebenso hoch wie der an Tiefkühlware. Begehrt unter den so genannten »Vorratsfischen« ist der Hering in Tomatensauce und die Ölsardine – so manches Junggesellengericht wird nach wie vor damit bestritten.

Kühlung ist Pflicht

Fisch und Krustentiere verderben rasch. Deshalb sollte alles, was nicht auf Eis liegt, noch am Tag des Kaufs zubereitet und gegessen werden. Falls das nicht geht, und Sie die Ware lagern müssen: Im Kühlschrank in eine Glasschüssel legen und mit Frischhaltefolie abdecken. Auf diese Weise können Sie Fisch noch einen Tag lang aufheben. Ansonsten sollten Sie ihn einfrieren. Dazu gleich nach dem Kauf ausnehmen, gut waschen und verpacken. Im Tiefkühlfach können Sie den Fisch dann gut bis zu fünf Monate lagern. Nach dem Auftauen sollten Sie ihn unmittelbar zubereiten und essen. Geräucherte Fischwaren halten sich – sofern sie nicht verpackt, sondern lose sind – bis zu vier Tagen im Kühlschrank.

Frische oder gegarte Muscheln können Sie ein bis zwei Tage im Kühlschrank aufbewahren. Am besten essen Sie sie allerdings sofort. Frieren Sie Muscheln übrigens nur gegart ein, da sie sonst an Aroma verlieren. Auch frische Garnelen müssen Sie gut gekühlt lagern und spätestens nach zwei Tagen essen. Tiefgefroren sind Garnelen bis zu einem Monat haltbar.

Verdorbenes Garnelenfleisch ist weich, leicht grünlich und riecht wie Salmiak. Es kann lebensgefährliche Vergiftungen verursachen, weshalb Sie verdorbene Garnelen wegwerfen müssen.

Fischgenuss mit Haken

Um den Fisch ist es nicht gut bestellt: Zu viele Fischer fangen zu viele Fische, fast drei Viertel der Bestände sind überfischt oder brauchen ein besseres Management. Bereits 2002 warnte die Welternährungsorganisation (FAO), dass drei von vier Seefischbeständen stark bedroht sind – maximal genutzt, überfischt oder gar bereits zusammengebrochen. Auch Greenpeace schlägt Alarm, nicht erst seit gestern. Laut der Umweltschutzorganisation zeigen die Bestände deutliche Anzeichen von Überfischung, und die Fangmethoden – überwiegend kilometerlange Schleppnetze mit viel Beifang – haben katastrophale Auswirkungen auf die Umwelt.

Um die Situation in den Griff zu bekommen, müssten weltweit rund 40 % der Fischereien ihre Arbeit einstellen. Anderen Nationen Fischereirechte abzukaufen, was zusehends Schule macht, verlagert das Problem nur – löst es aber nicht.

Entscheidend ist vielmehr, wie viel und welcher Fisch noch auf unsere Teller darf. Dazu legen die Fischereiminister der EU in Brüssel jedes Jahr aufs Neue die Fangquoten fest – basierend auf den Empfehlungen des Internationalen Rats für Meeresforschung (ICES) und der FAO. Doch was am grünen Tisch verabschiedet wird, findet auf hoher See wenig Beachtung. Den Forderungen der Experten stehen wirtschaftliche Interessen gegenüber. Ökologische Vernunft versus Kommerz. Was sich durchsetzt, zeigt der Blick auf die aktuellen Bestände der bedrohten Fischarten – weltweit ist von Erholung nichts zu merken.

2004 forderten mehr als 1100 Wissenschaftler per Petition ein Ende der Hochleistungsfischerei – bislang ohne Erfolg.

Mitgefangen, mitgehangen

Stellen Sie sich vor, ein Jäger erlegt einen Hasen. Weil er aber so unscharf gezielt hat, trifft er mit seiner Flinte noch ein Rebhuhn und einen Igel. Beifang, den er nicht brauchen kann und liegen lässt. Grausam und sinnlos, doch genau das trägt sich tagtäglich in den Meeren zu.

Mit jedem Fisch und jeder Krabbe, die auf unseren Tellern landen, sind auch andere Tiere ins Netz gegangen – Beifang ist Alltag beim Fischfang.

Was achtlos über Bord geht, ist keineswegs nur das verkehrte Schuppen- oder Krustentier. Auch alles, was zu klein ist oder zu Fischarten gehört, die ohnehin stark dezimiert und entsprechend nicht mehr zu verkaufen sind, landet wieder im Wasser und verendet. Auf diese Weise enden jährlich schätzungsweise 20 Millionen Tonnen Fisch, Meeressäuger und andere Tiere. Nun schwimmen Fische eben meist nicht allein im Meer, sondern gemeinsam mit anderen. Einzig eine gewünschte Fischart aus dem Wasser zu holen, ist mithin nahezu unmöglich.

Bei Schwarmfischen wie Hering, Sardine, Makrele und Sardelle liegt die Beifangquote noch vergleichsweise niedrig: zwischen 3 und 10 %. Bei Garnelen und Plattfischen beträgt sie jedoch zwischen 40 und 80 %. Für das Gleichgewicht der Meere eine Katastrophe: Bei den betroffenen Tieren schwinden die Chancen zur Fortpflanzung, anderen Tieren wird die Nahrungsgrundlage genommen.

Spezielle Netzkonstruktionen und Sortiergitter sollen den Beifang bereits unter Wasser verhindern. So sind beim Dorschfang in der Ostsee neue Netze mit Fluchtfenstern und Maschen bestimmter Größe vorgeschrieben. In Norwegen gilt seit Jahren ein Wegwerf-Verbot für Beifang: Anreiz, Fangmethoden anzuwenden, mit denen so wenig Unerwünschtes wie möglich ins Netz geht.

Indess alles nur Tropfen auf dem heißen Stein. So lange Fischfang weiter betrieben wird, wie bisher, hilft nur konsequenter Verzicht auf den Genuss von Fischen, bei deren Fang viele andere mit im Netz hängen (S. 131).

Aquakultur: Umstrittenes Fisch-Farming

Die Assyrer hielten Ihre Fische bereits vor 5000 Jahren in Vivarien, die alten Ägypter züchteten sie in Bewässerungsanlagen am Nil und im Reich der Mitte nutzte man hierzu die unter Wasser stehenden Reisfelder.

Im 21. Jahrhundert gibt es hierfür Aquakulturen. Darunter versteht sich die kontrollierte Aufzucht von allem, dessen Lebensraum das Wasser ist. Weshalb heute nicht nur zahlreiche Fischarten, sondern auch Krustentiere wie vor allem Garnelen und Muscheln aus Aquakulturen stammen.

Die Wasserfarmen waren der Hoffnungsträger der Fischerei-Industrie: Vom Menschen kontrollierte Erzeugung, so der Gedanke, soll den bedrohten Fischbeständen zur Erholung verhelfen und sinkende Erträge in der Fischerei ausgleichen. Und so stammen heute 35 der 90 Millionen Tonnen an Fischen, Weich- und Krustentieren, die jährlich aus dem Wasser geholt werden, aus Aquakulturen. 2030 soll es dann die Hälfte der weltweit verspeisten Meerestiere sein. Ein Plan, der vielleicht besser nicht Realität werden sollte. Denn inzwischen ist klar: Der Schuss droht nach hinten loszugehen. Aquakulturen geraten immer mehr in die Kritik – dass sie keine Lösung für die Überfischung sind, zeigt sich bereits in vieler Hinsicht.

Aquakultur ist der am schnellsten wachsende Sektor der Nahrungsmittelproduktion: Allein die weltweite Aquakultur von Garnelen hat sich seit 1990 fast verdoppelt.

So beschleunigen besonders die Fischfarmen die Überfischung der Weltmeere sogar, anstatt sie zu verlangsamen. Der Grund dafür ist das Futter. Um ein Kilogramm Lachs, Goldbrasse oder Wolfsbarsch aufzuziehen, sind drei bis vier Kilogramm Fangfisch nötig, der zu Fischmehl verarbeitet wird. Den stetig steigenden Bedarf der vier Aquakulturen decken heute industrielle Fangflotten, vor allem im Südpazifik – das Problem Überfischung findet nun anderswo statt. Weltweit werden inzwischen mehr Tonnen Fisch aus Wildbeständen verfüttert, als unter menschlicher Kontrolle heranwachsen.

Rund 30 Millionen Tonnen Sardellen und Sandaale werden jährlich zu Fischmehl verarbeitet und in der Aquakultur verfüttert. Aber auch Wachstumshormone, Mastbeschleuniger, synthetische Vitamine, Farbstoffe und Mittel gegen Parasiten sind gängige Futtermittel.

Womit Aqua-Farming ebenfalls in Verruf geraten ist, sind Antibiotika. Deren Einsatz ist nötig, da die Masttiere sehr krankheitsanfällig sind. Und Krankheiten breiten sich umso schneller aus, je enger eingepfercht die Tiere schwimmen müssen. Zwar versucht man vielerorts, die Medikamente einzuschränken und nur in Notfällen einzusetzen. Dennoch, die Antibiotika-Belastung ist ein Problem und wird es auch weiter bleiben. Allen voran bei den Aquakulturen Südostasiens, wo die Kontrollen nicht so streng sind wie beispielsweise innerhalb der EU.

Im Kreuzfeuer der Meeresbiologen und Umweltschützer stehen vor allem Lachsfarmen. Sie drohen die noch verbliebenen Wildlachsbestände auszurotten und verursachen immense ökologische Schäden: Futterreste, Krankheitserreger und Kot verseuchen die umliegenden Gewässer, die Schwermetallrückstände aus den Anstrichen der Anlagen tun ihr Übriges (S. 128).

Wo gerade von Schadstoffen die Rede ist: Die Netzgehege herkömmlich wirtschaftender Aquakulturen sind meist mit »Antifoulingmitteln« behandelt, was den Bewuchs der Netze verlangsamen soll. In diesen Mitteln ist allerdings Kupfersulfat enthalten.

Einige kurze Schlaglichter, die zeigen, dass der Weg ein anderer sein muss. Statt Aquakulturen nachhaltige Fischereipolitik und bewusster Fischgenuss. Hier sind wir Verbraucher gefragt. Indem wir keine Fische und andere Meerestiere kaufen und essen, die bedroht sind. Das setzt voraus, dass man weiß, welche.

Deshalb sollten wir als Verbraucher uns besser informieren. Denn nicht nur die beliebten Delphine sind durch Beifang in den Treibnetzen bedroht. Im Folgenden deshalb einige wichtige Informationen.

Billig-Lachs für alle

Einst etwas Besonderes, heute jederzeit und für wenige Euro im Supermarkt zu haben: Lachs ist längst nichts Besonderes auf dem Teller mehr. Massentierhaltung macht's möglich, an Land wie unter Wasser. Eine einzige Lachsfarm produziert an die 600 000 Tiere pro Jahr, auf einen Wildlachs kommen heute 300 bis 400 Zuchtlachse.

Was den Jagddruck auf die Wildbestände senken und deren Erhaltung sichern sollte, ist selbst zur massiven Bedrohung geworden: Die Aquakulturen sind inzwischen die größte Gefahr für die Wildlachse. Die Fischfarmen, in denen Atlantiklachse gezüchtet werden, sind eine Brutstätte für Parasiten wie die Lachslaus. Entkommene Tiere stecken ihre wilden Artgenossen an, aus Paarungen entstehen Bastarde mit wenig Überlebenschancen. Die Exkremente und Futterreste aus den Netzgehegen der Farmen verschmutzen die umliegenden Gewässer und drohen das Ökosystem zum Kippen zu bringen.

Was mit den edlen Schuppentieren geschieht, ist ein Paradebeispiel für die Auswirkungen der Aquakulturen – der Segen wurde längst zum Fluch. Für die wilden wie die gezüchteten Lachse: Nicht umsonst werden sie die »Mastschweine der Meere« genannt. Deren Haltung in den Fischfarmen ist alles andere als das, was die Natur für ein Lachsleben vorgesehen hat.

In engen Gehegen eingepfercht drehen die Fische tagein, tagaus ihre monotonen Runden. Abwechslung bringt einzig die Fütterung: Mit Pellets, in Pillenform gepresste Konglomerate aus Kraftfutter und reichlich Chemie. Antibiotika und Pestizide sollen Infektionen vorbeugen, künstliche Farbstoffe den Rosaton ins Fleisch bringen, den wilden Lachsen die natürliche Pigmentierung ihrer Beute verpasst.

Der Rest im Futterpellet setzt sich aus Fischmehl und -öl, Pflanzen oder Getreide und Schlachtabfällen zusammen. Eine potente Mixtur, die Zuchtlachse binnen zwei Jahre auf das Doppelte ihrer wilden Artgenossen mästet. Vier Kilo, ideales Gewicht zum Schlachten und Räuchern – Nachschub für die Discounter.

Lachszucht ist eine Wachstumsbranche: Von den weltweit 300 Millionen Atlantiklachsen sind schon jetzt 99 % Zuchtlachse. Das letzte Prozent an Wildtieren werden die Farmen auch bald erledigt haben.

Fischen Sie nicht im Trüben

Fisch in Not – zweifelsohne, aber welcher und wo? Trotz aller Kennzeichnungsverordnungen bekommen die Kunden bislang kaum Informationen zu Herkunftsgebieten und Fangmethoden. In Restaurants sitzt der Fischesser vollends auf dem Trockenen. Nachfragen mag helfen, doch was von der Antwort stimmt, ist wieder fraglich.

Wollen wir Verbraucher gegen die Ausbeuterei der Meere vorgehen, ist es weitaus besser, auf eigene Informationen zu bauen: Zu wissen, welcher der richtige Fisch im Einkaufsnetz ist und wo Fangverbot im Restaurant besteht.

Tabu

Ob dramatisch dezimiert, mit erheblichem Beifang oder Schadstoffen belastet – folgende Fischarten sollten auf keinen Fall auf Ihrem Teller landen:

- Kabeljau

Die Bestände stehen kurz vor dem Kollaps, besonders in der Nordsee. Auch der Beifang ist ein Problem: Wenn andere Fische gefangen werden, geht Kabeljau automatisch mit ins Netz.

- Lachs

Der Problemfisch: Dank wachsender Beliebtheit – nicht zuletzt wegen der Omega-3-Fettsäuren – sind die Wildbestände stark dezimiert. Zuchtlachse drohen auch noch die letzten zu verdängen, verbreiten Krankheiten und Parasiten.

- Thunfisch

Einer der reichsten Jodquellen aus dem Meer, mit einem enormen Haken: Die Beifangquote ist außergewöhnlich hoch, vor allem die beliebten Delphine fallen dem Thunfischfang immer wieder zum Opfer (S. 131).

- Schrimps und Gambas

Bei Tiefseegarnelen ist das Beifangproblem am größten: Pro Kilogramm gehen bis zu zehn Kilogramm anderer Meerestiere in die Netze. Aquakulturen verseuchen dagegen die Gewässer.

- Rotbarsch

Hat sich dramatisch rar gemacht.

- Viktoriabarsch

Der edle Gourmetfisch bedroht zahllose andere Arten seines Heimatgewässers: Am afrikanischen Viktoriasee herrscht Notstand in der Fischerei. Ökologisch bedenklich finden viele auch den Transport per Flieger von Nairobi – viel Kerosin für eine Mahlzeit.

- Flussaal

Das lange Schuppentier steht kurz vor dem Aussterben.

- Schwertfisch

Die Bestände sind stark bedroht.

- Heilbutt

Die Bestände sind überfischt, viel Beifang; zudem ist Heilbutt als fettreicher Fisch vielfach mit Giften und Schadstoffen belastet.

- Scholle

Die Bestände sind überfischt, viel Beifang.

- Seehecht

Die Bestände sind überfischt, viel Beifang.

- Seezunge

Die Bestände sind überfischt, viel Beifang.

- Dornhai

Unser heimischer Hai ist stark bedroht: Die Bestände in der Nordsee kollabieren, auch im Nordatlantik. Andere Haiarten sind ebenso problematisch, unter anderem wegen des enormen Beifangs.

Kritisch

Die folgenden Fischarten stehen zwar noch nicht an einem so kritischen Punkt wie die genannten. Dennoch sollten Sie sich diese nicht zu häufig servieren.

- Alaska-Seelachs (der Fischstäbchen-Fisch)
- Goldbrasse
- Kalamare
- Miesmuscheln
- Nordseegarnelen
- Regenbogenforelle – möglichst regional kaufen
- Sardellen
- Sardinen
- Wolfsbarsch
- Zander

Betreiben Sie aktiv Delphinschutz

Über 300 000 Delphine und Wale sterben jährlich beim Thunfischfang – als Beifang in den Treibnetzen. Um diesem sinnlosen Töten ein Ende zu bereiten, haben sich inzwischen viele Hersteller von Fischerzeugnissen entschlossen, nur Ware zu verwerten, die Delphin schonend gefangen wurde. Dazu finden Verbraucher auf den Verpackungen Logos wie »delphinfreundlich« oder »Thunfischfang ohne Gefahr für Delphine«. Diese Angaben werden allerdings nicht unabhängig kontrolliert.

Um sicher zu gehen, wirklich einen Beitrag zum Schutz der Meeressäuger zu leisten, sollten Sie sich unter
www.delphinschutz.org/thunmarken.htm
informieren. Hier finden Sie eine Liste der Hersteller, ihrer Produkte und in welchen Geschäften diese in Deutschland verkauft werden.

Gesund wie ein Fisch im Wasser ...?

Verschmutzte Gewässer und Ölkatastrophen, Quecksilber und Antibiotika – so mancher stellt sich heute die Frage, ob der Fischgenuss tatsächlich noch so gesund ist. Eine Frage, auf die es viele Antworten gibt. Einerseits geben Experten Entwarnung, »die positiven Effekte des Fischgenusses machen die Aufnahme problematischer Substanzen meist wett«. Und: »Bei abwechslungsreicher Ernährung erreicht kaum jemand in Deutschland die geltenden Schadstoff-Grenzwerte.« Andererseits wird vor Medikamentenrückständen und Schadstoffbelastungen gewarnt. Dass beispielsweise Schwangeren und stillenden Frauen geraten wird, keine Fische aus der Ostsee und nur wenig Thunfisch oder Heilbutt zu essen, spricht Bände. Und zeigt, dass Bedenken berechtigt und keineswegs aus der Luft gegriffen sind. Woher sonst speisen sich die Empfehlungen wie die eben zitierte. Übrigens auch seitens der »Alles nicht so schlimm«-Fraktion.

Wir müssen uns bewusst machen, dass die wachsende Belastung unserer Umwelt auch an Fischen und anderen Wasserbewohnern nicht spurlos vorübergeht. Zumal deren Lebensraum der heute mit am meisten bedrohte ist. Wo jedoch ist das rechte Maß zwischen Panikmache und rosa Brille?

Ob wir tatsächlich bedenkenlos Fisch essen können, lässt sich nicht pauschal beantworten. Es gibt enorme Unterschiede: Was die Herkunft anbelangt.

Ob es sich um fettreichen Fisch handelt, der in der Regel höhere Konzentrationen an Giften enthält, da diese nämlich meist fettlöslich sind. Oder ob es eine Problem-Fischart ist, bei der ohnehin Vorsicht angesagt ist. Genaues Hinsehen ist heute mithin auch beim Fischessen wie -kaufen unerlässlich. Ebenso wie Information, die kritisch aber objektiv die Risiken aufzeigt. Einige davon zum Beispiel über Quecksilber, Dioxin, Antibiotika, Polyfluorverbindungen im Anschluss.

Lassen Sie Messer und Gabel von Fischleber: Sie ist ein Entgiftungsorgan und deshalb besonders stark belastet.

Quecksilber

Dauerbrenner unter den Schadstoffen in Fisch & Co.: Quecksilber, das sich besonders in Raubfischen anreichert. Je älter und größer, desto mehr. So rät das Bundesinstitut für Risikobewertung, dass Frauen im gebärfähigen Alter, Schwangere, Stillende und Kleinkinder keine größeren Mengen Heilbutt, Thunfisch, Schwertfisch oder Hai essen sollten. Auch in Aal, Stör, Rotbarsch und Seeteufel finden sich inzwischen problematische Konzentrationen.

Die Quecksilberbelastung in Thunfischkonserven ist inzwischen offensichtlich weitgehend unter Kontrolle: Bis Mitte der 60er Jahre wanderten vorwiegend große und sehr alte Thunfische in die Dose. Entsprechend hoch waren die Quecksilber-Konzentrationen in den Konserven. Heute werden nur noch jüngere Fische verarbeitet, die auf Grund ihrer kurzen Lebensspanne keine Altersanreicherung haben können.

▶ **Hoch belastet: die Ostsee**

Die Ostsee hat den Charakter eines Binnenmeeres und ist deshalb durch Umweltgifte besonders gefährdet. So warnt der World Wide Fund for Nature (WWF) vor der wachsenden Schadstoffbelastung von Speisefischen aus der Ostsee. Heringe aus der östlichen Ostsee sind beispielsweise inzwischen so stark mit Dioxin belastet, dass sie nicht mehr in der EU vermarktet werden dürfen. Auch hochgiftige PCB (Polychlorierte Biphenyle) reicherten sich in den letzten Jahren stark in den Ostseefischen an. Bereits 1995 erließ Schweden eine Empfehlung für Frauen im gebärfähigen Alter, Heringe und Lachse aus der Ostsee zu meiden. Keine Altlast, sondern ein akutes Problem und ein sehr ernstes.

Der WWF-Lagebericht zur Ostsee weist auch auf die Gefährdung von Robben oder Seeadlern durch Schadstoffe hin.

Dioxin

Dioxine und dioxinartige PCBs (polychlorierte Biphenyle) gelangen über Abwässer und Luft in die Gewässer. Rund 90 % der Dioxine nehmen wir mit der täglichen Nahrung auf, vor allem aus

Fisch, Milch und Fleisch. Grund für die Belastung dieser Lebensmittel ist das im Tierfutter enthaltene Fischmehl und -öl aus den Meeren der Nordhalbkugel. Heringe aus der zentralen und östlichen Ostsee sind inzwischen so stark mit Dioxinen belastet (siehe Kasten), dass Finnland und Schweden ihre Fänge nicht exportieren dürfen. Lachse aus der Ostsee sollten insbesondere Schwangere meiden.

Neu im Giftsortiment: TBT, Polyfluorverbindungen ...

Während die Belastung durch Schwermetalle wie Blei und Cadmium, PCBs und dem Pflanzenschutzmittel DDT allmählich zurückgeht, finden sich neue Gifte im Wassergetier – in wachsenden Konzentrationen. So stieg die Belastung mit Tributylzinn (TBT) aus Schiffsfarben, polyfluorierten Verbindungen aus Imprägnierungen und bromierten Flammschutzmitteln aus Computern und Elektrogeräten deutlich an. Letztere fand die Zeitschrift »Ökotest« 2004 vor allem in Tiefkühllachsfilets aus Aquakulturen. Da diese Schadstoffe bislang selten gemessen wurden, gibt es auch noch keine Grenzwerte dafür.

Antibiotika

Vor allem Garnelen aus Südostasien sind heute enorm belastet. Nach Studien der FAO und WHO finden in den Aquakulturen Thailands oder Vietnams »eine Vielzahl von Antibiotika und anderen Chemotherapeutika Anwendung«. Allen voran Chloramphenicol und Nitrofurane, beides hochwirksame Antibiotika und auf Grund ihrer gesundheitlichen Risiken in tierischen Lebensmitteln verboten. Steigen Sie angesichts dessen besser um auf Eismeergarnelen und Nordseekrabben. Sie werden nicht gezüchtet, sondern stammen aus der Meeresfischerei. Bei ihnen sind keine Antibiotika nachgewiesen worden – bislang zumindest.

Auch Lachse aus Aquakulturen weisen hohe Konzentrationen an Antibiotika und Rückstände anderer Medikamente auf – übrigens auch von Pestiziden und Farbstoffen (S.128). Geben Sie also Wildlachsen den Vorzug vor jenen aus der Zucht.

Da wäre noch der Fadenwurm

Alle Seefische können von Nematodenlarven befallen sein. Nematoden sind kleine Fadenwürmer – weit verbreitete Parasiten, die vor allem Magen-Darm-Trakt und Bauchlappen der Fische besiedeln. Beim Menschen können Fadenwürmer Bauchkrämpfe, Übelkeit und Erbrechen verursachen. Um das Risiko so gering wie möglich zu halten, müssen die Fische sorgfältig ausgenommen und die Bauchlappen entfernt werden. Was dann noch an Larven vorhanden ist, stirbt beim Zubereiten ab. Denn Erhitzen und Tiefgefrieren macht den Larven den Garaus. Achten Sie deshalb darauf, dass Fisch stets ausreichend durchgegart ist – sprich, an den Gräten oder im Fleisch nicht mehr glasig. Wenn Sie den Fisch nicht erhitzen wollen, sondern roh servieren, frieren Sie ihn vorher ein. Denken Sie aber daran, dass es längere Zeit dauert, bis der Fisch komplett durchgefroren ist: 12 Stunden, bis im Kern minus 18 °C erreicht sind, können Sie sich als Faustregel merken. Wenn Sie im Sushi-Restaurant rohen Fisch essen wollen, sollten Sie nachfragen, ob und wie lange dieser eingefroren war. Auch wenn die Hygienerichtlinien überwiegend eingehalten werden: Die Ämter für Verbraucherschutz und Lebensmittelsicherheit stellen Sushi-Köchen gute Noten aus. Die beliebten Happen mit rohem Fisch »sind in der Regel nicht mit Krankheitserregern belastet«.

Listerien, überall natürlich vorkommende Bakterien, können ebenso in rohem Fisch gefährlich werden. Auch sie können durch Einfrieren abgetötet werden. Schwangere sollten dennoch rohe und nicht durchgegarte Fische meiden – wie auch Rohmilchprodukte (S. 65, 86).

Soweit einige Exempel zur Lage der Meere. Nicht unzitiert bleiben soll an dieser Stelle die Stellungnahme der Bundesforschungsanstalt für Fischerei in Hamburg. Sie kommt zum Schluss, dass »die Schadstoffbelastung der Seefische auf dem deutschen Markt erfreulich niedrig ist«. Mit Fisch stehe dem Verbraucher heute deshalb »ein gesundes, nur gering belastetes Lebensmittel zur Verfügung«, so das Resümee der Anstalt. Dieses mag, so räumt man in Hamburg selbst ein, »überraschen«. Doch dafür, dass sich Umweltbelastung nicht »unbedingt im Lebensmittel Fisch widerspiegelt«, führt man einige Gründe an: So reichern sich organische Rückstände wie chlorierte Kohlenwasserstoffe oder Dioxine vor allem im Fettgewebe oder in der Leber an. Viele Konsumfische wie Kabeljau, Rotbarsch oder Seelachs haben jedoch einen relativ niedrigen Fettgehalt im essbaren Anteil. Fische mit hohem Fettgehalt wie Hering und Makrele wachsen schnell und werden schon in jungen Jahren stark befischt, so dass eine Altersakkumulation weitgehend entfällt. Zudem stammt ein Großteil der für den deutschen Markt gefangenen Fische aus küstenfernen Gewässern, die vergleichsweise wenig verschmutzt sind.

Pfusch am Fisch

Da werden auch Thunfische rot ... Im wahrsten Sinn des Wortes: Thunfischfilets und -steaks sind häufig gefärbt. Frischer Thunfisch, nicht zuletzt seit dem Sushi-Boom stark nachgefragt, wird mit Kohlenmonoxid begast. Das lässt ihn rot werden – Sinn der Manipulation. Denn die rote Farbe ist Kriterium für Frische und mithin sehr wichtig für den Marktwert. Thunfischfleisch wird zunehmend bräunlich, wenn es mit Luftsauerstoff in Berührung kommt. Begast man es mit Kohlenmonoxid, behält der Fisch länger seine rote Farbe. Die sich auch bei eingefrorener Ware hält – nächster Vorteil dieser Kosmetik. Die einigermaßen schädlich ist: Kohlenmonoxid ist schließlich giftig. Weshalb die »Behandlung« mit dem Gas europaweit verboten ist, hat aber noch einen anderen Grund: Sie als Käufer und Esser können nach der Kohlenmonoxid-Begasung nicht mehr erkennen, ob der Thunfisch von schlechter Qualität oder sogar bereits verdorben ist.

Der Pfusch am Fisch ist also nicht nur an für sich schon giftig, sondern erhöht auch das Risiko, an einer Fischvergiftung zu erkranken. Achten Sie deshalb beim Kauf von Thunfisch auf eine einheitlich rote Färbung – außen wie innen. Eine hellrote Umrandung mit bräunlichem innerem Muskelfleisch ist ein deutlicher Hinweis auf eine Kohlenmonoxidbehandlung.

Um das Kohlenmonoxid-Verbot zu unterlaufen, wird Thunfisch inzwischen auch mit gefiltertem, geschmacklosem Rauch, so genanntem »Tasteless Smoke«, behandelt. Dieses – übrigens sogar patentierte – Verfahren zeitigt vergleichbare Effekte wie das Begasen mit Kohlenmonoxid: Es täuscht die Käufer über Qualität und Frische eines Fisches. Nichtsdestotrotz schreitet der Gesetzgeber nicht dagegen ein – geschmackloser Rauch ist nicht verboten.

Noch mehr Pfusch am Fisch: Aufpumpen ist ein weiteres, verbreitetes Täuschungsmanöver. Es kommt vor allem bei teuren

Fischen zum Einsatz und soll ihnen zu mehr Gewicht verhelfen. Dazu werden Eiweißlösungen verwendet, die Wasser binden. Filets von Edelfischen wie Schollen werden darin entweder »gebadet« oder ganze Fische, meist Seezungen damit gespritzt. Bringt bis zu 10 % mehr Gewicht und entsprechend mehr Profit. Zu dem addiert sich, dass die Fische besser aussehen: Ihre Haut trocknet langsamer aus und wirkt so länger »frisch«. Mithin Betrug auf der ganzen Linie ...

Auch bei Schwertfischsteaks wurden bereits verräterisch hohe Kohlenmonoxid-Gehalte entdeckt. Also sollten Sie sich auch bei dieser Fischart auf möglichen Farbpfusch einstellen.

Besser Bio-Fisch?

»Nur gering belastet« oder manchmal ein wenig mehr, bisweilen dann doch zu viel ... Wie auch immer, mancher Fischliebhaber hat seine Leibspeise inzwischen lieber aus ökologischen Quellen.

Zwar gibt es derzeit – noch – keine einheitlichen Vorschriften über Fütterung und Haltung nach ökologischen Gesichtspunkten. Einzelne ökologische Verbände wie Naturland und Bioland haben jedoch Kriterien für die Bio-Fischzucht aufgestellt. Werden diese eingehalten, hat Bio-Fisch seinen konventionellen Artgenossen einiges voraus. Sprich, einiges weniger im Fleisch. So muss das Futter aus anerkannt ökologischer Erzeugung stammen. An Fischmehl werden besondere Anforderungen gestellt: Es soll aus einer Meeresregion stammen, die als unverseucht gilt und bestenfalls denselben geografischen Ursprung haben wie der Standort der Haltung. Zulässig sind Fischprodukte aus zertifizierten Betrieben, aus Resten der Speisefischverarbeitung und aus Beifängen für die Speisefischerzeugung. Genetisch modifizierte Futtermittel dürfen nicht an Bio-Fische verfüttert werden. Ebenso wenig Zusatzstoffe, wenn sie nicht unbedingt notwendig sind. Ausnahmen hiervon werden für natürliche Farbstoffe gemacht, die bei der Lachshaltung eingesetzt werden und für die Rosafärbung des Fleisches verantwortlich sind.

Die vorbeugende Gabe von Medikamenten und der Einsatz von Hormonen sind grundsätzlich verboten. Im Krankheitsfall sollen Naturheilverfahren bevorzugt werden. Weiterhin dürfen bei der Aufzucht nur maximal 10 Kilogramm Fisch pro Kubikmeter leben. Das verringert die Anfälligkeit der Tiere für Krankheiten. Nach Möglichkeit sollten die Fische auch in Polykulturen, das heißt verschiedene Fischarten gemeinsam, gehalten werden. Hiervon verspricht man sich neben einer effektiveren Nutzung des Wassers auch andere Vorteile. Lippfische beispielsweise fressen die Läuse von Lachsen und befreien sie so von dieser Plage.

Darüber hinaus verzichten Biofarmer auf die Behandlung der Netze mit Kupfersulfat und tragen dafür Sorge, dass die ökologische Belastung der Umwelt möglichst gering ist.

Bei der Verarbeitung von Bio-Lachs wird trocken eingesalzt, das sonst übliche Einspritzen von Salzlake ins Fleisch ist nicht erlaubt. Dadurch enthält der Lachs weniger Wasser und hat einen festeren Biss.

Bio-Fisch gibt es inzwischen im Naturkostladen, im Fisch-Fachhandel und auch im Supermarkt. Lachs und Forellen aus Bio-Zucht werden meist gebeizt (mariniert) oder geräuchert angeboten, Karpfen ist oft nur regional erhältlich.

Tiefgekühlt sind Schrimps, Muscheln und Lachs im Angebot. Fischprodukte aus Wildfang gibt es als Konserven (Sardinen, Hering, Thunfisch) und Tiefkühlware wie Schlemmerfilet oder Fischstäbchen. Auf den Produkten finden Sie Angaben zur ökologischen Aufzucht der Tiere sowie einen Hinweis auf den zertifizierenden Verband und oft auch dessen Logo. Diese Herstellerangaben unterliegen allerdings keiner Kontrolle.

Fisch aus Wildfang hat im Vergleich zu Zuchtfisch einen intensiveren Meeresgeschmack. Gut gewürzt erschmecken jedoch selbst Experten den Unterschied kaum – das nutzen so einige Restaurants aus. Schließlich kostet Wildfisch oft dreimal so viel wie Zuchtware.

Wussten Sie, dass …
… aus einem einzigen Seelachs 100 Fischstäbchen hergestellt werden können?
… Graved Lachs so heißt, weil er nach dem Beizen vergraben, auf Englisch graved, wird?
… Lachs noch bis vor 100 Jahren ein Arme-Leute-Essen war?
… 97 % der Nordseekrabben in Marokko gepult werden?
… Schillerlocken aus dem Bauchfleisch des Dornhais hergestellt werden?
… in Heringen, aus denen Matjes werden soll, ein Teil der Bauchspeicheldrüse zurückgelassen wird? Deren Enzyme werden zur Weiterverarbeitung gebraucht: Mit Salz in einem Fass geschichtet lassen die Bauchspeicheldrüsenenzyme den Matjes in drei Tagen reifen.

Aus dem Gemüsegarten

Spargel zur Adventszeit, Feldsalat und Artischocken im Hochsommer – ganz selbstverständlich. Was würden Sie sagen, wenn Sie nachher zum Einkaufen gehen, und es gäbe keine Tomaten? Und zwar nicht nur eine Sorte. Wie gewohnt haben Sie die Wahl zwischen kleinen Cocktailtomaten, länglichen Eiertomaten oder denen vom Strauch – das ganze Sortiment das ganze Jahr über. Nicht nur bei Tomaten, sondern bei nahezu bei allen Gemüsearten. Saisonal kaufen ist antiquiert und die Zeiten, in denen Weißkohl im Fass eingelegt später als Sauerkraut die winterliche Vitaminbilanz aufstockte, sind lange vorbei.

Die Wintergärten Mitteleuropas lassen vergessen, dass die Natur einem ewigen Rhythmus folgt. Gewächs- und Kühlhäuser, schnelle Transportmittel, moderne Agrartechniken – eine ausgefeilte Logistik hat die jahrhundertealte Periodik ausgehebelt. Hightech auf dem Acker: Gemüseanbau ist heute Profisache. Was auf Feldern und Plantagen stattfindet, heißt nicht umsonst Agrobusiness.

Die volle Palette rund ums Jahr ist teuer erkauft. Keineswegs nur finanziell. Das zeitlos große Angebot geht auch auf Kosten der

Qualität. Was nicht so sehr stört, denn wie beispielsweise eine Tomate wirklich schmeckt beziehungsweise schmecken kann, wissen viele gar nicht mehr. Frische und Geschmack, Eckpfeiler des Genusses, interessieren den Bundesbürger erstaunlich wenig – der deutsche Kunde geht vor allem nach dem Preis. Und deshalb in den Discounter zum Gemüsekaufen. Während unsere europäischen Nachbarn gleich ein paar Euro mehr für gute Qualität ausgeben, spart der Deutsche erst. Und zahlt dafür anderenorts.

Wie Kraut und Rüben ...

... geht es im Gemüsegarten zu. Die Vielfalt ist immens, neue Importe aus Übersee und Fernost haben die Auswahl noch vergrößert. Und dann sind da noch die »alten« Bekannten aus Großmutters Kochbuch, die in den letzten Jahren wieder zu neuen Ehren kommen – die Schwarzwurzel beispielsweise oder der Mangold.

Um Ordnung in all die Knollen, Wurzeln, Blätter, Blüten und Stängel zu bringen, unterscheidet man fürs Erste die Grob- von den Feingemüsen. Die Grobgemüse zeichnen sich durch eine feste Struktur aus, grob eben. Dazu gehören unter anderem Weißkohl, Rotkohl, Wirsing, Grünkohl, Rote Bete, Sellerie, Lauch, Zwiebeln und dicke Bohnen. Feingemüse sind dagegen zarter gebaut. Typische Vertreter sind Erbsen, Möhren, Blumenkohl, Tomaten, Spinat, Rosenkohl, Schwarzwurzeln und Spargel.

Zur weiteren Sortierung der bunten Mannschaft geht es dann ins Detail:

- Samengemüse wie Gemüsebohnen, Gemüseerbsen
- Fruchtgemüse wie Auberginen, Gurken, Kürbis, Melonen, Paprika, Tomaten
- Blattgemüse wie Chicorée, Spinat, Mangold, Salate
- Blütengemüse wie Blumenkohl, Artischocke
- Stängelgemüse wie Spargel, Rhabarber, Stangensellerie
- Kohlgemüse wie Weißkohl, Wirsing, Rosenkohl
- Wurzelgemüse wie Möhren, Rettich, Rote Bete, Schwarzwurzeln
- Zwiebelgemüse wie Zwiebeln, Lauch, Knoblauch

Der Begriff Gemüse umfasst Pflanzenteile von einjährigen Gewächsen. Weshalb Kartoffeln, Pilze und Hülsenfrüchte rein offiziell auch kein Gemüse sind.

▶ Gemüse aus dem Wasser
Meeresalgen könnten die Nahrung der Zukunft werden: Experten wittern darin bereits lange eine Alternative zu Landgemüse. Denn nur 3% unserer Nahrung wird bislang aus den Weltmeeren gewonnen. Und das, obwohl sie zwei Drittel der Erdoberfläche bedecken und – umsichtige Nutzung vorausgesetzt – ein enormes Nahrungspotenzial bieten. Mit Algen lässt sich Nahrung gewinnen, ohne zusätzlich Süßwasser und Land zu verbrauchen. Und die Wasserpflanzen bieten ernährungsmedizinisch gesehen eine ganze Menge mehr als Landgemüse.

Gewachsene Heilkraft

Dass die Natur mit die besten Arzneien produziert, bestätigt sich im Blick auf den Gemüsegarten. Welches enorme gesundheitliche Potenzial darin heranwächst, hat die Wissenschaft inzwischen hinlänglich erforscht: Gemüse, Salate, Pilze & Co. versorgen uns mit allem, was wir brauchen, um fit und gesund zu bleiben. Vitamine und Mineralstoff en gros, dazu reichlich Ballaststoffe. Nicht zu vergessen die sekundären Pflanzenstoffe, die immer mehr ins Interesse der Forschung rücken. Denn sekundär, im Sinne von zweitrangig, sind sie keineswegs – weder für Pflanzen noch für uns. Dazu gleich noch mehr (S. 143).

Studien zeigen übereinstimmend, dass eine hohe Aufnahme an Gemüse wie auch an Obst (S. 142 f.) wirksam vor Herz-Kreislauf-Erkrankungen, Fettstoffwechselstörungen und Übergewicht sowie Diabetes schützen kann. Auch bestimmten Krebsarten können die essbaren Medizinen vorbeugen. Das Risiko für Darmkrebs beispielsweise wird durch regelmäßige Zufuhr von Ballaststoffen deutlich gesenkt.

Für möglichst häufigen Gemüsegenuss spricht noch ein weiteres gewichtiges Argument: Die wenigen Kalorien, die Sie sich mit den Vitalstofflieferanten servieren.

»Five a day«

So lautet die Empfehlung der Ernährungsmediziner, ob ein Apfel, ein Glas Tomatensaft oder einige Gurkenscheiben: Fünf Portionen Gemüse und Obst am Tag sind eine »unerlässliche und höchst sinnvolle gesundheitspräventive Maßnahme«. Dennoch essen wir Deutschen nach wie vor zu wenig Grünfutter und Obst. Wie aus dem Ernährungsbericht 2004 der Deutschen Gesellschaft für Ernährung (DGE) zu erfahren ist, kommt der Bundesbürger im Schnitt auf nur 300 Gramm am Tag. Die WHO legt uns täglich 400 Gramm nahe und die DGE ganze 650 Gramm Obst und Gemüse. Zwischen Soll und Ist klafft mithin eine beachtliche Lücke. Die haben inzwischen auch einige Unternehmen entdeckt und ziehen aus dem Defizit ihren Nutzen: Mit Nahrungsergänzungen auf Basis von Gemüse- und Obstextrakten. Ein Teelöffel solcher Pülverchen soll beispielsweise »fast einem halben Pfund frischem Obst und Gemüse entsprechen«, wie der Hersteller wirbt. In wissenschaftlichen Kreisen hält man von solchen Präparaten wenig bis nichts und stellt deren propagierten Vorzüge in Frage. Zum einen ist die ernährungsphysiologische Qualität dieser Produkte meist nicht wissenschaftlich nachgewiesen. Zum anderen kann der Körper von Gemüse und Früchten in Pillen und Pulvern kaum profitieren. Fazit: Das Original ist nicht zu toppen. Und zudem weitaus kostengünstiger.

Five a day heißt mithin weiter die Devise: Essen Sie möglichst oft Gemüse und Obst. Auch wenn Bedenken hinsichtlich möglicher Schadstoffbelastungen nicht aus der Luft gegriffen sind und der gesundheitliche Benefit geringer ausfällt. Dieser Schaden ist geringer, als auf Gemüse zu verzichten.

▶ Fleischlos glücklich …

… und länger gesund. Wie eine Studie des Deutschen Krebsforschungszentrums in Heidelberg zeigte, haben Vegetarier eine deutlich höhere Lebenserwartung als der Durchschnitt der Bevölkerung. An der Studie, die seit 1978 läuft, nahmen bislang rund 1900 Vegetarier teil. Neben der Ernährungsweise werden auch andere wichtige Faktoren wie Rauchen oder körperliche Aktivität erfasst. Im Vergleich zur Allgemeinbevölkerung sind unter den Vegetariern sehr wenige Raucher (gegenwärtig circa 5 %), sie haben seltener Übergewicht, viele sind körperlich aktiv – entsprechend gut sind in Folge dessen die Blutdruck- und Blutwerte und entsprechend niedriger das Risiko für Herz-Kreislauf-Erkrankungen.

Wichtig zu wissen: Ein Drittel der Studienteilnehmer sind so genannte moderate Vegetarier. Sie ernähren sich überwiegend vegetarisch und essen nur ab und an Fisch oder Fleisch. Diese Gruppe schnitt noch besser ab als jene, die komplett auf Fleisch und Fisch verzichten. Was erneut bestätigt, worauf Ernährungswissenschaftler hinweisen: Strikter Fleisch- wie Fischverzicht ist nicht der beste Weg. Zu groß die Risiken an Mangelerscheinungen bei wichtigen Nährstoffen. Was viel mehr bringt, ist die richtige Zusammenstellung der Ernährung. Das gilt für den moderaten Genuss von Fleisch und vor allem auch für die Auswahl der Fette in der Nahrung.

Bioaktive Power

Was die Flora braucht, nützt auch uns: Die wissenschaftlichen Erkenntnisse über sekundäre Pflanzenstoffe lassen aufhorchen. Ob Karotinoide, Polyphenole, Phytohormone oder Phytosterine – sie reduzieren die schädlichen Wirkungen freier Radikale, stärken das Immunsystem, senken das Risiko für koronare Herzkrankheiten, schützen vor Diabetes und Krebs.

- Karotinoide

Die fettlöslichen Farbstoffe schenken uns all die gelben, orangen und roten Gemüse- wie Obstsorten. Sie schützen die Pflanzen vor freien Radikalen, die durch die UV-Strahlung des Sonnenlichtes entstehen. Und helfen Ihnen bei der Immunabwehr und dem Schutz vor Grauem Star, zudem wirken sie antioxidativ.

- Phytosterine kommen hauptsächlich in fettreichen Pflanzenteilen vor und sind für zwei Dinge bekannt: Sie senken das Risiko für Dickdarmkrebs und das Cholesterin im Blut.
- Polyphenole sind wasserlösliche, oft farbige Pflanzenstoffe, wirken antioxidativ, immunstimulierend und entzündungshemmend. Darüber hinaus bieten sie einen Schutz vor Krebs.
- Phytoöstrogene sind dem körpereigenen Hormon Östrogen ähnlich. Insofern helfen sie mit, hormonabhängige Tumorarten, wie Brust- oder Gebärmutterkrebs, zu verhindern.

Auf dem Teller statt im Abfluss

Nun stellt sich die Frage, wie die guten Gemüsestoffe erhalten bleiben. Was zur nächsten Frage überleitet, nämlich, ob Rohkost angesichts der möglichen Vitamin- und Mineralstoffverluste nicht gesünder ist. Letzteres ist schnell geklärt: Nicht zwangsläufig. Viele Menschen vertragen ungegarte Gemüse schlecht. Besonders abends gegessen, kann es nachts zu Blähungen führen. Zudem sind so manche Gemüsearten roh ungenießbar und mitunter sogar giftig – grüne Bohnen beispielsweise.

Damit Vitamine, Mineralstoffe und bioaktive Stoffe nicht im Gully, sondern in Ihrem Körper landen, können Sie beim Kochen einiges tun. Das Wichtigste dazu ist Tempo: Nicht lange lagern (S. 148) und schnell verarbeiten. Nur kurz waschen, erst kurz vor dem Zubereiten schnippeln und dann nicht zu lange garen. Am besten ist Dämpfen über kochendem Wasser – dafür gibt es spezielle Siebeinsätze für den Topf – und Blanchieren: Ganz kurz in Fett erhitzen und dann servieren. Eine besonders empfehlenswerte Zubereitungsart ist kochen im Wok. Dabei sparen Sie zum einen einiges an Fett. Zum anderen bleiben durch die kurze Garzeit die wertvollen Inhaltsstoffe weitgehend erhalten.

Europaweit normiert

Gurken und Möhren im DIN-Format: Die meisten Gemüsesorten fallen unter die EU-Vermarktungsnormen. Das soll die europäischen Händler auf einen Nenner und mehr Übersicht ins Angebot bringen. Und uns Verbrauchern besseren Schutz vor minderwertiger Ware. Die europäische Normierung gilt für Artischocken, Auberginen, Bleichsellerie, Blumenkohl, Bohnen, Chicorée, Eissalat, Endivie, Erbsen, Eskariol, Gemüsepaprika, Gurken, Knoblauch, Kopfkohl, Kopfsalat, Möhren, Porree (Lauch), Römischer Salat, Rosenkohl, Spargel, Spinat, Tomaten, Zucchini und Zwiebeln.

Die Guten ins Körbchen, die Schlechten in Kröpfchen

Um verkauft werden zu dürfen, hat Gemüse zumindest gesund, frisch, sauber, frei von Schädlingen und sichtbaren Rückständen von Dünge- und Pflanzenschutzmitteln sowie frei von fremdem Geruch und Geschmack zu sein. Neben diesen so genannten Mindesteigenschaften legen weitere Kriterien fest, in welcher Güteklasse und damit zu welchem Preis Tomaten, Kartoffeln oder Paprika in den Einkaufskorb kommen. Für »Klasse Extra« bedarf es fehlerfreier Ware in höchster Qualität, sortentypisch in Form, Entwicklung und Farbe. Unter »Klasse I« fällt Ware guter Qualität mit allen sortentypischen Merkmalen. Leichte Fehler sind zulässig, sofern davon Aussehen, Qualität und Haltbarkeit nicht beeinträchtigt sind. »Klasse II« bedeutet marktfähige Qualität. Soll heißen, die Ware darf Fehler haben, muss jedoch die Mindesteigenschaften besitzen.

Was das für Ihren nächsten Einkauf bedeutet, sehen wir uns mal bei Tomaten an. Unser liebstes Gemüse wird wie folgt beurteilt.

Klasse Extra: Die Tomaten müssen festes Fleisch haben. Ihre vom Reifegrad abhängige Färbung muss so sein, dass sie Transport und Hantierung aushalten und in unbeschädigtem Zustand am Bestimmungsort ankommen. Die Tomaten dürfen keinen Grünkragen zeigen. Sehr leichte oberflächliche Schalenfehler sind zulässig.

Klasse I: Die Tomaten müssen genügend fest, frei von Rissen oder sichtbarem Grünkragen sein. Zulässig sind leichte Form-, Farb-, Haut- und Entwicklungsfehler sowie sehr leichte Druckstellen. Außerdem sind bei gerippten Tomaten vernarbte Risse (Länge maximal 1 cm), geringe Verwachsungen und weitere leichte Fehler zulässig.

Klasse II: Die Tomaten müssen ausreichend fest und frei von unvernarbten Rissen sein. Zulässig sind Formfehler, Entwicklungsfehler, Farbfehler, Hautfehler oder Druckstellen, sofern sie die Frucht nicht ernsthaft in Mitleidenschaft ziehen. Auch vernarbte Risse (Länge maximal 3 cm) sind erlaubt. Bei gerippten Tomaten sind noch weitere Fehler zulässig.

Die Optik entscheidet

Wie Sie festgestellt haben werden, richtet sich die Einteilung nur nach äußeren Eigenschaften – das Aussehen ist wichtigstes Qualitätsmerkmal. Der Geschmack ist zweitrangig. Nur scheinbar allerdings. Denn worin sich Biologen, Ernährungswissenschaftler und Kaufleute einig sind: Gemüse, das gut aussieht, schmeckt auch so. Was frisch und knackig, ausreichend gereift und unbeschädigt ist, enthält auch viele Inhalts- und Aromastoffe.

Dass das Auge nicht nur mitisst, sondern auch mitkauft, zeigt sich auch an Kartoffeln. Spiegelglatt und gewienert verkaufen sie sich am besten. Obwohl sich die Knollen länger halten würden, wenn sie erst vom Käufer zu Hause geputzt werden. Die bessere Optik ist auch der Grund, warum Tiefkühlgemüse vor dem Schockfrost kurz erhitzt wird. Durch das Blanchieren erscheinen die Farben bunter: Spinat leuchtend grün, Möhren knallig orange. Wie es sich gehört. Oder wie es die Verbraucher erwarten.

Wie sehr des Käufers Auge Entscheidungen dominiert, zeigt sich bei Ware aus ökologischem Anbau. Mangels künstlicher Kostümierungshilfen nicht immer normgerecht gewandet – zu klein, zu viele Dellen, zu blass, nicht rund genug und zu krumm. So manche Öko-Gurke scheitert an der Form und darf nur noch direkt ab Hof und bestenfalls am ortsansässigen Wochenmarkt angeboten werden. Dass sie möglicherweise besser schmeckt als ihre hübscheren Verwandten, ist in der EU-Norm nicht vorgesehen. Das ist der Grund, warum Bio-Bauern höhere Preise bekommen müssen. Denn sie können auch nur weniger verkaufen.

Was noch auf die Packung muss

Bei jenen Gemüsesorten, die den EU-Normen unterliegen, muss die Kennzeichnung weiter umfassen:

- Ursprung, das heißt Anbauland und gegebenenfalls Anbaugebiet.
- Güteklasse, auch Sorte und Größe.

Bei allem verpackten Gemüse, auch den nicht EU-Normierten, ist anzugeben:

- Verkehrsbezeichnung
- Nettogewicht oder Stückzahl
- Name und Anschrift des Herstellers, Verpackers oder Verkäufers
- Seit 18. April 2004 müssen Lebensmittel mit oder aus gentechnisch veränderten Organismen klar ausgewiesen sein – durch die Angabe »gentechnisch verändert« (S. 270 ff.). Das trifft bei purem Gemüse nur für eine Maissorte zu, die in Spanien angebaut wird. Verarbeitete Gemüse, wie Soja- und Maismehl, die gentechnischer Herkunft sind, stecken vielfach in Tofu, Fertigsuppen und Schokolade.

Bei Konserven, Säften und Nektar aus Gemüse muss auf der Packung stehen:

- Verkehrsbezeichnung
- Mindesthaltbarkeitsdatum
- Füllmenge nach Gewicht und Volumen
- Zutatenverzeichnis
- Name und Anschrift des Herstellers, Verpackers oder Verkäufers
- Bei Saft und Nektar gegebenenfalls »aus Konzentrat«, »gesalzen«, »gezuckert«, »gewürzt«, »milchsauer vergoren« sowie der Gehalt an Gemüsesaft oder -mark »mindestens ... %«.

Bei losem Gemüse, das unverpackt verkauft wird, genügen Angaben zur Güteklasse und zum Ursprung. Freiwillig können Hinweise zur Sorte gemacht werden.

Frische erkennt man auf den ersten Blick: An elastischen Blättern und Blüten, fest und knackig sowie am sortentypischen Glanz. Die Schnittflächen an Stängeln oder Strünken müssen hell und feucht sein, nicht verholzt oder braun.

Ins Parterre

Bewahren Sie Gemüse, wenn im Kühlschrank, dann im unteren Fach auf – das heißt nicht umsonst Gemüsefach. Tomaten, Kartoffeln und auch Gurken und Paprika gehören gar nicht in den Kühlschrank. Wickeln Sie um Spargel und Bohnen am besten ein feuchtes Tuch, das hält diese länger knackig und frisch. Von Wurzelgemüse wie Möhren oder Kohlrabi sollten Sie das Blattwerk entfernen, es entzieht sonst viel Feuchtigkeit. Legen Sie Gemüse auch nicht neben Obst, sonst reift es schneller.

Treibhaus oder Freiland?

Was besser ist, Gemüse aus dem Treibhaus oder vom Freiland, lässt sich schwer pauschal beantworten. Die Tomate aus dem Treibhaus hat nicht zwangsläufig weniger Nährstoffe. Denn deren Gehalt hängt nicht vom Anbau ab, sondern vom Erntezeitpunkt, Temperatur und Licht sowie dem Boden. Freilandgemüse, das auf ausgelaugten Äckern heranwächst, kann weniger Nährstoffe haben als das aus dem Treibhaus. So liegen heute in den Gewächshäusern oft Substrate aus Steinwolle, denen Dünger und Nährstofflösungen zugesetzt sind. Exakt auf die Bedürfnisse der jeweiligen Pflanze abgestimmt ist so gewährleistet, dass im Gemüse auch ausreichend Nährstoffe stecken. Andererseits sorgt das Heranreifen unter der Sonne für ein eindeutig besseres Aroma. In der Diskussion, ob Treibhaus oder Freiland, raten Fachleute inzwischen zum Kauf heimischer Ware. Was gerade Saison hat, ist unter den richtigen Licht- und Temperaturbedingungen gewachsen und wird bei optimaler Reife geerntet. Das schmeckt man und das ist auch bekömmlich.

Wo wachsen unsere Tomaten, Salat und Gurken?

Rund die Hälfte der sieben Millionen Tonnen, die von den Bundesbürgern jährlich an Grünzeug gegessen werden, stammt auch aus deutschem Anbau. Die andere Hälfte kommt aus den europäischen Wintergärten – allen voran Gewächshäusern in den Niederlanden und den südlichen Regionen der EU. So sind über 90 % der Tomaten auf deutschen Märkten importiert. Ebenso wie die meisten anderen Gemüse, die ganz oben auf der Hitliste deutscher Esser stehen.

- Kartoffeln: aus Deutschland und den Niederlanden.
- Tomaten: aus Spanien, Belgien und Luxemburg sowie aus den Niederlanden.
- Gurken: aus Deutschland, den Niederlanden und Spanien.
- Möhren: aus Deutschland, den Niederlanden und Italien.
- Zwiebeln: aus Deutschland, den Niederlanden und Spanien.
- Paprika: aus Ungarn, Spanien und den Niederlanden.
- Kopf- und Eisbergsalat: aus Deutschland, Spanien, Belgien und Luxemburg.
- Blumenkohl: aus Deutschland, Frankreich und Italien.
- Spargel: aus Deutschland, Spanien und Griechenland.
- Weißkohl: aus Deutschland.

Importware versus heimische

Generell sollte möglichst Gemüse aus der Region auf den Tisch kommen. Dieses hat meist mehr Inhaltsstoffe zu bieten. Das gilt vor allem für Arten wie Tomaten. Der Grund dafür ist nicht, dass bei uns besseres Gemüse wächst. Die Bedingungen, allen voran die klimatischen, sind in Ländern wie Spanien und Italien zweifelsohne optimaler. Der Haken am ausländischen Grünzeug ist vor allem, dass es vielfach unreif geerntet wird, um den Transport zu überstehen. Beim Nachreifen bauen sich jedoch nicht mehr so viele Nährstoffe auf. Gemüse, das bei voller Reife geerntet wurde, enthält da deutlich mehr. Unter anderem werden beispielsweise die Karotinoide (S. 143f.) erst in der späten Reifephase gebildet.

Was weiterhin für Gemüse vom Anbau aus heimischen Gefilden spricht, sind die Schadstoffe. Ware aus dem Ausland ist damit oftmals höher belastet: Wie das Bundesamt für Verbraucherschutz und Lebensmittelsicherheit in seinem kürzlich bekannt gegebenen Bericht »Pflanzenschutz-Rückstände« mitteilt, wurden die Höchstmengen bei Importware in 26%, bei heimischem Gemüse nur in 10 % der Fälle überschritten. Insbesondere Gurken und Tomaten aus Spanien und Italien fallen immer wieder bei Untersuchungen auf. Kein Grund indessen, jedwedes Gemüse von jenseits unserer Grenzen mit einem Bann zu belegen. Waren aus den Niederlanden schneiden beispielsweise ebenso gut ab wie hiesige. Was man aber wissen muss ist, dass ausländisches Gemüse ein größeres Risiko für höhere Schadstoffbelastung trägt.

Aus der tiefen Kühle und der Dose

In Punkto Nährwert schneidet Tiefkühlgemüse weitaus besser ab, als viele denken: Was gefrostet zum Kunden kommt, enthält ebenso viele Vitamine, Mineralstoffe und andere wertvolle Vitalstoffe wie frische Ware. Mitunter sogar noch mehr. Denn Gemüse für die Tiefkühlabteilung wird spätestens drei Stunden nach der Ernte verarbeitet – kurz blanchiert und dann schockgefrostet. Da das den Stoffwechsel der Pflanzen stoppt, sind die Nährstoffverluste entsprechend sehr gering. Weitaus geringer, als wenn das Gemüse im Laden oft tagelange gelegen und auf Käufer gewartet hat. Was Sie vermeintlich frisch und gesund nach Hause bringen, hat häufig bereits enorm an Wert verloren. Wie sehr, zeigt das Beispiel Spinat: Frisch gepflückt, stecken in 100 Gramm 17 Milligramm Vitamine. Tiefgekühlt sind es nur 14 Milligramm. Zwei Tage lagern allerdings lassen die Vitamine auf magere vier Milligramm schmelzen. Abgesehen vom höheren Nährwert macht die Ware aus der Gefriertruhe auch die Zubereitung leichter – schließlich ist alles bereits vorgeschnippelt und muss nur noch in den Topf.

Besser als vielfach angenommen ist auch Dosenfutter: Konservengemüse enthalten zum einen keine synthetischen Konservierungsstoffe, wie man vermuten könnte. Zum Haltbarmachen wird das Gemüse meist kurz erhitzt. Andere Methoden sind Salzen oder Säuern, beispielsweise Einlegen in Essig, Zitronen- oder Weinsäure. Was noch in die Dose darf, ist Zucker, Vitamin C zur Konservierung (S. 301) Gewürze und Aromen sowie der Geschmacksverstärker Glutamat.

Alles in allem ist eingedostes Grünzeug aber weniger schlecht als sein Ruf. Vitamin C und einige Mineralstoffe fallen dem Konservieren zweifelsohne zum Opfer – bis zur Hälfte kann dabei draufgehen. Doch einige Gemüsestoffe, wie Vitamin K und Karotionoide, laufen in der Dose erst zur vollen Form auf: Durch das Erhitzen kann sie unser Körper besser aufnehmen. Tomaten sind beispielsweise in Dosen, Tuben und Gläsern keineswegs nährstoffärmer als frisch. Im Gegenteil, die Stiftung Warentest hat Tomatenkonserven einen doppelt so hohen Gehalt an Lycopin – einer der wichtigsten Gesundstoffe in der roten Beere – attestiert wie in frischer Ware.

Kaufen Sie »in der Saison« von Juli bis Oktober, gibt es heimische Tomaten aus Freilandanbau.

▶ Greifen Sie ruhig zum Dosenöffner

Tomaten aus der Dose haben es in sich: Sie enthalten sogar mehr wertvolle Stoffe als ihre frischen Schwestern. Denn bevor es in die Dose geht, wird erhitzt und zerkleinert – das schließt die Zellen auf und macht dem Körper Lycopin und andere gute Tomatenstoffe besser zugänglich. Stiftung Warentest hat die rote Konservenware unter die Lupe genommen und kam zu bemerkenswerten Resultaten: Aus der Dose bekommen Sie 14 Milligramm Lycopin pro 100 Gramm Tomate, frisch hingegen nur 5,8 Milligramm. Wenn das kein Argument ist. Trifft übrigens auch für

Tomatensaft, -mark und -Ketschup zu. Weiterhin erfreulich ist der Umstand, dass die Dosentester keine Schadstoffe fanden. Besonders im Winter ist daher der Griff zum Dosenöffner durchaus zu empfehlen.
Auch Ketschup & Co. stehen nicht automatisch im Widerspruch zum gesundheitsbewussten Essen. Wichtig zu wissen ist allerdings, dass Tomatenketschup neben der Basiszutat Tomatenmark bis zu 30 % Zucker enthalten kann – Kinderketschup sinnigerweise sogar oft noch mehr. Was noch in die Flaschen kommt, sind Essig, Salz und Gewürze sowie Aromastoffe, Geschmacksverstärker, Stabilisatoren und Verdickungsmittel. Wer das alles nicht auf seinen Pommes haben möchte, greift zu Bio-Ketschup – macht zwar die fetten Stäbchen nicht besser, aber immerhin geht es wenigstens obendrauf gesünder zu. Denn im Öko-Tomatenwerk sind Süßstoffe, Konservierungsmittel und Geschmacksverstärker oder Aromen tabu. Stattdessen kommt zum Süßen Weizensirup, Rohrzucker oder Apfeldicksaft rein. Zucker auch, da er im Ketschup das Bindemittel ersetzt, aber nicht so viel – zwischen acht und 22 %.

Zerkleinern und Eindicken macht eineinhalb Kilogramm frische Tomaten passend für eine 200-Gramm-Dose Tomatenmark – Geschmack und Nährstoffe geballt.

Unsere zwei Liebsten ...

... haben drei Dinge gemeinsam: Sie kommen am häufigsten auf bundesdeutsche Tische, sind beides Nachtschattengewächse und stammen beide ursprünglich nicht aus unseren Breiten. Sondern von weit her aus Südamerika. Tomaten sind die Spitzenreiter beim deutschen Gemüseesser, gleich danach kommen Kartoffeln.

Rund 17 Kilogramm Tomaten verspeist jeder Bundesbürger im Jahr, damit fast 20 % des insgesamt verzehrten Gemüses. Gut verständlich, denn Tomaten sind sehr kalorienarm und lassen sich vielseitig verwenden. Wenn man Glück hat, schmecken sie auch ausgesprochen lecker.

Was so beliebt ist, sollte man besser kennen – gerade bei Tomaten gibt es da einiges dazuzulernen. Wussten Sie beispielsweise, dass Sie Tomaten nicht gemeinsam mit Salatgurken aufbewahren sollten? Denn Tomaten setzten Ethylen frei, ein natürliches Reifegas, das die Gurken weich werden lässt. Generell reifen Früchte, die in Gesellschaft von Tomaten gelagert werden, schneller nach, verderben allerdings auch leichter. Soll zum Beispiel eine harte Kiwi reifen, legen Sie sie einfach neben Tomaten.

Interessant ist auch, dass die Nummer eins auf der Hitliste botanisch genau genommen eine Beere ist, die überwiegend importiert wird – deutsche Tomaten gibt es selten. Was mit am hierzulande selteneren Sonnenschein, vor allem aber am Preis liegt. Discounter bieten ihren Kunden ungern teure heimische Tomaten an, wo es doch von kanarischen und spanischen Plantagen deutlich billiger geht. Zumal in den Wintermonaten, im Frühjahr liegen hauptsächlich niederländische und belgische Tomaten in den Regalen. Einheimische Tomaten bekommen Sie wenn, dann im Sommer. Für mehr Euro als die ausländischen, versteht sich.

Schon mal was von Tomatillos gehört? Grüne Tomaten, auch im reifen Zustand. In Mittel- und Südamerika werden sie oft zu grüner Soße verarbeitet. Und die Firma Heinz machte daraus einst sein grünes Ketschup.

Es muss nicht immer rund und rot sein

Neben der klassischen roten, runden Variante gibt es eine große Vielfalt anderer Sorten, in denen die begehrten Beeren heute zu haben sind. Das Spektrum reicht von der kleinen Kirschtomate bis zur dicken Fleischtomate, in vielen Schattierungen und Formen: Rot, Orange, Gelb, Grün, Violett oder gestreift, rund, eier- und birnenförmig. Recht neu im Sortiment sind die Longlife-Tomaten. Speziell auf lange Haltbarkeit und Fruchtfestigkeit gezüchtet und entgegen häufiger Annahmen nicht genmanipuliert.

So umfangreich die Tomatentruppe ohnehin bereits ist: Saatzuchtfirmen sind weiter fleißig dabei, die vorhandenen Sorten zu verbessern und vor allem neue auf den Markt zu bringen. Vielleicht erinnern Sie sich noch an die »Hollandtomate«, die der

Tomatenzucht vor einigen Jahren kraft Geschmacklosigkeit und Wässrigkeit zu negativer Publicity verhalf. Aber auch Anlass war, das Augenmerk nicht mehr nur auf maximale Erträge zu legen. Für Schlagzeilen sorgte auch die »Anti-Matsch-Tomate«, die 1994 in den USA als erste gentechnisch veränderte Nahrungspflanze auf den Markt kam. Dem europäischen Verbraucher blieb sie bislang erspart – die EU-weite Genehmigung lässt auf sich warten und wird es wohl auch weiterhin.

Was die Bio-Tomate anderen voraus hat, ist vor allem mehr Aroma sowie Vitamin C, Vitamin A und Lycopin. Bei weniger Rückständen an synthetischen Pflanzenschutzmitteln.

Potente Früchtchen

Einerlei, wie verpackt – der Inhalt der Tomate macht's. Und wie, vor allem das Lycopin, das die Farbe bringt. Der Tomatenfarbstoff hat gleich mehrere gute Eigenschaften: Er hilft freie Radikale schädliche Sauerstoffverbindungen abbauen, und senkt so das Risiko für Herz-Kreislauf-Erkrankungen wie Arteriosklerose. Das Beste ist, dass uns Lycopin auch beim Erhitzen erhalten bleibt. In der Pastasoße steckt also noch eine ordentliche Portion des gesunden roten Farbstoffes.

Der Ursprung der beliebten Knolle liegt in den Anden – hier lernte sie der Entdeckungsreisende Pizzaro anno 1525 kennen.

Zitrone des Nordens

Sie rangieren auf Platz zwei in der Beliebtheitsskala: Kartoffeln sind wieder in aller Munde. Galten sie zwischendurch als profane »Sättigungsbeilage«, hat man sich wieder auf den enormen Wert der Knollen besonnen. Denn die Zitronen des Nordens haben einiges unter und in der Schale: Viele Vitamine – besonders Vitamin C und B-Vitamine, viel Kalium und sekundäre Pflanzenstoffe, hochwertiges Eiweiß, komplexe Kohlenhydrate und wenige Kalorien. Was am hohen Wassergehalt von 80 % liegt. Dass Kartoffeln Dickmacher sind, ist mithin Nonsens. Im Gegenteil: Es lässt sich damit hervorragend abnehmen. Was allerdings auf der Kalorienbilanz und früher oder später auf der Waage zu Buche schlägt, sind die »veredelten Kartoffeln«: Pommes frites, Chips, Püree oder Knödel, reich an Fett, vor allem auch noch an den ungünstigen gesättigten Fettsäuren.

Bratkartoffeln aus gekochten Kartoffeln enthalten weniger Acrylamid. Wer rohe Kartoffeln nimmt, kann sie eine Stunde wässern, um so den Zuckergehalt zu verringern.

▶ Knabbern mit Nebeneffekt

Pommes und Chips bekommen von Ernährungswissenschaftlern schlechte Noten. Die »Kartoffelerzeugnisse« sind nicht nur wahre Fettbomben. Kartoffelchips beispielsweise bestehen zu 40 % aus Fett, noch dazu aus dem schlechtesten, nämlich gesättigten Fettsäuren und Transfetten. Die diversen Snacks, Puffer und Röstis bergen noch ein anderes gesundheitliches Risiko. Sein Name ist Acrylamid, in Verruf geraten ist es wegen seiner möglicherweise Krebs erregenden Wirkung. Die Substanz kann auch dem Erbgut schaden. Acrylamid entsteht bei Temperaturen über 100° C – mithin beim Backen, Braten, Grillen und Frittieren. Kochen und Dünsten erzeugt dagegen kein Acrylamid. Daneben ist der Zuckergehalt ausschlaggebend: Je höher, desto größer die Gefahr. Bei Pommes frites, Kartoffelchips, Bratkartoffeln, wie auch Keksen, Plätzchen und Lebkuchen sowie Knäckebrot sind alle Voraussetzungen erfüllt, die zur Bildung von Acrylamid führen. Weshalb in diesen Lebensmitteln auch viel davon stecken kann.

Nun hat sich die Gefahr aus der Tüte bereits reduziert: Wie das Bundesamt für Verbraucherschutz und Lebensmittelsicherheit bekannt gab, sind die Gehalte an Acrylamid in bundesdeutschen Kartoffelchips zurückgegangen – dem Minimierungskonzept sei Dank.

▶ Acrylamid senken

Wie hoch die Gefahr durch Acrylamid für Menschen ist, wird gegenwärtig noch untersucht. Die bisherigen Kenntnisse beruhen auf Tierversuchen (S. 23). Bis Klarheit über die Gefahren besteht, sollte man Acrylamid so weit wie möglich reduzieren. Dazu können Sie selbst beitragen, indem Sie beim Lagern und Kochen folgende Dinge berücksichtigen: Die Grundregel für acrylamidarmes Braten, Backen, Frittieren und Rösten ist »vergolden statt verkohlen« – mithin scharfes Anbraten und eine zu starke Bräunung vermeiden. Auch bei Backofen-Pommes sollte die Temperatur (beim Backen mit Umluft) 180 °C (beim Backen ohne Umluft) 200 °C nicht überschreiten. Verwenden Sie zudem Backpapier, um eine zu starke Bräunung von unten zu vermeiden. Beim Frittieren sollten die Temperaturen nicht über 175 °C liegen. Verwenden Sie auch möglichst frische Kartoffeln, die keine grünen Stellen oder Keimansätze zeigen.

»Speisefrühkartoffeln« heißen jene, die in der Zeit vom 1. Januar bis zum 10. August erstmals nach der Ernte verladen werden.

Klug gelagert

Sie können Kartoffeln wochen- oder sogar monatelang lagern – wenn die Bedingungen stimmen. Am besten sind kühle, frostfreie, trockene, abgedunkelte Keller oder Vorratsräume – so wie es früher üblich war. Die optimale Temperatur liegt zwischen 4 und 6 °C. Darunter verwandelt sich die Stärke in Zucker und die Kartoffeln bekommen einen unangenehm süßlichen Geschmack. Zu hohe Temperaturen lassen die Kartoffeln keimen.

Kartoffeln sollten vor Licht geschützt sein. Sie bilden sonst das giftige Solanin. Es steckt in den grün gefärbten Stellen und Keimen, und muss unbedingt großzügig herausgeschnitten werden.

Welche Sorten wofür?

Im Handel gibt es rund 25 verschiedene Kartoffelsorten – welche man kauft, sollte sich nach dem Verwendungsweck richten. Fest kochende Sorten wie Cilena, Sieglinde, Nicola, Linda und Selma eignen sich besonders für die Herstellung von Kartoffelsalat. Vorwiegend fest kochende Kartoffeln wie Velox, Berber, Marabel, Agria, Solara, Quarta, Satina, Secura und Granola sind besonders geeignet für Salz- und Pellkartoffeln. Mehlige Kartoffeln wie die Sorten Adretta, Aula, Freya, Irmgard, Karlena und Likaria sind mit ihrem hohen Stärkeanteil ideal für Eintöpfe und Kartoffelpüree.

Was ist bei Öko-Kartoffeln anders?

Im ökologischen Anbau dürfen generell keine chemischen Pflanzenschutzmittel und mineralischen Dünger eingesetzt werden (S. 158). Für genügend Nährstoffe im Boden sorgt Stallmist oder Gründüngung: Dabei wird alle fünf bis sieben Jahre ein Gemisch aus Gras und Klee eingesät. Wegen des Verzichts auf synthetische Mineraldünger steckt in Bio-Kartoffeln im Durchschnitt ein Drittel weniger Nitrat, ebenso weniger Rückstände von Pflanzenschutzmitteln.

▶ Schadensbegrenzung zu Hause
Um Rückstände von Pflanzenschutz- und Düngemitteln zu entfernen, sollten Sie Gemüse unter lauwarmem Wasser gründlich waschen, mit einer weichen Bürste oder einem Schwamm. Nur unter fließendes Wasser halten, genügt in der Regel nicht. Bei Kohlgemüsen und Salaten entfernen Sie immer die äußeren Blätter, Gurken und Möhren schälen Sie. Zwar stecken unter der Schale oftmals die besten Stoffe – deren Nutzen für die Gesundheit machen aber die Schadstoffe auf der Schale wieder zunichte.

Bio oder nicht Bio ...

Die Gretchenfrage, die sich viele stellen: Ist Bio-Gemüse besser? Was den Gehalt an Nährstoffen und Vitaminen angeht, nicht unbedingt. Eine Untersuchung der Bundesforschungsanstalten hat »keine nennenswerten Unterschiede« zwischen ökologisch und konventionell angebautem Gemüse finden können.

Was nun keinesfalls heißt, es ist einerlei, ob Bio oder nicht Bio. Denn im Öko-Gemüse stecken deutlich weniger Schadstoffe: Im ökologischen Anbau dürfen keine chemischen Pflanzenschutzmittel und mineralischen Dünger eingesetzt werden. Sollten dennoch Bekämpfungsmaßnahmen erforderlich sein, so werden gegen Schädlinge deren natürliche Feinde, so genannte Nützlinge, eingesetzt.

Um den Einsatz von Chemie gering zu halten, werden möglichst nur die Befallsherde, nicht aber der gesamte Bestand, behandelt. Auch Nitrat findet sich im Grünfutter vom Bio-Bauern um einiges weniger. Denn mineralischer Dünger fördert die Nitratbildung und der wird im ökologischen Anbau fast nie verwendet.

Integrierter Pflanzenschutz

Doch auch im konventionellen Anbau hat sich in Punkto Schadstoffe etwas getan. Nennt sich »integrierter Pflanzenschutz«. Die Strategie dahinter: So wenig chemische Pflanzenschutzmaßnahmen wie möglich und so viel wie nötig. Das kann zwar die Belastung senken, schafft sie indessen nicht aus der Welt. Und vor allem: Integrierter Anbau wird nicht kontrolliert. Wie viel und was ein Gemüsezüchter spritzt, bleibt ihm allein überlassen. Ob oder wie sehr er auf den Einsatz von Chemie verzichtet, ist reine Ehrensache. Man versucht, sich Mühe zu geben. Mehr aber muss nicht sein.

Das müssen Sie berücksichtigen, wenn Sie »aus integriertem Anbau« lesen und kaufen möchten. Er ist nicht zu verwechseln mit ökologischem Anbau.

Das servieren Sie sich vor allem mit Rucola. Wie aus Untersuchungen der Überwachungsbehörden der Bundesländer hervorgeht: In 350 Rucola-Proben wurden bei der Hälfte Nitratgehalte von mehr als 5000 Milligramm pro Kilo gemessen. Zu viel, wie immer wieder bei Rucola. Das Trend-Gemüse gehört wie Spinat und Blattsalate zu den Gemüsesorten, in denen regelmäßig hohe Nitratgehalte nachgewiesen werden. Auch Fenchel und Kohlrabi fallen in dieser Hinsicht negativ auf.

Besonders in den Wintermonaten sind die Nitratwerte hoch. Dann scheint naturgemäß die Sonne weniger, deren UV-Strahlen das Nitrat im Blattwerk abbaut. Auch die im Sommer höheren Temperaturen reduzieren die Nitratwerte. Trockenheit dagegen begünstigt die Anreicherung in der Pflanze wiederum.

Nun ist Nitrat an und für sich kein Problem. Die Stickstoffverbindung kommt natürlicherweise im Boden vor. Pflanzen haben allerdings unterschiedliche Speicherkapazitäten: Blattsalate wie eben Rucola und Kopfsalat, Spinat, Grün- und Weißkohl, Rettich, Radieschen und Rote Rüben können hohe Nitratmengen enthalten. Zusätzlich wirken sich Düngemitteleinsatz und Anbauweise aus: Die Nitratgehalte von Gemüse, das unter Glas angebaut wird, liegen gewöhnlich über denen von Freilandpflanzen.

Was Nitrat so gefährlich macht ist, seine Umwandlung in Nitrit. Daraus können so genannte Nitrosamine entstehen, die wegen möglicher Krebs erregenden Eigenschaften auf dem Index stehen. Das Nitrit wiederum bindet an die roten Blutkörperchen und erschwert damit den Sauerstofftransport im Blut. Bei Kleinkindern kann das bis zu Blausucht führen – mithin lebensbedrohliche Gefahren bergen. Nicht von ungefähr empfiehlt das Bundesinstitut für Risikobewertung (BfR), die Nitratzufuhr so weit wie möglich zu reduzieren. Der von der Weltgesundheitsorganisation (WHO) festgelegte ADI-Wert für Nitrat liegt bei 3,7 Milligramm je Kilogramm Körpergewicht (S. 286f.). Wenn Sie 70 Kilo auf die Waage bringen, haben Sie bei einem Nitratgehalt von 5000 mg/kg mit 50 Gramm Rucola – eine Handvoll Blätter – den ADI für Nitrat erreicht.

Ein Reiskorn ist ein Reiskorn ist ein Reiskorn

Das »Korn des Ostens« ist eine der ältesten Kulturpflanzen und gelangte durch die Feldzüge Alexanders des Großen nach Europa. Das Grundnahrungsmittel von nahezu der Hälfte der Weltbevölkerung ist eine komplexe Angelegenheit: Reis ist nicht Reis. Zwischen Korn und Korn liegen Welten, je nach Sorte und Behandlung. Naturreis, Wildreis, Risotto-Reis, ach und Puffreis …

• Langkornreis

Kocht durch hohen Kleberanteil trocken, locker und körnig. Basmati-Reis (Duftreis) ist ein besonders aromatischer Langkornreis aus Indien und Pakistan. Langkornreis gibt es als Weiß- und Parboiled Reis und Naturreis.

• Rundkornreis

Auch Milchreis genannt, mit weniger Kleber und weich kochend. Eignet sich besonders für Süßspeisen, Brei und Risotto. Es gibt ihn als Weiß- und Naturreis.

• Naturreis

Vollkornreis (Vollreis), bei dem der Spelz entfernt, Frucht- und Samenschale (Silberhäutchen) und Keim aber noch vorhanden sind. Naturreis ist somit vitamin- und mineralstoffreicher als Weißreis. Er bleibt besonders körnig, quillt allerdings weniger auf und benötigt fast doppelt so lange Kochzeiten.

• Weißreis

Hier sind Silberhäutchen und Keim durch Schleifen und Polieren entfernt. Weißreis enthält daher weniger Vitamine, Mineralstoffe und Ballaststoffe, ist jedoch länger haltbar.

• Parboiled Reis

Keine eigene Reissorte, sondern dampf- und wärmebehandelt: Vor Entfernung des Silberhäutchens wird der Reis in warmem Wasser eingeweicht und danach mit Wasserdampf oder Überdruck behandelt.

• Schnellkochreis

Durch Dampf- und Wärmebehandlung vorgegart und wieder getrocknet. Das sorgt für die verkürzte Zubereitungszeit.

• Kochbeutelreis

Portioniert schwimmt er beim Kochen im Beutel – kann weder ansetzen noch anbrennen.

• Puffreis

Weißreis, der unter Druck mit Dampf behandelt wird, dabei blähen sich die Körner auf.

- Bruchreis

Die beim Absieben anfallenden Bruchstücke, meist zu Reismehl und Reisgrieß weiterverarbeitet.

- Wildreis

Botanisch gesehen kein Reis, sondern der Samen eines Wassergrases. Wird nach der Ernte getrocknet und gedarrt, wodurch sich die Körner von graugrün nach braunschwarz färben und einen intensiven, nussigen Geschmack bekommen.

Fleisch der Armen

Die Zeiten, in denen Pilze Arme-Leute-Essen war, sind lange vorbei. Heute sind sie Spezialitäten und entsprechend teuer. Sofern es sich um Wildpilze handelt. Was dagegen in feuchten Kellern kontrolliert aus dem Boden schießt, geht um einiges billiger in den Einkaufskorb. Solche Kulturen sind mit allen Arten zu machen, bei denen Vermehrungstechnologien eingesetzt werden können – wie bei weißen und braunen Champignons, Austern- und Shiitake-Pilzen.

Neben Hutträgern aus spezialisierten Zuchtbetrieben und Wildpilzen sind auch Trockenpilze im Handel. Ihnen ist ein Großteil an Feuchtigkeit entzogen – in Wasser gelegt quellen sie dann flugs wieder auf Originalformat heran. Um lange haltbar zu sein, bekommen Trockenpilze viel Kochsalz verpasst. Eingesalzene Speisepilze wandern auch in Pilzkonserven, was mit dem Vermerk »Hergestellt aus eingesalzenen Pilzen« kenntlich gemacht werden muss. Neben Salz stecken im Dosenpilz auch Zitronen-, Milch- und Ascorbinsäure, Essig, Zucker, Geschmacksverstärker und Gewürze.

Frische ist oberstes Gebot beim Pilz: Prall und saftig soll er sein, aber nicht überreif. Trockene Stielenden zeigen Ihnen, dass die Pilze schon längere Zeit liegen – die lassen Sie auch noch weiter liegen.

Wenn Sie sich selbst aufmachen und Pilze nicht auf dem Markt kaufen, sammeln Sie nur die Arten, die Ihnen wirklich bekannt sind. Und, befolgen Sie den Rat der Ernährungsfachleute: Nicht mehr als 200 bis 250 Gramm Wildpilze in der Woche essen. Das hat seine guten Gründe.

Hell strahlt der Teller

Auch 19 Jahre nach Tschernobyl gibt es in Deutschland radioaktiv belastete Pilze. Caesium 137 hält sich einfach wacker – erst nach 30 Jahren ist es zur Hälfte zerfallen. Unglücklicherweise bauen die Pilze das Isotop anstelle von Kalium in ihre Zellen ein. Besonders hell strahlt es in Südbayern und im Bayerischen Wald: Pilze aus diesen Regionen sind noch immer radioaktiv belastet.

Zwar schließt das Bundesamt für Strahlenschutz akute Gefahren aus: »Niemand muss mit gesundheitlichen Folgen rechnen, wenn Speisepilze normal zubereitet und in üblichen Mengen verzehrt würden.« Das unabhängige Umweltinstitut München e. V. rät dagegen zur Vorsicht und wertet die Cäsiumwerte in Südbayern als bedenklich. Vor allem Kinder und Schwangere sollten Waldpilze meiden. Allen voran Pfifferlinge und Maronen – die Spitzenreiter auf der Strahlungsskala. Maronen aus Südbayern bringen es auf bis zu 525 Becquerel (Bq) je Kilogramm. Wald- und Wiesenchampignons können mit Werten unter 10 Bq pro Kilo selbst in Bayern sorgenfrei serviert werden.

Der Handelsgrenzwert für Lebensmittel liegt laut Strahlenschutzverordnung bei 600 Becquereln pro Kilo.

Das Umweltinstitut München untersucht Wildpilze, Beeren und Wild auf radioaktive Belastung. Wer Klarheit sucht, kann hier prüfen lassen – sogar kostenlos. Benötigt wird dazu eine Mindestmenge von 250 Gramm. Die Proben werden eingeschickt. Das Ergebnis kann per Telefon abgefragt werden, unter 0 89–30 77 490. Das Angebot gilt jedoch nur in den Sommermonaten, von Anfang April bis Ende Oktober.

Mögen Sie Shiitake-Pilze? Wenn ja, tun Sie nicht nur Ihrem Gaumen, sondern auch Ihrer Gesundheit Gutes. Sofern Sie nicht zu jenen gehören, die eine so genannte Shiitake-Dermatitis entwickeln.

Bei einigen Menschen wird der kulinarischer Genuss nach einigen Stunden enorm getrübt: Durch streifenförmige, peitschenhiebähnliche Rötungen der Haut. Auslöser dieser zwar seltenen, mitunter aber schweren Reaktionen ist vermutlich ein natürlicher Inhaltsstoff, das im Shiitake enthaltene Polysaccharid Lentinan.

Das Bundesinstitut für Risikobewertung rät, nach dem Essen von Shiitake-Pilzen auf mögliche Unverträglichkeitsreaktionen zu achten und bei ersten Anzeichen einen Arzt aufzusuchen. Dieser sollte das Institut benachrichtigen – zwecks zentraler Erfassung.

Das Salz in der Suppe

Das bringt nicht nur Natriumchlorid, sprich unser Speisesalz, sondern auch die zahllosen Gewürzkräuter – heimische und vor allem die aus fernen Ländern. Was wäre ein Gulasch ohne Paprika, ein Chili con Carne ohne die gleichnamigen Schoten oder Milchreis ohne Zimt? Weitere Beispiele fänden sich problemlos und zahlreich, so viele das Gewürzsortiment eben hergibt.

Was im Küchenregal steht, ist bei dem einen recht bodenständig, bei dem anderen hingegen exotisch-weitgefächert. Der passionierte Koch mag nicht auf seine pulverisierten, geraspelten und sonstigen aromatischen Helfer verzichten. Recht hat er und gesund ist Würzen obendrein.

Umso weniger passt ins Bild, was sich bei Kontrolluntersuchungen der Verbraucherschützer offenbart: Belastungen mit gefährlichen Schimmelpilzgiften, Verunreinigungen mit möglicherweise Krebs erregenden Farbstoffen. Sudanrot beispielsweise in indischem Chilipulver – hierzulande wegen gesundheitlicher Risiken verboten. Aufgepeppt war das Gewürz auch noch mit einem Farbstoff, der normalerweise in Schuhcreme steckt. Die krebsfördernde Wirkung dieses Azofarbstoffes konnte im Tierversuch bereits nachgewiesen werden.

Ein dicker Fisch im Netz der Nahrungsfahnder – wenngleich ihn das fündig gewordene Chemische Untersuchungsinstitut in Wuppertal »Zufallsbefund« nennt. Davon gibt es allerdings einige (zu viel): Immer wieder werden Gewürze erhöhter Schadstoffwerte überführt. Mal wegen Pestizide, mal wegen Blei, dann wieder auf Grund Salmonellen oder Schimmelpilzgifte, der Aflatoxine.

Öko-Test (Ausgabe April 2005) fand beispielsweise heraus, dass Paprika und Currymischungen häufig mit Pestiziden belastet sind. Im »Curry« wurden auch verbotene Farbstoffe gefunden.

Kaufen Sie bei Gewürzen am besten nur kleine Mengen. Besonders gemahlen verlieren sie rasch an Aroma. Deshalb sollten Gewürze auch erst kurz vor dem Gebrauch gemahlen oder gehackt werden.

Signalfarbe Rot

Vorsicht geboten ist vor allem bei roten Gewürzen. So steht bei Paprikapulver intensives Rot für intensives Aroma und so werden die Gewürze häufig gefärbt – auch mit verbotenen Farbstoffen.

Seit 2004 bekannt wurde, dass der Farbstoff Sudanrot Krebs erregend und erbgutschädigend ist, darf Chili- und Paprikapulver nicht mehr damit versetzt werden.

Künftig wird die Europäische Kommission neben Chili und Chilierzeugnissen auch Importe von Kurkuma und nativem Palmöl auf den Farbstoff untersuchen. Anlass war unter anderem die Entdeckung von Sudanrot I in zahlreichen Lebensmitteln in Großbritannien.

Denn laut Bundesinstitut für Risikobewertung (BfR) gibt es keine als »unbedenklich anzusehende Konzentration« – mithin auch keine Höchstwerte.

Skepsis ist auch bei billigen »Kofferraumimporten« angebracht: Diese Gewürze kommen ohne Kontrollen aus den Ursprungsländern – vorwiegend Asien und Osteuropa – nach Europa. Was in ihnen steckt, weiß Allah allein.

Kennzeichnung

Auf verpackten Gewürzen muss stehen:

- Verkehrsbezeichnung
- Füllmenge nach Gewicht, unter Umständen auch die Stückzahl
- Mindesthaltbarkeitsdatum
- Zutatenliste bei Gewürzmischungen
- Name und Anschrift des Herstellers, Verpackers oder Verkäufers

Wussten Sie, dass ...

... Pommes überall anders heißen? In der DDR kamen sie als »Frittierte Kartoffelstäbchen« ins Öl, in den USA bis heute als »French Fries«. In Frankreich heißen sie wiederum »Frites«.

... die Kartoffelchips von einem indianischen Koch im Jahr 1853 erfunden sein sollen? Auslöser war ein Gast, der seine Kartoffeln immer wieder zurückgehen ließ, weil sie ihm zu dick geschnitten waren. Daraufhin schnitt der Koch die Kartoffeln in hauchdünne Scheiben, die er dann frittierte.

... Spargel einen unangenehmen Uringeruch zu Folge haben kann und warum? Schuld daran sind die in Spargel vorkommenden schwefligen Verbindungen, besonders das Methylmercaptan.

... Rote Bete den Urin rot färben kann? Etwa jeder Siebte kann den roten Farbstoff Betacyanin nicht abbauen und lässt nach Roten Beten vorübergehend rötliches Wasser.

... Chicorée die Knospen von Zichorienwurzeln sind? Entdeckt um 1870 von belgischen Bauern, die Zichorienwurzeln im Gewächshaus einlagerten. In den folgenden Wintermonaten trieben Knospen aus.

... aus Zichorienwurzeln früher Zichorienkaffee hergestellt

wurde? Er wurde in Malz-, Gersten- und Bohnenkaffee gemischt und zum Färben von Soßen und Getränken verwendet.
... Spinat nicht wirklich so viel Eisen enthält? Der angeblich hohe Gehalt entstammt einem Druckfehler in einer weithin bekannten Nährwerttabelle. Aus 2,2 wurden 22 Milligramm, und fleißig abgeschrieben.
... der Begriff Gemüse von »Mus« abgeleitet sein soll? Es wurde früher für gekochte Breie aus Nutzpflanzen gebraucht – egal ob aus Obst, Gemüse oder Getreide.
... Capsaicinoide, die Paprika und Chilischoten scharfmachen, nach nichts schmecken? Sie machen nur scharf, indem sie Nervenendigungen in der Zunge reizen, die Wärmereize erkennen. Schärfe wird nämlich nicht über Geschmacks- sondern über Wärmerezeptoren vermittelt. Chilis erzeugen also genau genommen eine »thermische Täuschung«.
... die Schärfe von Chilischoten in Einheiten gemessen wird? Die Skala dazu stammt von dem Pharmakologen Wilbur L. Scoville anno 1912. Nach Scoville-Skala hat Gemüsepaprika 0–100 Scoville, Pepperoncini 10–100 und Tabascosoße 2500–5000.
... die vier Pfeffersorten von einer einzigen Pflanze stammen? Grün sind die unreif gepflückten, schwarz die in der Sonne getrockneten Körner. Weißer Pfeffer wurde zwei Wochen in Wasser eingeweicht, sodass die schwarze Hülle abgeht. Roter ist in Essig eingeweicht.
... Maggi-Suppenwürze aus pflanzlichen Eiweiß hergestellt ist? Früher wurde auch Liebstöckel dazu verwendet, weswegen er auch Maggikraut heißt.

Unser Obstkorb

»An apple a day keeps the doctor away.« In alten Volksweisheiten liegt oft viel Wahres, Dass ein Apfel am Tag den Arzt fernhält, wie man hierzulande wie bei unseren britischen Nachbarn schon so lange weiß, hat inzwischen auch seine wissenschaftlich Bestätigung gefunden. In Obst, und besonders Äpfeln, steckt eine Palette wichtiger Stoffe für unsere Gesundheit.

Mit Frucht- und Traubenzucker erhält man leicht verdauliche Kohlenhydrate und damit einen schnellen Energieschub. Ballaststoffe, wie beispielsweise das Pektin, kurbeln die Verdauung an und helfen, Darmkrebs vorzubeugen und einen erhöhten Blutfettspiegel zu senken. Die vielen Vitamine, besonders Vitamin C, und sekundären Pflanzenstoffe schützen vor den schädlichen Wirkungen freier Radikale und stärken das Immunsystem.

Mit Obst und Gemüse lässt sich aktive Gesundheitsvorsorge betreiben – fünf Portionen am Tag, so die Empfehlung der Ernährungsmedizin, genügen. Was jeweils einer »Handvoll« entspricht und wo beispielsweise ein Apfel bestens hineinpasst.

Doch servieren wir uns mit Vitaminen, Ballast- und Mineralstoffen nicht zugleich auch Pflanzenschutzmittel und andere Schadstoffe? Eine Frage, die sich viele stellen und die keineswegs unberechtigt ist. Ob Äpfel oder Zitrusfrüchte – Obst kann mit Schadstoffen belastet sein. Das zeigt sich nicht zuletzt alle Jahre wieder im Frühling, wenn die ersten Erdbeeren aus Spanien oder Marokko bei uns auf den Markt kommen. Die alarmierenden Berichte über deren Pestizidbelastung verderben so manchem die Lust – auf den doch an sich so »gesunden« Genuss. Dass, so Experten, muss nicht sein: Bei 91 % der 2003 untersuchten Früchte habe die Pestizidbelastung unterhalb der zulässigen Höchstmengen gelegen. Die Gefahr, einmal ein höher belastetes Exemplar zu erwischen, sei damit deutlich geringer, als die gesundheitlichen Einbußen durch den Verzicht auf Obst. Nicht jeder mag sich davon trösten lassen. Dem wird geraten, heimische Ware und damit nach Saison zu kaufen. Wie Untersuchungen immer wieder zeigen, ist dieses Obst geringer belastet als importiertes oder im Treibhaus gezogenes. Die beste Alternative ist jedoch der Gang zum Öko-Bauer: Bio-Obst weist deutlich weniger Rückstände von Pflanzenschutzmitteln auf.

Beruhigend gesunder Genuss sowie Qualität haben allerdings ihren Preis. Den gerade hierzulande wenige zu zahlen bereit sind. Im Vergleich zu anderen europäischen Ländern wird in Deutschland weniger Wert auf Qualität gelegt als auf einen günstigen Preis. Obst zum Spartarif – große Ansprüche darf man da nicht haben, wie der Fruchthandelsverband moniert. Der Preis dafür, dass billig nur recht ist. Und dass jedes Obst rund ums Jahr zu haben ist.

Warum die Banane krumm ist …

Die gelben Früchte sind krumm, weil sie an den Stauden zuerst nach unten wachsen. Nach kurzer Zeit drehen sie sich dann nach außen und nach oben, dem Licht entgegen. Ergebnis dessen ist die charakteristische Krümmung.

… und so gesund

Bananen haben neben Kohlenhydraten zur Energielieferung viele Vitamine und Mineralstoffe, jedoch kein Fett. Deshalb eignen sie sich so gut für Zwischenmahlzeiten: Der Zucker der Banane wird vom Körper sehr schnell aufgenommen und versorgt ihn sofort mit Energie. Ideal gegen akutes Schlappsein. Und schlechte Stimmung.

In Bananen steckt kaum Fett, aber viele Ballaststoffe. Weshalb sie zwar satt, aber nicht dick machen.

Die krummen Dinger machen bessere Laune: Die Kohlenhydrate sorgen auf Stoffwechselumwegen dafür, dass vermehrt Serotonin im Gehirn gebildet werden kann. Der Botenstoff spielt in unserem Gefühlsleben eine wichtige Rolle. Salopp formuliert: Je weniger davon im Blut kreist, desto tiefer steht das Stimmungsbarometer. Beispielsweise leiden depressive Menschen oftmals unter Serotoninmangel.

▶ Warum Sie Ihren Apfel nicht schälen
In der Apfelschale steckt ein Drittel vom Vitamin C sowie 16 % der Mineralstoffe. Auch der sekundäre Pflanzenstoff Quercetin befindet sich nur in der Schale. Diese sorgt dazu auch noch für die Zahngesundheit, denn sie durchblutet beim Kauen das Zahnfleisch und hilft so mit, Zahnfleischbluten vorzubeugen. Deshalb sollten Sie Äpfel mit der Schale essen. Aber: Zuvor gründlich mit

warmem Wasser abspülen und mit einem Tuch abreiben. Wachs und Konservierungsstoffe brauchen Sie schließlich nicht.

▶ Und warum Sie Ihn in großen Stücken essen
Äpfel sollten, ebenso wie anderes Obst, nicht zu klein geschnitten werden. Sonst werden die im Obst enthaltenen Vitamine durch verstärkte Enzym-Aktivitäten sehr schnell abgebaut. Darüber hinaus bieten sich mit den Schnitt- auch mehr Angriffsflächen für Licht und Sauerstoff – das lässt das Vitamin C im Apfel dahinschmelzen. Klein geschnitten sollte Obst schnell gegessen werden. Ein Apfel beispielsweise verliert dann bei Zimmertemperatur ganz flugs bis zu 70 % seiner Vitamine.

Pomologie

Die Pomologie ist die Lehre von den Obstarten und Obstsorten. Ein Pomologe ist also jemand, der sich im Obstgarten bestens auskennt. Beispielsweise die zahllosen Apfelsorten treffsicher unterscheiden kann – vierzig verschiedene sind bei uns im Handel. Ein Bruchteil dessen, was die Apfelzucht hervorgebracht hat. Die Sorten, die der Laie kennt, lassen sich meist an einer Hand abzählen. Gala, Jonagold, Elstar und Braeburn sind Ihnen sicher mal unter- und in den Einkaufswagen gekommen. Diese vier Sorten machen auch die Hälfte des Umsatzes hierzulande aus.

Zurück zur Obstschale. Was darin alles liegen kann, ist enorm. Weitgereiste Exoten sind heute ebenso alltäglich wie Äpfel oder Erdbeeren. Beide übrigens ebenfalls Zugereiste: Der Apfel stammt aus China, die Erdbeere hat ihre ursprüngliche Heimat in Amerika.

Zum Pomologen sollen Sie nun nicht werden, aber einen kleinen Überblick über die Vielfalt der Obstsorten bekommen. Da gibt es mal das Kernobst, zu dem beispielsweise Äpfel, Birnen, Quitten und Mispeln gehören. Steinobst hat nicht mehrere, sondern nur einen Samen. Wie Kirschen, Pflaumen, Pfirsiche, Nektarinen und Aprikosen. Kommen wir zum Beerenobst, das ein paar Überraschungen bietet. Hätten Sie gedacht, dass Kiwis dazu zählen? Und Weintrauben? Erdbeeren dagegen auf alle Fälle. Was zwar stimmt, botanisch gesehen jedoch nicht korrekt ist. Denn die roten »Beeren« sind gar keine, sondern Sammelnussfrüchte. Sie sehen, die Pomologie hat es in sich. Beim anderen Beerenobst ist es dann wieder einfacher:

Stachelbeeren, Johannisbeeren, Himbeeren, Brombeeren, Heidelbeeren – alles richtige Beeren.

Die Südfrüchte kommen, wie der Name sagt, aus südlichen oder tropischen und subtropischen Regionen. Zu ihnen gehören die wichtigsten Obstarten im weltweiten Handel: Bananen und Zitrusfrüchte. Weiterhin die Ananas, Mangos oder beispielsweise auch die Papaya.

Heimisch schmeckt am besten

Besonders bei Obst spielt die Reife eine ganz entscheidende Rolle. Erst komplett ausgereift entfaltet sich das volle Aroma, sind die wertvollen Inhaltsstoffe in optimaler Besetzung enthalten. Unreif geerntete Äpfel liefern beispielsweise deutlich weniger Vitamin C als reife. Vor diesem Hintergrund verstehen Sie, weshalb der Zeitpunkt der Ernte so bedeutend ist. Und damit die Herkunft von Obst. Denn importierte Ware wird unreif geerntet. Anders wären die weiten Transportwege nicht zu bewältigen. Über zehn Tage braucht beispielsweise ein Bananendampfer von der Karibik bis in den Hamburger Hafen. Damit die Fracht die Fahrt so übersteht, dass sie bei uns verkauft werden kann, wird sie gekühlt. Bei 12 bis 14 °C bleiben die krummen Früchte grün. Gereift werden sie dann mit Hilfe von Ethylen. Ein Gas, dass die Reifung in Gang setzt, die aus Stärke Zucker und die Banane gelb macht – auf den Zeitpunkt genau, an dem sie dann beim Händler im Laden liegen soll.

Bananen gehören ebenso wie Äpfel zu den nachreifenden Früchten. Und anders als Orangen und Zitronen oder Erdbeeren. Was einen wichtigen Unterschied macht. Nicht nur für den Handel, sondern auch für den Käufer. Denn Obst, das bei Ihnen zu

Hause nicht nachreift, aber unreif geerntet wurde, ist weniger wert. Geschmacklich wie gesundheitlich.

Deshalb sollte man wissen, was in der Schale voll ausreifen kann und was nicht. Dann lassen Sie von Import-Erdbeeren in Zukunft lieber die Finger und warten, bis die heimische Ware zu haben ist.

- Nachreifende Früchte

Äpfel, Aprikosen, Avocados, Bananen, Birnen, Feigen, Guaven, Heidelbeeren, Kiwis, Mangos, Nektarinen, Pfirsiche, Papayas, Passionsfrüchte, Pflaumen, Wasser- und Honigmelonen.

- Nicht nachreifende Früchte

Ananas, Brombeeren, Clementinen, Erdbeeren, Granatäpfel, Grapefruits, Himbeeren, Kirschen, Limetten, Limonen, Litchis, Mandarinen, Orangen, Trauben, Zitronen.

Viele Wege führen in die Obstschale

Die meisten nehmen ihren Anfang in südlichen Gefilden. Von dort kommt die Mehrheit unserer Früchte wie beispielsweise Orangen, Trauben und natürlich Bananen. Über eine Million werden jährlich nach Deutschland eingeführt – die krummen Dinger sind schließlich unsere Lieblingsfrüchte. Nach dem Apfel, der Nummer eins beim deutschen Esser, und zum Glück auch hierzulande heimisch: Mehr als die Hälfte der Äpfel wird von bundesdeutschen Bäumen gepflückt. Apfelbäume für unseren Import stehen aber auch andernorts noch viele. Doch einerlei, wie weit gereist: Im Laden kostet jeder Apfel nahezu das Gleiche. Wo der Baum stand, wirkt sich kaum auf den Preis aus. Wohl aber auf die Qualität.

- Ananas: aus Costa Rica, Honduras und von der Elfenbeinküste
- Äpfel: aus Deutschland, Italien und den Niederlanden
- Bananen: aus Kolumbien, Costa Rica und Ecuador
- Erdbeeren: aus Deutschland, Spanien und Italien
- Kiwis: aus Italien, Griechenland und Neuseeland

- Nektarinen: aus Italien, Spanien und Frankreich
- Orangen: aus Spanien, Italien und Griechenland
- Trauben: aus Spanien, Italien und Südafrika
- Wassermelonen: aus Italien, Spanien und Ungarn
- Zitronen: aus Spanien, Italien und Argentinien

Wie Ihnen Obst zu verkaufen ist

Auf der Packung von frischem Obst muss stehen:
- Verkehrsbezeichnung (wenn das Obst von außen nicht sichtbar ist), mitunter auch Sortenbezeichnung
- Nettogewicht oder Stückzahl
- Gegebenenfalls Hinweis auf Konservierungsstoffe »konserviert«, »mit Konservierungsstoff«, »konserviert mit …«
- Gegebenenfalls Hinweis auf Überzugsmittel »gewachst«
- Name und Anschrift des Verkäufers oder Verpackers
- Preis der Packung mit Angabe des Grundpreises (Preis pro Kilogramm)
- bei Nüssen gegebenenfalls eine Zutatenliste

Bei lose verkauftem Obst genügen die Angabe der Sorte, Güteklasse, Herkunft und gegebenenfalls der Hinweis auf Zusatzstoffe (S. 283).

Schönheit vor Geschmack

Besonders bei Obst lässt sich der Käufer von Äußerlichkeiten leiten. Innere Werte zählen weniger als Optik. Das ist gut, wenn es darum geht, frische Ware auf einen Blick von Ladenhütern zu unterscheiden. Hat aber auch seine Nachteile, und die sind nicht nur am Gaumen zu spüren.

Der Markt jedenfalls ist auf die Augen der Kundschaft und damit auf Schönheit fixiert. Das spiegelt sich an den europäischen Vermarktungsnormen wieder: Früchte, die nach deren Richtlinien angeboten werden, müssen einiges bieten – so genannte »Mindesteigenschaften«: Ganz sein, ohne mechanische Beschädigungen oder gar ohne Stiel. Müssen sauber sein und frei von sichtbaren Fremdstoffen wie Schmutz oder Rückständen von Behandlungsmitteln. Ebenso frei von fremdem Geruch, Geschmack und frei von Schädlingen, Fraß- oder Einstichstellen. Weiterhin müssen sie sorgfältig gepflückt sein. Natürlich auch gesund, ohne Fäulnis und vor allem auch frisch – keinerlei Anzeichen von Welke. Nicht zuletzt auch genügend reif: Nachreifende Obstarten müssen bei der Ernte so weit sein, dass sich die Reifung fortsetzen kann.

Ein Katalog an Kriterien, die festlegen, was in welche Kiste kommen darf. Ob zum anspruchsvolleren Kunden oder zum Discounter, darüber bestimmen die Handelsklassen.

Höchste, hervorragende Qualität ist »Klasse Extra«. Was gute Qualität hat, wenn auch kleine Mankos in Form, Farbe und Entwicklung, darf in »Klasse I«. In »Klasse II« kommt schließlich alles, was noch marktfähig ist und die Mindesteigenschaften hat. Aber auch so manchen Makel, der den Weg in höhere Klassen versperrt.

Erdbeeren – der Sündenfall

Einst im Paradies war es der Apfel, heutzutage sind es die Erdbeeren. Ausgerechnet das mit beliebteste Obst der Deutschen. »Fragaria ananassa« ist gefragt, das ganze Jahr über. Um den wachsenden Bedarf zu decken, wird importiert. Ein Großteil kommt aus Spanien, Italien und Polen – insgesamt 118 459 Tonnen jährlich.

Bei den »Off-Seasons«-Früchten aus südlicheren Breitengraden steht die Tauglichkeit für den Transport im Vordergrund. Drei bis zehn Tage liegen zwischen Ernte und deutschen Erdbeeressern. Diese Zeit überstehen die Beeren nur, wenn sie mit Schimmel verhütenden Chemikalien behandelt wurden. Da sie aus großflächigem Anbau stammen und so besonders anfällig für Krankheiten sind, kommt noch einiges anderes auf die Plantagen: Die Erdbeeren sind mit fünf bis sieben verschiedenen Substanzen belastet. Über 300 Chemikalien sind inzwischen auf Europas Erdbeerfeldern im Einsatz. Etliche darunter sind hierzulande verboten – eigentlich.

▸ Elegant gelöst

Jahr für Jahr das Gleiche: Die roten Früchtchen machen negative Schlagzeilen, der Verbraucher ist irritiert. Damit es dazu gar nicht erst wieder kommen kann, hat der Deutsche Fruchthandelsverband beantragt, die Grenzwerte für Chemikalien hinaufzusetzen. Schluss mit den Beanstandungen. Die Bundesregierung gab dem Antrag nach, mit der Begründung: Wenn die in Italien geltenden Grenzwerte für diese Stoffe auch bei uns eingehalten werden, besteht keine gesundheitliche Gefahr.

Somit sind nun Erdbeeren bei uns im Handel, die 30-mal mehr Tetradifon und 100-mal mehr Dichloran enthalten als im vergangenen Jahr – ganz legal. Beide Mittel werden in vielen Ländern zur Milbenbekämpfung und gegen Schimmelbefall eingesetzt, in der deutschen Landwirtschaft sind sie jedoch nicht zugelassen.

Was sich jedes Jahr im Frühjahr präsentiert, ist ernüchternd: Bei 10 % der importierten Früherdbeeren aus konventionellem Anbau wurde der gesetzliche Grenzwert überschritten, und zwar bis zum 3-fachen. Bei 70 % der Proben fanden sich besonders bedenkliche Kombinationen aus bis zu fünf verschiedenen Spritzmitteln. Nur 19 % der konventionell angebauten Erdbeeren waren ohne nachweisbare Pestizidrückstände.

Geduld lohnt sich

Es spricht einiges dafür, Import-Erdbeeren im Laden zu lassen und auf die heimischen zu warten. Ab Mitte Mai startet die Saison und geht dann mindestens bis Ende Juli, meist jedoch den ganzen Sommer über. Die regionalen Erdbeeren können reifer geerntet werden und haben deshalb das volle Aroma und einen höheren Gehalt an Vitaminen, Mineralstoffen und bioaktiven Substanzen.

- Kaufen Sie deshalb keine unreifen Früchte, zumal Erdbeeren nicht nachreifen. Unreife Erdbeeren sind nicht durchgehend rot und haben noch weiße Spitzen.
- Überlagerte, matschige Ware, faule und schimmelige Früchte

werden oft unten in der Schale versteckt. Achten Sie darauf. Auch deshalb, weil Erdbeeren mit angefaulten Stellen die anderen anstecken.
- Erdbeeren müssen schnell gegessen werden – kaufen Sie deshalb die Früchte möglichst an dem Tag, an dem Sie diese verbrauchen.
- Erdbeeren zum Selbstpflücken ist eine preisgünstige Alternative, die auch noch Spaß macht. Morgens ist die beste Erntezeit, da die Früchte mit den Sonnenstrahlen im Laufe des Tages weich werden. Pflücken Sie nicht nach langem Regen, denn Nässe nimmt den Früchten ihr Aroma. Ernten Sie die Erdbeeren auch stets mit den Kelchblättern. So bleiben Sie länger frisch und aromatisch.

Das Wichtigste: Wenn Sie Erdbeeren pflücken, vermeiden Sie Felder, die an einer Straße liegen. Durch KFZ-Emissionen und »niederschlagsbedingte Fahrbahnabflüsse« können giftige Stoffe auf die Felder und somit auf die dort angebauten Früchte gelangen.

Die Öko-Frage

Das Erdbeer-Dilemma leitet über zur Bio-Frage. Wer sich am wenigsten chemische Spritzmittel in den Mund schieben möchte, kauft Bio-Erdbeeren. Autoabgase, Dioxin und andere Umweltgifte machen zwar keinen Bogen um das Öko-Feld. Doch im ökologischen Anbau – nicht nur von Erdbeeren – ist der Einsatz von chemischen Spritzmitteln generell verboten. So finden sich auch deutlich weniger Rückstände von Pflanzenschutzmitteln in oder besser auf der Obstschale. Bei Bio-Obst darf auch keine mineralische Stickstoffdüngung erfolgen. Das sorgt für intensiveres Aroma.

Noch ein Wort zum »integrierten Anbau«: Dabei verpflichten sich die Obstbauern, mit möglichst wenig Chemie auszukommen. Das Mitmachen ist allerdings freiwillig und wird nicht geprüft. Der Begriff »integrierter Anbau« ist nicht geschützt. So kann dieses Obst ebenso belastet sein wie das konventionell angebaute.

Ökologisch angebaute Waren erkennen Sie an den Siegeln, wie unter anderem Bioland (S. 306). Man bekommt sie inzwischen nicht nur in Bioläden und Reformhäusern, sondern auch in vielen Supermärkten.

»Unbehandelt«

Besonders wenn Sie Schalen mitverwenden möchten, sollte um Öko-Obst kein Weg mehr führen. Da im ökologischen Landbau grundsätzlich auf chemisch-synthetische Pflanzenschutzmittel verzichtet wird, sind Bio-Zitronen und -Orangen auch wirklich »unbehandelt«. Bei Früchten aus konventionellem Anbau sieht das völlig anders aus. Was Ihnen als »unbehandelt« verkauft wird, ist lediglich nach der Ernte nicht mehr behandelt worden. Am Baum hingegen, während des Wachstums, haben sie sehr wohl ihre Dosis zum Schutz vor Schädlingen, zur Schalenkonservierung und Wachse für die bessere Optik abbekommen. Die korrekte Bezeichnung müsste also lauten: »nach der Ernte unbehandelt«. Das Einzige, was bei »unbehandeltem« Obst tatsächlich fehlt, ist die Konservierung. Diese muss ansonsten gekennzeichnet werden, egal ob die Ware lose oder verpackt angeboten wird. Gesetzlich vorgeschrieben ist der Hinweis »gewachst«, »konserviert mit ...« oder »mit Konservierungsstoff ...«.

Laut Lebensmittelrecht dürfen »unbehandelte« Früchte weder beim Anbau noch nach der Ernte mit Pflanzenschutz-, Schalenkonservierungsmitteln oder Wachsen behandelt werden.

▶ Schadensbegrenzung zu Hause

- Waschen Sie Obst immer gründlich mit Wasser. Empfindliche Früchtchen vorsichtig unter lauwarmem Wasser, Äpfel und andere kernige Obstarten vertragen es auch heißer.
- Früchte müssen dann nicht mehr geschält werden. Besonders in und unter der Apfelschale sitzen viele Vitamine und sekundäre Pflanzenstoffe.

• Zitrusfrüchte müssen Sie erst schälen, dann waschen Sie sich gründlich die Hände. Erst dann zerteilen Sie die Frucht. Sonst übertragen Sie mit den Fingern die Chemikalien von den Schalen auf das Innere.
• Wenn Schalen von Zitrusfrüchten für Getränke oder zum Backen verwenden wollen, kaufen Sie grundsätzlich nur ökologisch angebaute Früchte.

Wie die biologische Uhr langsamer tickt

Um den natürlichen Verfall so weit wie möglich hinauszuzögern, hat man sich schon früh einiges einfallen lassen. Konservieren hat eine lange Tradition (S. 301). Auch die Lagerung bestimmt mit darüber, wie lange Lebensmittel haltbar sind.

Künstlicher Schlaf hält frisch

Nach der Ernte verändert sich Obst – reift nach und altert. Was es nicht soll, jedenfalls nicht zu schnell. Denn Obst, ob heimisch oder eingeführt, hat das ganze Jahr über verfügbar zu sein. So frisch wie es geht.

Deshalb legt man beispielsweise Äpfel künstlich schlafen: Nach der Ernte im Herbst kommen sie in CA-Lagerräume. Steht für Controlled Atmosphere, zu deutsch kontrollierte Atmosphäre und hält die Äpfel frisch. Der Alterungsprozess verlangsamt sich, weil den Äpfel wortwörtlich die Luft ausgeht. In der abgeschlossenen Kühlzelle veratmen sie nach und nach den Sauerstoff der Luft. Ist keine Atmung mehr möglich, fallen die Äpfel in künstlichen Schlaf. Dann können sich keine Inhaltsstoffe mehr abbauen. Und auch keine Mikroorganismen einnisten, die den allfaltigen Verderb vorantreiben würden.

Eine Variante sind die Ultra-Low-Oxygen-Lager, die von vornherein extrem wenig Sauerstoff enthalten. Hier bleiben Äpfel bis weit ins nächste Jahr nach der Ernte knackig frisch.

In CA-Lagern wird häufig auch das natürliche »Reifungsgas« Ethylen entfernt, das die Äpfel altern lässt.

Lagerung zu Hause

Wie die Profis können Sie Obst nicht lagern. Dennoch lässt sich auch im privaten Bereich dafür sorgen, dass Früchte länger frisch bleiben.

Für Äpfel und Birnen eignen sich Regalbretter und Obstkisten gut: Darin können Sie diese lagenweise stapeln. Eine Folie über dem Regal hält Feuchtigkeit fern. Früchte mit Druckstellen, Fraßspuren von Insekten, braunen oder schimmligen Stellen müssen Sie aussortieren.

Wer keinen kühlen Keller oder eine Speisekammer hat, kann sein Obst in verschließbare Folienbeutel aus Polyethylen (PET) packen. Sie verhindern das Austrocknen und reichern zugleich das von den Früchten ausgeatmete Kohlendioxid an: Auch so entsteht eine sauerstoffarme Atmosphäre, die Reifungs- und Alterungsprozesse verlangsamt. Legen Sie die Beutel in einen kühlen, möglichst dunklen Raum und entlüften sie gelegentlich mit Nadelstichen.

Wenn Sie Obst zum baldigen Essen in eine Schale legen, sollte es abgedeckt werden. Fruchtfliegen sind überall: Sie saugen Saft, übertragen Hefe- und Fäulnisbakterien und legen ihre Eier auf das Obst. Für den Menschen zwar unschädlich, die Früchte verderben jedoch schneller. Ein gutes Hausmittel gegen Fruchtfliegen ist übrigens die »Essigfalle«: Ein Glas mit Essig und Wasser zu gleichen Teilen füllen, einen Tropfen Spülmittel dazu und in oder neben die Obstschale stellen.

Einige Obstsorten wie Äpfel verströmen das natürliche Reifungsgas Ethylen. Es lässt grüne Pflanzenteile vergilben und Obst und Gemüse schneller altern. Deshalb sollten Äpfel immer in einigem Abstand zu ethylenempfindlichen Arten wie Birnen, Broccoli, Blumenkohl, Gurken und Tomaten aufbewahrt werden. Ethylen-unempfindliche Arten, wie Blattgemüse, Lauch und Pilze vertragen die Nähe von Äpfeln hingegen gut.

Sollen Bananen langsamer reifen, hängen Sie sie in einem kühlen dunklen Raum auf. Um die Reifung zu beschleunigen, wickeln sie die Banane über Nacht in eine Papiertüte.

Bananen, die noch grünlich sind, nicht in den Kühlschrank legen: Da Bananen atmen müssen, sollten sie auch nicht in Plastik, sondern in einer Papiertüte verpackt werden.

Fast wie frisch

Tiefgefrorenes Obst hat fast so viele Inhaltsstoffe wie frisches – hat dieses keine Saison, lässt sich mithin beruhigt darauf ausweichen. Die Früchte werden sofort nach der Ernte zubereitet, verpackt und bei Temperaturen von minus 30 bis 40 Grad Celsius schockgefrostet. Beim Transport vom Hersteller zum Handel durchläuft es eine ununterbrochene Tiefkühlkette. Damit bleiben Nährstoffe und Vitamine weitgehend erhalten.

Enthält Tiefkühlobst Zucker oder Zuckerarten (Dextrose, Stärkesirup, Zuckerlösung) muss das mengenmäßig auf der Packung angegeben sein.

Obst aus Konserven

Für Glas und Dose wird Obst durch Pasteurisieren (über 80 Grad Celsius) oder Sterilisieren (über 100 Grad Celsius) haltbar gemacht. Luftdicht verschlossen gleich für mehrere Jahre. Das ist der Vorteil daran. Der Nachteil sind die Verluste an wertvollen Inhaltsstoffen: Vitamine schwinden gleich um die Hälfte, Mineralstoffe halten sich etwas besser. Dennoch ist Dosenobst keineswegs ein Ersatz für frische Früchte. Nicht vergessen werden darf, dass – außer im ungezuckerten »Dunstobst« – jede Menge Zucker unter dem Deckel und in der Dose steckt. In der Aufgussflüssigkeit können neben Zucker auch noch Farb- und Geschmacksstoffe, Essigsäure und Salze schwimmen. Die üblichen Zuckerkonzentrationen im Saft sind: »sehr leicht gezuckert« 9–14 Gramm je 100 Gramm, »leicht gezuckert« 14–17 Gramm je 100 Gramm, »gezuckert« 17–20 Gramm je 100 Gramm und »stark gezuckert« über 20 Gramm je 100 Gramm. Handelt es sich bei der Flüssigkeit um Fruchtsaft der eingemachten Obstart, muss auf der Packung »… in eigenem Saft« stehen.

Aufgestrichen angeschmiert

Bei Marmeladen, Konfitüren und anderen Brotaufstrichen ist selbst gemacht immer noch am besten. Dass sich die Mühe lohnt, zeigt der Blick auf die Zutatenlisten der Mixturen aus dem Supermarkt: Zucker steht meist an erster Stelle, ist mithin am meisten enthalten. Was darauf folgt sind, wenn Sie Glück haben, Saft, wässrige Fruchtauszüge oder Fruchtpülpe – stückiges Obstfruchtfleisch. Ansonsten kommen auch mal die chemischen Helfer vor der Frucht. Wer sich gute, geschmacklich wie gesundheitlich, fertige Produkte aufs Brötchen streichen möchte, muss hochwertig einkaufen. Damit auch teurer.

Auf Bio-Konfitüre können Sie im Übrigen nicht zurückgreifen. Die gibt es nämlich nicht – aus rein begrifflichen Gründen. Denn für Konfitüren hat der Gesetzgeber weißen Zucker vorgeschrieben. Den lehnen Bio-Einmacher ab und nehmen stattdessen Rohrohrzucker, Apfeldicksaft oder Agavendicksaft. Deshalb dürfen ihre Produkte nur als »Fruchtaufstrich« ins Regal. Und die holen Sie sich dann: Denn mit Fruchtaufstrichen streichen Sie sich wirklich Frucht aufs Brot. Weshalb Sie weniger gut haltbar und, einmal geöffnet, in wenigen Tagen zu essen sind. Was angesichts des guten Geschmacks meist kein Problem darstellt.

Marmelade dürfen nur Erzeugnisse aus Zitrusfrüchten heißen. Alles aus anderen Obstarten muss sich Konfitüre oder Gelee nennen.

Trockenobst: Nährstoffe geballt

Trocknen ist eine der ältesten Methoden zur Konservierung. Was daraus schrumpelig hervorgeht, enthält nur noch ein Viertel an Flüssigkeit. Dafür reichlich wertvolle Inhaltsstoffe: Der Entzug von Wasser stoppt die Vermehrung von Bakterien und konzentriert die Nährstoffe. Vor allem den Fruchtzucker, der je nach Frucht auf 50 bis 70 % ansteigen kann, aber auch Calium, Calcium, Phosphor und Eisen. Ballaststoffe sind bis zu sechsmal mehr enthalten, auch Beta-Karotin steckt um einiges mehr drin als in frischen Früchten. Trockenobst gilt nicht umsonst als gesunde und gute Alternative für süße Gelüste.

Keine Rose ohne Dorne: Da auch getrocknet nicht ewig hält, werden Konservierungsmittel zugegeben. Meist Schwefeldioxid, besonders bei Aprikosen: Schwefeln hat eine antibakterielle Wirkung und stabilisiert die Farbe. Worauf so mancher mit Kopfschmerzen und Reizungen der Atemwege reagiert.

Daher empfehlen sich auch hier Früchte aus kontrolliert biologischem Anbau, da diese weder schadstoffbelastet noch chemisch behandelt – vor allem nicht geschwefelt – sind.

Trockenobst, das mit Schwefeldioxid behandelt worden ist, muss entsprechend gekennzeichnet sein. Auch die Verwendung des Konservierungsstoffes Sorbinsäure ist zulässig, muss aber ebenso ausgewiesen sein.

▶ Dickzuckerfrüchte

So werden kandierte Früchte im Fachjargon genannt. Was bereits beinhaltet, wo das Problem liegt: Die zuckersüßen Früchte enthalten ordentlich Kalorien. Was ihnen so dick Zucker verleiht und sie damit haltbar macht, ist Zuckerlösung. In der werden sie gekocht und meist noch mit Zucker glasiert – der Zuckergehalt in Cocktail-Kirsche oder Orangeat kann bis zu 75 % des Fruchtgewichtes betragen. Kandierte Früchte, mit Ausnahme von Zitronat und Orangeat, dürfen zudem auch gefärbt sein. Ebenso mit Konservierungsstoffen und Schwefeldioxid behandelt.

Flüssiges Obst

Frucht im Glas finden so manche besser als auf dem Teller. Doch im Saftladen sollte man sich gut auskennen und genau hinschauen. Die Unterschiede sind gewaltig.

Was sich »Fruchtsaft« nennt, wird zu 100 % aus Früchten hergestellt. So weit, so gut. Was jedoch in der Flasche ist, wurde aus Konzentrat gemixt: 100 % Saft steckt in dem Konzentrat. Dieses wird in dem Land, in dem der Saft dann verkauft wird, mit Wasser gemischt. Spart Kosten und Platz bei Transport und Lagerung.

Wer wirklich frisch gepressten Saft in der Flasche will, nimmt Direktsaft. Mostereien verarbeiten beispielsweise Äpfel als erstes zu Direktsaft – die Grundlage für alle anderen Säfte. Hat der Direktsaft, natürlicherweise, zu wenig Zucker, dürfen 15 Gramm Zucker je Liter beigemischt werden. Farb- oder Konservierungsstoffe sind nicht erlaubt, wohl aber Antioxidationsmittel wie Pro-Vitamin A, Vitamin C und E.

»Fruchtnektar« enthält 25 bis 50 % Saft und/oder Fruchtmark, dazu natürlich Wasser und meist viel Zucker. »Fruchtsaftgetränke« haben dann nur noch 6 bis 30 % Fruchtsaft intus. Der Rest ist Wasser, meist gesüßt.

»Frisch gepresst«

»Frisch gepresst« – da denkt man an höchste Qualität, voller gesunder Inhaltsstoffe. Diese Vorstellung stimmt aber leider nur selten mit der Realität überein. Gerade wenn die Drinks schon länger herumstehen, bleibt wenig übrig von Vitaminen und Aroma. Dafür hat man eine Menge an Bakterien, Schimmelpilze und Hefen im Glas. Mit der Hygiene wird es bei den Saftpressen keineswegs genau genommen – das zeigen viele Untersuchungen. Die Geräte werden nicht gründlich genug gereinigt. Keime können sich so gemütlich vermehren. Umso besser, wenn alter Saft nicht restlos aufgebraucht, sondern kontinuierlich mit frischem aufgefüllt wird.

Mitunter ist der Saft auch gar nicht frisch gepresst, sondern wärmebehandelt. Weiterer Kritikpunkt der Saft-Tester: Rückstände von Schalenbehandlungsmitteln wie Imazalil. Das Mittel soll Früchte vor Schimmel schützen. Werden diese nicht gereinigt, ist beim Pressen schnell etwas davon im Saft.

Bequem geschmacklos

In kleinen Häppchen serviert, lässt sich auch mal der Obst-Muffel ködern. Besonders Kinder greifen lieber zu Obst in kleinen Stückchen. Aber auch Erwachsene sind schließlich bequem – darauf baut der Lebensmittelhandel gerne und erfolgreich auf. Convenience-Food (S. 265 ff.) hat enorm eingeschlagen. Die Bequem-Kost gibt es in Form aufgeschnittener Obststücke, in Plastikschalen und mit Folie verschweißt. Was unter ihr nach zwei bis drei Tagen bei Supermarktlicht liegt, hat – verloren. An Geschmack und Frische und im Test der Verbraucherschützer: zermatscht, leicht braun oder eingetrocknet. Doch nicht nur die Optik verdirbt den Appetit. Auch der Inhalt lässt zu wünschen übrig. Den mundgerechten Früchten muss auch akuter Vitamin-C-Mangel attestiert werden: Verluste bis zu 100 % sind nicht selten. Weiteres Problem des abgepackten Convenience-Obstes sind die Keime. Normalerweise schützt die Schale das Obst gegen Pilze und Bakterien. Wird der natürliche Schutzschild durch Schneiden verletzt oder ganz entfernt, bietet das Keimen einen idealen Nährboden. Pseudomonaden, eigentlich nur in tierischen Lebensmitteln vertreten, Darmbakterien, Hefen, Schimmelpilze – und das in rauen Mengen. Keine angenehme Vorstellung. Gesundheitsbewusstsein sollte also besser nicht an Obstbars gepflegt, sondern wieder selbst mit Messer oder Zähnen geübt werden. Nicht so bequem, aber in jedem Fall besser.

Süßes

Es scheint in unseren Genen zu liegen. Die Vorliebe für Süßes ist dem Menschen offenbar angeboren. Schon unsere Vorfahren verschönerten sich das Höhlenleben mit süßen Beeren. Das Relikt aus der Steinzeit hat die Menschheit über die Jahrtausende hinweg treu begleitet, wenn auch zweifelsohne mit den Epochen stetig verfeinert. So gesehen können wir also getrost zur nächsten Praline greifen: Alles nur wegen der Evolution. Denn wer weiß, ob die natürliche Auslese nicht auf uns, sondern auf ein anderes Lebewesen gefallen wäre – ohne den Treibstoff Zucker.

Seit Menschengedenken der Stoff, aus dem die Energie ist. Der die Batterien immer wieder neu auffüllt, unseren Stoffwechsel ankurbelt, die grauen Zellen füttert. Ohne Zucker läuft nichts im komplexen Räderwerk des Organismus.

Das wissen wir ganz offensichtlich, mitunter auch zu genau: 31 Kilogramm Süßwaren vernascht der Bundesbürger jährlich, acht Kilo davon als Kakao in fester Form. Im Schokoladenkonsum liegen wir mit an der Weltspitze. Entsprechend im Import von Rohkakao: 206 000 Tonnen importierte die deutsche Süßwarenindustrie laut ihrem Bundesverband im Jahr 2003.

Das Geschäft mit der süßen Lust boomt, wenn auch mit veränderten Vorzeichen. Auch diese Branche nährt sich vom Streben nach Wellness und Fitness. Naschen light liegt im Trend – ohne schlechtes Gewissen oder zumindest mit besserem …

So sind Fruchtzubereitungen und Joghurtmixturen aus »Sommerschokoladen«, Soft-Gums und Keksen längst nicht mehr wegzudenken. Und was zukünftig »vitalisierende Frische« und »sinnlichen Genuss für Körper und Geist« bringen soll, zeigt ein Rundgang über die alljährlich stattfindende Süßwarenmesse: Besinnung auf natürliche Rohstoffe von Amaranth bis Topinambur, unterstützt durch Vitamin- und Mineralbeigaben und Algenzusatz. Zurück zur Natur geht es auch mit lebensechten Insekten in transparenten Lutschern und »Gum-Gemüse«: Fruchtgummi mit Geschmack nach Tomate, Karotte oder Kürbis und im praktischen Taschenformat. »Kaut mehr Gemüse« – die etwas andere Art, sich wie angeraten fünf Portionen Obst und Gemüse täglich zu Gemüte zu führen.

Den Gaumen erfreuen, kann man auch mit gewagten Kombinationen, zum Beispiel Nussmischungen, glasiert mit Honig und Meersalz. Von solchen exotischen Varianten abgesehen, beweisen vor allem Schokoladenhersteller große Experimentierfreude. Davon zeugen so mutige Kreationen mit Rosa Pfeffer und Hot Chili, Lavendel oder Herbes de Provence, die hauchdünnen Täfelchen das gewisse Extra verleihen.

Branchen-Insider prophezeien dem Kakao einen kometenhaften Aufstieg im Gourmet-Himmel. Exquisite Editionen mit Region- und Jahrgangsbezeichnung – die mehr als 2000 Kakaosorten, die weltweit angebaut werden, bieten einen reichen Fundus. So wird der Triebtäter zum Feinschmecker.

Sehet die Zeichen ...

Der erhobene Zeigefinger bleibt nicht aus: Pro Tag und Nase konsumieren die Deutschen 100 Gramm Zucker. Ob in sichtbarer Form oder versteckt in Getränken, Konfitüren oder Desserts; in jedem Fall aber zuviel. Nicht mehr als 60 Gramm Haushaltszucker, so die Deutsche Gesellschaft für Ernährung, soll der Erwachsene täglich zu sich nehmen und auch nicht mehr als 80 Gramm Fett. Fakt ist aber laut Ernährungsbericht, der Bundesbürger isst weiterhin zu viel, zu süß und zu fett. Kein Wunder, stecken doch bereits in der 500-Milliliter-Flasche Cola 55 Gramm purer Zucker. Ein Schokoriegel von 60 Gramm kommt auf 41 Gramm.

Wohin es jenen führt, der seinen Bedarf an Kohlenhydraten statt mit Obst und Vollkornprodukten lieber süß deckt, sehen wir an der Zahl der Übergewichtigen und Diabetiker in unserem Land. Und am Fall des Richters B. aus S. Hätte der nämlich gewusst, wie viel Zucker in Cola und Schokoriegeln stecken, hätte er nicht so viel davon konsumiert. Und wäre heute nicht zuckerkrank.

So hat er die Produzenten der Zuckerlieferanten auf Schadensersatz und zur Übernahme der Folgekosten seiner Diabeteserkrankung verklagt. Sein Anwalt argumentiert, dass der Verbraucher viel deutlicher über die Inhaltsstoffe süßer Lebensmittel informiert werden müsste. Vielleicht sogar mit Warnhinweisen hinsichtlich der gesundheitlichen Risiken. Nicht so weit hergeholt. Denn was erfahren wir eigentlich über die Zusammensetzung von koffeinhaltigen Erfrischungsgetränken? Die Zutaten: »Wasser, Zucker, Kohlensäure, Farbstoff 150d, Säuerungsmittel, Phosphatsäure, Aroma, Koffein«. Was wir nicht finden, ist die Angabe »1 Liter enthält: 2410 Kilojoule, 110 Gramm Zucker und 0 Gramm Fett«. Anders auf Light-Produkten. Hier lesen wir den Kalorien, Zucker- und Fettgehalt. Schließlich ist das ein Verkaufsvorteil: Was den Umsatz fördert, wird nicht verschwiegen.

Surrogat der Lust

Zucker enthält kaum wichtige Vitamine und Mineralstoffe, dafür aber reichlich Kalorien. Deshalb machen Süßigkeiten dick, die Zähne kaputt und am Ende wohlmöglich auch noch Pickel. Das wollen wir Verbraucher nicht und das wissen die Lebensmittelhersteller. Und kreieren Produkte, deren süßer Geschmack nicht von Zucker, sondern von Süßstoffen stammt. Teils synthetische, teils natürliche Plazebos, die das süße Sehnen stillen und dabei keine oder nur sehr wenig Energie liefern. Was die Geschmackspapillen der Zunge täuscht, muss laut Gesetz auf der Verpackung gesüßter, zuckerfreier Produkte stehen: Unter dem Vermerk »mit Süßungsmitteln«, die dann einzeln aufgeführt werden. Um die gesundheitliche Unbedenklichkeit der Stoffe zu gewährleisten, hat die Weltgesundheitsorganisation (WHO) bestimmte Tagesmengen festgelegt, die als unschädlich gelten: Für jeden Süßstoff eine eigene Maximaldosis. Von Experten so berechnet, dass ein Mensch die Ration sein Leben lang täglich zu sich nehmen kann, ohne seine Gesundheit zu gefährden (ADI-Wert, S. 286ff.).

Dieser Grenzwert kann bei einzelnen Stoffen aber schnell erreicht werden. Schließlich werden Süßstoffe in einer Vielzahl von Lebensmitteln verwendet. Anfang 2005 kamen noch zwei neue dazu: Sucralose und Aspartam-Acesulfamsalz, eine Kombination aus zwei bereits zugelassenen Süßstoffen. Sucralose wird als bislang erster Süßstoff aus Zucker gewonnen, ist aber bis zu 600-mal süßer und enthält keine Kalorien. Unter der Handelsmarke Splenda ist der Ultrasüßer bereits in den USA auf dem Markt und vor allem bei den Low-Carb-Anhängern beliebt.

Saccharin, Aspartam und Co. haben eine vielfach stärkere Süßkraft als Haushaltszucker – ganz zu schweigen, wenn sie miteinander kombiniert werden.

»Kann bei übermäßigem Verzehr ...«

Süßstoffe müssen folgende Angaben tragen:

- Verkehrsbezeichnung, mit der Angabe »auf der Grundlage von ...« ergänzt durch den oder die Namen der verwendeten Süßungsmittel
- bei mehr als 10 % Zuckeraustauschstoffen der Hinweis »kann bei übermäßigem Verzehr abführend wirken«
- bei Mitverwendung von Aspartam der Hinweis, dass Phenylalanin enthalten ist
- Füllmenge nach Gewicht oder Volumen, bei Tabletten die Stückzahl
- Mindesthaltbarkeitsdatum
- Name und Anschrift des Herstellers, Verkäufers oder Verpackers
- Zutatenliste bei mehr als einer Zutat

Lebensmittel, die Süßstoffe enthalten

- »mit Süßungsmittel/n«
- »mit einer Zuckerart und Süßungsmittel/n«
- bei Verwendung von Aspartam »enthält eine Phenylalanin-Quelle«

Umstrittenes Täuschungsmanöver

Für die einen unbedenklich, für die anderen möglicherweise gesundheitsschädlich – in Expertenkreisen steht man Süßstoffen kontrovers gegenüber. Verbraucherschützer indessen warnen. Vor allem, weil der Körper auf die Süßmacher mit gesteigertem Appetit reagieren kann. Und somit mit dem Gegenteil des Gewünschten: Übergewicht anstelle Gewichtsverminderung. Nächster Kritikpunkt: Je mehr süße Lebensmittel, vor allem mit Süßstoff gesüßte, desto höher liegt die Messlatte für süß. Und desto schwerer haben es zuckerfreie Lebensmittel mit unserem Geschmackssinn. Kindern mit Süßstoffen gesüßte Naschereien zu geben, ist insofern ein Schuss in die verkehrte Richtung. Die intensive Süße der künstlichen Stoffe erhöht schon früh die Geschmacksschwelle für süß, was den Verzehr von süßen Lebensmitteln in späteren Jahren fördert. Dazu kommt, dass Kinder aufgrund ihres geringen Gewichts viel schneller die Grenzwerte erreichen – die sinnigerweise nur für Erwachsene berechnet wurden.

Also wenden wir uns besser von der Kopie ab und dem Orginal zu. Dem Lockstoff für die Geschmacksnerven schlechthin, über die Jahrhunderte unübertroffen in seiner Anziehungskraft.

Die zarteste Versuchung ...

... seit es Kakao gibt: Schokolade, Kakaobohnenpulver in seiner festen Form. Mit den Conquistadores kam die Kakaobohne in die Alte Welt. Hier diente sie der Stimulation des Geistes und der körperlichen Leistungsfähigkeit ebenso wie der Libido: Kakao war ein begehrtes Lustmittel. Was sich heute allmählich offenbart, wussten unsere Vorfahren längst ... Doch dazu später.

Um das »Manna von Caracas« ranken sich viele altamerikanische Mythen. Sie erzählen von der himmlischen Herkunft des Kakao, der »Speise der Götter«. Und so lautet der botanische Name des Kakao auch »Theobroma«, Götterspeise. Bei den Ureinwohnern Mexikos, der ursprünglichen Heimat des Kakaobaumes, dienten dessen Samen als Grundlage eines schäumenden, scharfen und gesalzenen Getränks: Kakahuatl, eine bis heute beliebte, für europäische Gaumen allerdings ungewöhnliche Zubereitung. Mit Maismehl und Honig vermischt und plattgewalzt wurde Kakaopulver zu Xokolatl – dem Urahn unserer Schokolade. Deren Name verweist noch immer auf die aztekische Herkunft.

Die süße Variante des Kakao, wie wir ihn heute kennen, ist ein Rezept spanischer Nonnen aus dem 16. Jahrhundert.

»Versuchung des Teufels«

Die vom Klerus einst so geschmähte stimulierende Wirkung hält ungebrochen an. Erweckt bei Millionen von Menschen immer wieder aufs Neue Verlangen. Heute ist bekannt, weshalb: Theobromin, der Hauptwirkstoff im Kakao, löst die Freisetzung von körpereigenen Luststoffen, den Endorphinen aus. Was offensichtlich – Schokoholics wissen dies zu bestätigen – abhängig machen kann. Ebenso wie ein anderer Kakaostoff, das Phenethylamin. Das schüttet das Gehirn in Kaskaden ins Blut, wenn wir über beide Ohren verliebt sind. Und genau das suchen jene, die sich die »teuflische Versuchung« auf der Zunge zergehen lassen. Nicht umsonst schnellt die Lust auf Schokolade in Zeiten des Trübsinns, so auch bei Liebeskummer, signifikant in die Höhe.

Genießen ohne Reue

Plädoyer für Schoko-Fans: Im Kakao steckt einiges an Gutem für die Gesundheit. Flavanole nämlich, die auch in Rotwein und Tee enthalten und der Grund für deren positiven Effekte sind. Nun erfährt auch die Schokolade ihre Rehabilitation – in Maßen genossen. Die Flavanole schützen vor allem Herz und Gefäße. Sie senken ebenso wie die Polyphenole im Wein den Gehalt an LDL-Cholesterin und wirken sich bei erhöhtem Blutdruck positiv aus. Darüber hinaus haben sie antioxidative Eigenschaften, reduzieren also die schädlichen Effekte freier Radikale.

Freuen können sich darüber allerdings nur die Liebhaber von Bitterschokolade – je dunkler die süße Medizin, desto wirksamer. Denn je höher der Kakaogehalt, desto mehr Flavanole hat die Schoko. Milchschokolade ist deshalb zur Vorbeugung wenig empfehlenswert. Nicht nur, weil sie mehr Fett enthält und in Folge mehr Kalorien. Vor allem aber blockiert Milch die Aufnahme der guten Schokostoffe in den Körper. Den gleichen Effekt zeitigt übrigens auch ein Glas Milch. Wenn Sie dunkle Schokolade essen, sollten Sie also möglichst keine Milch dazu trinken. Forscher gehen davon aus, dass sich zwischen den Flavanolen im Kakao und bestimmten Eiweißstoffen der Milch Komplexe bilden. Diese können nicht in die Blutbahn aufgenommen werden und sind somit für den Körper nicht zu verwerten. So kann man sich fragen, ob ein italienischer Schokoladenfabrikant die Gesundheit seiner Kundschaft im Augen hatte, als er seine Marke namens »Puro« auf den Markt brachte. Die Kreation besteht aus 100 % Kakao. Sonst nichts, nicht einmal Zucker – bittere Medizin aus der Süßwarenabteilung.

In den USA wurde bereits eine Schokolade auf den Markt gebracht, die besonders viele Flavanole enthält – Naschen mit Nutzwert.

Schokologie

Nun ein wenig Theorie, braune statt graue. Nach der Ernte werden die Kakaobohnen fermentiert, geröstet und mittels schwerer Walzen gebrochen, um die Schalen abzutrennen. Der dabei entstehende Kernbruch wird in der Kakaomühle gemahlen. Die Reibungswärme macht die Sache dann flüssig und die Kakaobutter tritt aus den Zellen aus. Jetzt werden der Kakaomasse die weiteren Zutaten unterrührt. Neben Zucker und Milchpulver abhängig vom gewünschten Endprodukt Nüsse, Gewürze sowie verschiedene Aromastoffe. Durch Mischen und Kneten wird die Schokoladengrundmasse homogen. Danach geht es erneut in die Walze: Durch mehrstufiges Walzen werden die Schokoladenpartikel klitzeklein und fein zerkleinert.

Jetzt folgt die Endveredelung, das so genannte Conchieren. Hier hat jeder Hersteller sein eigenes Verfahren – das Geheimnis seiner Schokolade. Grob gesagt findet beim Conchieren zwar nicht mehr statt, als tageslanges Reiben, Kneten und Rühren der Schokomasse. Doch je nach Temperatur und Bearbeitungsdauer variieren Konsistenz und Aroma. Auch wie fein der Schmelz später ist, hängt vom Conchieren ab. Hat die Masse die richtige Fasson erhalten, soll sie Form annehmen. Stufenweise gekühlt und dann wieder leicht erwärmt wird sie in Tafeln oder andere Formen gegossen.

»Kakaomasse« – ein schwarzes Loch

Voraussetzung für eine schön anzusehende und gut schmeckende Schokolade ist hochwertiges Fett. Sind die Fettkristalle gleichmäßig verteilt, bringt das seidigen Glanz und zarten Schmelz. Und, die richtige Knackigkeit – am Knacken lässt sich die verwendete Fettsorte erkennen. Ertönt ein harter Klang, deutet dies auf Kakaobutter hin. Ein so feines Schokogehör ist jedoch Kennern der süßen Szene vorbehalten. Der Laie muss sich mit dem Blick auf die Zutatenliste begnügen. »Kakaomasse« bekommt er hier zu lesen – eine Mixtur aus Kakaopulver und Fett. Welches, weiß jedoch nur der Hersteller. Kakaobutter allein steckt leider nur noch in wenigen Tafeln.

Was Sie unter dem Papier erwartet

Schokoladensorte	Kakao-trockenmasse In %	Kakao-butter In %	Milchtrocken-masse In %	Milchfett In %
Schokolade	mind. 35	mind. 18	–	–
Milchschokolade	mind. 25	–	mind. 14	mind. 3,5
Haushaltsmilch-schokolade	mind. 20	–	mind. 20	mind.5
Vollmilchschokolade	mind. 30	–	mind. 18	mind. 4,5
Sahneschokolade	mind. 25	–	mind. 14	mind. 5,5
Edle/Feine Schokolade	mind. 43	mind. 26	–	–
Magermilchschokolade	mind. 25	–	mind. 14	höchst. 1
Zart-/Halbbitter-schokolade	mind. 50	mind. 18	–	–
Bitterschokolade	mind. 60	mind. 18	–	–
Schokoladenkuvertüre	mind. 35	mind. 31	–	–
Weiße Schokolade	mind. 20	mind. 14	mind. 3,5	–

Reinheitsgebot für Schokolade

Mit der Kakaoverordnung, die Ende 2003 in Kraft trat, fiel das bis dato geltende Reinheitsgebot der Schokolade. In diese dürfen heute neben dem Fett der Kakaobohne auch andere tropische Pflanzenfette. Bis zu 5 % – was die deutsche Schokoladenindustrie begrüßt hat. Verständlich, denn Palmöl oder Shea-Butter sind auch billiger als Kakaobutter.

Welches Zusatzfett in der Schoko steckt, muss ausgewiesen sein, um »ausreichende Verbraucherinformation zu gewährleisten«. Schließlich ist der »Schutz vor Irreführung und Täuschung« erklärtes Ansinnen der Verordnung. Den Hinweis »enthält neben Kakaobutter auch andere pflanzliche Fette« sucht man aber oft vergeblich auf der Packung.

Dass die europäische Schokoladenindustrie das vereinheitlichte EU-Schokoladenrecht aktiv mitgestaltet hat, ist vor diesem Hintergrund nicht uninteressant. Ebenso wenig, dass sich italienische und spanische Schokomacher gegen Fremdfette in der Schokolade stark machen: In beiden Ländern ist es verboten, Schokoladenerzeugnisse, die neben Kakaobutter auch andere pflanzliche Fette enthalten, als »Schokolade« zu handeln. Was in allen anderen 13 Mitgliedsstaaten der EU erlaubt ist, muss in Italien und Spanien »Schokoladenersatz« heißen.

Fertige Trinkschokoladezubereitungen wie Kaba oder ähnliche Mixturen sollten tabu sein. Sie enthalten außer Unmengen an Zucker kaum Kakao.

Auf die Packung muss

- Verkehrsbezeichung
- bei Zusatz von anderen Fetten als Kakaobutter »enthält neben Kakaobutter auch andere pflanzliche Fette«
- bei gefüllter Schokolade Hinweis auf die Art der Füllung
- Angabe der Kakaobestandteile »Kakao:…% mindestens«
- Füllmenge nach Gewicht ab 50 Gramm, Stückzahl bei Packungen

- Mindesthaltbarkeitsdatum
- Zutatenliste
- Name und Anschrift des Herstellers, Verkäufers oder Verpackers

Leise rieselt die Schokolade
Winzig kleine Schokokügelchen mit flüssigen Aromen im Gepäck – eine der vielen Ideen der Schokologen. Ausgedacht hat sich das diesmal ein Forscherteam am Lehrstuhl für Verfahrenstechnische Transportprozesse der Universität Bochum. Verheißt wenig Genuss, soll jedoch eine wahre »Geschmacksexplosion« erzeugen. Für das aromatisierte Schokoladenpulver vermengen die Forscher geschmolzene Schokolade mit flüssigem Aroma und leiten unter hohem Druck Kohlendioxidgas ein. Der Schokoschnee schmilzt schlagartig und macht den Mund voll mit Schokolade und Frucht – so stellt man sich das jedenfalls vor. Praktische Anwendung in Lebensmitteln fand sich bislang keine auf dem Markt. Die Blüten, die der süße Entdeckergeist mitunter treibt, sind den Herstellern anscheinend doch zu bunt.

Die Ursubstanz

Grundstoff allen süßen Schlemmens ist der Zucker, gewonnen aus Zuckerrohr. Neben dem süßen Gras dienen als Quelle auch Zuckerrüben. Chemisch und physikalisch ist zwischen Rüben- und Rohrzucker kein Unterschied: Bei beiden handelt es sich um Saccharose, einen Zweifachzucker. Der besteht zur Hälfte aus Traubenzucker, der Glukose und Fruchtzucker, Fruktose.

Über die vielen verschiedenen Zuckersorten entscheiden Bearbeitungsverfahren, Form und Farbe.

- Raffinade

Am stärksten bearbeitet, damit auch am weitesten vom natürlichen Urspung entfernt, ist raffinierter Zucker – ein Weißzucker höchster Qualität, wie der Vermerk »EWG-Qualität I« ausweist.

Raffinade gibt es als Kristallzucker grob, mittel und fein gemahlen, als Hagelzucker und eckig gepresst als den allseits bekannten Würfelzucker.

- Zucker

Weniger fein und auch Weißzucker genannt. Diese Sorte hat die EWG-Qualität II und ist die billigste im Handel.

- Würfelzucker

Raffinade, brauner Zucker oder Rohzucker mit Wasser angefeuchtet, zu unterschiedlichen Größen wie Formaten geformt und dann getrocknet.

- Kandiszucker, »Kandis«

Sammelbegriff für sehr grob kristallisierten Zucker – die Körner messen zwischen 7 und 35 Millimeter. Weißer Kandis entsteht beim langsamen Abkühlen einer klaren Zuckerlösung, brauner aus teilweise karamellisierter Zuckerlösung.

- Puderzucker, »Staubzucker«

Sehr fein vermahlene Raffinade, bei der die Kristalle nicht mehr fühlbar sind.

- Hagelzucker

Grobkörniger Zucker aus granulierter Raffinade.

- Gelierzucker

Raffinade mit Zusätzen von Geliermitteln, meist Pektinen aus Obst, Zitronen- oder Weinsäure – das süßt und geliert zugleich.

- Vanillezucker

Mischung aus Kristallzucker und echtem, fein geriebenen Vanillemark. Im Vanillinzucker dagegen steckt Vanillin-Aroma, ein naturidentischer Aromastoff.

- Einmachzucker

Grobkörnige Raffinade, die sich langsamer auflöst und weniger schäumt als normaler Zucker – jedoch ohne Gelierhilfen.

- »Brauner Zucker«

Sammelbegriff für verschiedene braune Zuckerarten. Der typische Geruch und Geschmack kommt durch karamellhaltige Sirupe oder Begleitstoffe aus Zuckerrübe oder -rohr.

- Kandisfarin, »Farin«

Hell- bis dunkelbrauner feinkristalliner Zucker, der seine besonderen geschmacklichen Eigenschaften karamellhaltigem Sirup verdankt.

• Rohzucker
Auch als Roh-Rohrzucker oder Rohr-Rohzucker im Handel und überwiegend aus Zuckerrohr. Die braune Farbe kommt durch Melasse.
• Vollzucker
Aus getrocknetem Saft von Zuckerrüben oder Zuckerrohr. Anders als bei braunem Rohzucker wird die Melasse nicht entfernt, sondern der Zuckersaft vollständig eingedickt und getrocknet. So bleiben alle Mineralstoffe des Zuckerrohr- oder Zuckerrübensaftes erhalten.

Die Rohstoffe

In der Natur kommen verschiedene Zucker vor:
• Dextrose, auch Glukose oder Traubenzucker genannt, steckt in allen süßen Früchten und im Honig, meist gemeinsam mit Fruktose. Industriell kann Glukose aus Stärke von Mais, Weizen oder Kartoffeln hergestellt werden. Verglichen mit Zucker, Saccharose, beträgt die Süßkraft 70 %.
• Fruktose, der Fruchtzucker, kommt ebenfalls in vielen süßen Früchten und in Honig vor. Die Industrie stellt Fruktose aus Saccharose oder Stärke her. Verglichen mit Zucker ist die Süßkraft am höchsten – etwa 120 %. Fruchtzucker eignet sich als Zuckeraustauschstoff für Diabetiker, da er unabhängig vom Insulin verwertet werden kann.
• Laktose ist der Zucker der Milch, ein Zweifachzucker aus Glukose und Galaktose. Industriell wird er aus Milcherzeugnissen wie Molke oder Molkenkonzentraten gewonnen. Milchzucker besitzt nur eine Süßkraft von 30 % und findet in Babynahrung sowie zur Regulierung der Verdauung Verwendung.

• Ahornsirup
Eingedickter Saft des Zuckerahorns – für einen Liter Sirup braucht man an die 40 Liter Saft, womit sich der hohe Preis erklärt. In Ahornsirup stecken rund 67 % Zucker (überwiegend Saccharose, in geringen Mengen auch Fruktose und Glukose).
• Rüben-Sirup
Auch als Rübenkraut, Rübensaft und Zuckerkraut bekannt und eingedampfter Saft aus Rübenschnitzeln. Der enthält etwa 62 %

Zucker und reichlich Mineralstoffe – insofern eine fruchtig-aromatische Alternative zu Honig.

- Malzextrakte

Auszüge aus Gerstenmalz, die neben gelösten Eiweißstoffen ein Gemisch von Malzzucker, Traubenzucker und Dextrinen enthalten. Die zähen, klebrigen Extrakte besitzen nur eine Süßkraft von 40 %.

Who's who im süßen Sortiment

Was die Süßwarenindustrie herstellt, ist weitgefächert: Kakao- und Schokoladeerzeugnisse, Zuckerwaren, Speiseeis und Invertzuckercreme sowie bestimmte feine Backwaren. Was es mit den Schokoladen auf sich hat und woraus diese bestehen, haben Sie bereits gelesen.

Noch bunter, im wahrsten Sinn des Wortes, geht es bei den Zuckerwaren zu. Bonbons, Lakritz, Trüffel, Konfekte, Lutscher, kandierte Früchte, Brausepulver, Gelee- und Gummidrops – die gesamte Palette. Die nur eines eint: Ihr süßer Geschmack. Der, anders als der Name impliziert, keineswegs stets vom Zucker rührt, sondern auch von Süßstoffen und anderen süßen Grundzutaten.

Das Konfekt der Haremsdamen

Auch Marzipan ist eine Zuckerware, wenn auch eine sehr edle und weitgereiste: Sie stammt ursprünglich aus dem vorderen Asien. Im Mittelalter kam das Naschwerk in unsere Breiten und wurde zum Inbegriff von Luxus. Hergestellt wird gutes Marzipan bis heute aus den klassischen Zutaten Mandeln, Zucker und Rosenwasser. Worauf es ankommt, ist die Mischung – die Marzipanrohmasse darf höchstens 35 % Zucker enthalten. Je mehr Mandel, desto hochwertiger. Eine Kunst, auf die man sich besonders in Lübeck bestens versteht. Die Hansestadt ist nicht umsonst die Marzipan-Metropole.

Marzipan macht mobil: Der Power-Riegel des Mittelalters. Der Kirchenlehrer Thomas von Aquin riet Frauen nach der Geburt eines Kindes zu Marzipan, um schneller wieder zu Kräften zu kommen. Wenn das kein süßer Ratschlag war?

Marzipan enthält normalerweise keine Aromen, ausgenommen Rosenwasser. Auf Geschmack gebende Zusätze wie Spirituosen, Trockenfrüchte, Fruchtzubereitungen, Butter und Kaffee wird hingewiesen. Entbitterte Mandeln, Bergmandeln und Aprikosenkerne sind in deutschem Marzipan tabu.

Persipan

Was für Marzipan zu schlecht ist, kann im Persipan recht sein. Die Billigversion von Marzipan besteht aus blanchierten und geschälten sowie entbitterten bitteren Mandeln, Aprikosen- oder Pfirsichkernen. Aber auch in Persipan darf höchstens 35 % Zucker enthalten sein.

Um Verwechslungen mit Marzipan auszuschließen, muss bei Süßwaren die Verwendung von Persipan in der Zutatenliste deklariert werden.

Nugat

Nicht zu vergleichen mit Nussnugatcreme. Denn Nugat ist um einiges edler: Enthäutete Nusskerne oder blanchierte und geschälte Mandelkerne, Zucker und diverse Kakaoerzeugnisse werden dafür fein zermahlen und gerührt. Was das Ganze so gehaltvoll, sprich enorm kalorienreich macht, ist der Zucker. Noisette hat satte 67 % Zucker intus. Die Cremes, die so viele so gerne aufs Brot streichen, sind wiederum reine Fettbomben. Das Problem daran, mal abgesehen von den Kalorien, ist die Fettqualität: Es handelt sich um Transfette und gesättigte Fettsäuren, die der Gesundheit alles andere als dienlich sind (S. 208). Gründe genug, die braunen Sünden endgültig vom Frühstückstisch zu verbannen.

Bienchens Fleißarbeit

Was die summende Belegschaft im Bienenstock fabriziert, galt bereits in vorchristlicher Zeit als ganz besonderer Saft. Honig war und ist eines der wertvollsten Nahrungs- und Heilmittel. Das süße Bienenwerk besitzt viele wertvolle Inhaltsstoffe in optimaler Zusammensetzung: Tonikum für Körper, Geist und Seele, in gesunden wie in kranken Tagen.

Honig sollte nicht über 40° Celsius erhitzt werden, da dabei wichtige Inhaltsstoffe zerstört werden. Honig zum Kuchenbacken ist insofern keine so gute Idee.

Süße Medizin
Durch seinen hohen Fruchtzuckergehalt spendet Honig rasch verwertbare Energie. Dank der Inhibine, bakterienhemmender Substanzen, wirkt er wie ein natürliches Antibiotikum, verhindert Entzündungen und Eiterbildung, desinfiziert Wunden und fördert deren Heilung. Ebenso stärkt er das Immunsystem, reguliert die Verdauung, beruhigt die Nerven und verbessert die Konzentration.

Über Aroma, Farbe und Geschmack von Honig bestimmen die Pflanzen, von denen die Bienen Blütennektar oder Sekrete aufnehmen.

Honigkunde

- Blütenhonige

Linden-, Akazien-, Heide-, Raps- oder Kleehonig stammt aus dem Nektar von Blüten. Die Benennung nach einer Pflanzenart darf nur erfolgen, wenn der Honig überwiegend den genannten Blüten oder Pflanzen entstammt und entsprechende Merkmale aufweist.

- Honigtauhonige

Waldhonig, Tannen-, Blatt- oder Fichtenhonig besteht nicht aus Blütennektar, sondern Sekreten von Pflanzen oder Insekten, die sich auf Pflanzen befinden.

- Schleuderhonig

Die am häufigsten angebotene Honigart, hergestellt durch Schleudern entdeckelter, brutfreier Waben.

- Waben- oder Scheibenhonig

Dieser befindet sich noch in den Waben, die portionsweise in den Handel kommen. Dieser Honig ist selten und entsprechend teuer, jedoch am meisten naturbelassen.

- Tropfhonig

Er wird durch Austropfen aus entdeckelten, brutfreien Waben gewonnen.

- Presshonig

Wie der Name sagt, werden hier Waben (ohne oder nur mit geringer Erwärmung) gepresst – eine Spezialität der Korbimker in der Lüneburger Heide.

Nur Gutes in der Wabe?

Als Naturprodukt ist Honig der Umweltverschmutzung, chemischen Dünge- und Insektenvernichtungsmitteln ebenso ausgesetzt wie Gemüse, Obst oder Getreide. So liegt die Frage nur nahe, wie schadstoffbelastet Honig ist.

Über die Qualität des Bienensaftes wachen mehrere Stellen: Der Deutsche Imkerbund, das Institut für Honigforschung in Bremen und die Richtlinien der Honigverordnung im Lebensmittelgesetz. Regelmäßige Kontrollen sollen Reinheit und Güte gewährleisten – sowohl des heimischen wie des importierten Honig. Das ist gut so, denn nahezu 80 % der hierzulande gehandelten Ware ist Importhonig.

Auch die Imkereibetriebe werden ständig überwacht.

Wer reinen und qualitativ hochwertigen Honig bekommen will, muss auch beim Honig dem Prinzip folgen, dass Qualität ihren Preis hat. Beim billigen Honig aus dem Supermarkt kann es sein, dass er aus verschiedenen Sorten zusammen »gepantscht« wurde, oder aber Rückstände von Herbiziden und andere Schadstoffe enthält.

Den besten Honig gibt es nach wie vor beim Imker. Er ist der wertvollste und frischeste und unterliegt den Qualitätskriterien des Deutschen Imkerbundes. Wenn Sie Honig im Laden kaufen, dann nehmen Sie am besten kaltgeschleuderten Honig. Hier ist gewährleistet, dass die hitzeempfindlichen Enzyme im vollen Umfang erhalten sind. Gefilterten Honig lassen Sie besser im Regal stehen, denn er enthält weniger an wertvollen Inhaltsstoffen.

Was auf das Honigglas muss

- Verkehrsbezeichnung
- Ursprungsland beziehungsweise -länder
- bei Mischungen »Mischung von Honig aus EG-Ländern/Nicht-EG-Ländern/EG-Ländern und Nicht-EG-Ländern«
- bei Backhonig der Hinweis »nur zum Backen und Kochen«
- Füllmenge nach Gewicht
- Mindesthaltbarkeitsdatum
- Name und Anschrift des Herstellers, Verkäufers oder Verpackers

Kriterien für den Kauf

Honig unter der Gütekontrolle des Deutschen Imkerbundes wird in einheitlichen Gläsern mit einem grünen Gewährsstreifen – einer Banderole – angeboten. Die Anforderungen liegen deutlich über den gesetzlich vorgeschriebenen Normen und zeugen von einer besonders schonenden Gewinnung und Behandlung durch den sachkundigen Imker.

Die Bezeichnungen »Auslese«, »Auswahl« verweisen auf besonders hochwertige Qualität, ebenso »kaltgeschleudert« oder »wabenecht«. Sie sind jedoch nicht gesetzlich geschützt. Ob der Honig hält, was er verspricht, wird auch nicht kontrolliert. Lassen Sie sich also nicht täuschen. Honig vom deutschen Imkerbund bietet weitaus mehr – nämlich garantierte Qualität.

»Kandierter« Honig

Bei der Ernte ist Honig klar und dickflüssig. Im Lauf der Lagerung können sich feine Kristalle aus Traubenzucker bilden. Der Honig »kandiert«: Vollkommen natürlich und ohne Schaden für die Qualität. Ebenso wie »Blüten«, helle Flecken auf der Oberfläche von festem Honig. Sie entstehen durch Lufteinlagerungen zwischen den winzigen Honigkristallen.

Wenn Sie kandierten Honig wieder streichfähig bekommen möchten, stellen Sie das Glas einfach ins Wasserbad. Das Wasser sollte aber nicht mehr als 40 °C warm sein, sonst leiden die Inhaltsstoffe. Diese Prozedur bringt aber keine dauerhaften Effekte. Der Honig kann wieder kristallisieren. Dann muss das Ganze von vorne beginnen.

Lagern Sie Honig kühl, trocken, dunkel und fest verschlossen – so hält er viele Monate.

▶ Invertzuckercreme

Das ist die etwas feiner formulierte Bezeichnung dafür, was früher Kunsthonig hieß.

Invertzucker ist ein Gemisch aus Trauben- und Fruchtzucker, das auch in Honig vorkommt. Es wird industriell aus Rüben- oder Rohrzucker hergestellt. Mit hinein dürfen Glukose- oder Stärkesirup, Stärkezucker sowie Honigaroma und Farbstoffe.

Abbildungen von Bienen auf den Packungen sind verboten, auch wenn die Invertzuckercreme mit Bienenhonig gemischt wurde.

Beträgt der Honiganteil mehr als 10 %, muss die zugefügte Menge ausgewiesen werden. Nicht zuletzt deshalb, weil manche Menschen allergisch auf Bienenprodukte reagieren.

Eiszeit

Das erste Speiseeis bestand aus Gletschereis, mit Honig gesüßt. Mechanische Kälteerzeugung, Ende des 19. Jahrhunderts entwickelt, brachte schließlich eine enorme Sortenvielfalt – heute hat der Lecker und Löffler die Wahl zwischen zahllosen Geschmacksrichtungen. Moderne Kältetechnik und synthetische Aromen machen es möglich: Ob Panna Cotta, Mascarpone oder Joghurt, Cappucino oder Karamell. Dennoch bleiben die Deutschen ihren Sorten treu. Seit vielen Jahren steht Vanille in der Gunst der Eisesser ganz oben, an zweiter Stelle kommt Schokolade und dann Erdbeere. Nicht eben innovativ, aber stetig. Ebenso stetig steigt der Konsum von Speiseeis: 2003 verspeiste der Bundesbürger über acht Liter, 0,6 mehr als im Vorjahr. Wobei dabei auch der Rekordsommer mitgeholfen haben mag.

Impuls-Eis

Sie holen sich ein paar Kugeln von der Eisdiele um die Ecke oder ein Magnum aus der Tankstelle. Damit geben Sie sich spontanem Genuss hin. Nennt sich denn auch Impuls-Eis: Eis im Hörnchen und am Stiel, zwischen Waffeln und in Tüten oder Bechern. Impulsiv wird aber nicht nur geleckt und gelöffelt, sondern auch aus Tuben gedrückt und aus Tüten gequetscht.

Cholesterinfrei schlecken

Gesund ist sie und ohne Salmonellengefahr – eine neue Eiskreation und eine sehr ungewöhnliche. Rapsöl liefert das Fett, Eiweiß kommt aus gemahlenen Lupinensamen. In zwei Kugeln Raps-Lupine-Eis stecken soviel mehrfach ungesättigte Omega-3-Säuren wie in einem Fisch. Für Süße sorgen Lindenblütenhonig und Zuckerrübensirup. Eigelb als »Cremigmacher« ist überflüssig, damit die latente Salmonellengefahr gestoppt. Das gesunde Eis kommt zunächst in den Geschmacksrichtungen Vanille, Nougat und Wallnuss auf den Markt. Erste Testesser zeigten sich angetan.

Den größten Marktanteil am eiskalten Genuss hat Industrieeis mit über 80 %. Selbstgemacht liegt weit abgeschlagen auf dem zweiten Platz.

Von Cremeeis bis Eiscreme

Hauptzutaten von Eis sind neben Milch und Milcherzeugnissen Eier, Zucker oder Honig, Wasser und Früchte, Butter oder Pflanzenfett. Daraus ergibt sich eine Palette an Sorten – von üppig bis leicht. Je nach Zusammensetzung und Größe schwankt der Kaloriengehalt von Speiseeis erheblich: Eis am Stiel kann zwischen 30 und über 300 Kilokalorien enthalten.

Ob Eisbombe oder nicht, darüber bestimmt vor allem der Fettgehalt. Ein Eisbecher aus Vanille-Rahmeis mit Sahne und Schokoladensoße enthält 420 kcal. Die gleiche Menge Fruchtsorbet mit frischem Obst und Joghurt hat nur 210 kcal. Dafür auch noch Vitamine, Mineralstoffe und sekundäre Pflanzenstoffe.

Wer auf seine Linie achtet, sollte sich deshalb zur Devise machen: Fruchteis statt Rahmeis, Joghurt statt Sahne, Obst statt Schokolade und Nüsse. Und, Eis nicht »mal nebenbei« naschen, sondern bewusst einplanen.

In der Reihenfolge der steigenden Kalorien:

• Fruchteis

Hauptsächlich aus Wasser, Früchten und Zucker hergestellt. Der Fruchtanteil muss mindestens 20 % betragen. Je nach Sorte auch Vitamine und Mineralstoffe, jedoch kein Calcium, da keine Milch verwendet wird. Zugesetzte künstliche Farbstoffe können allergische Reaktionen auslösen.

• Kunstspeiseeis

Hat seinen Namen von den vielen künstlichen Farb- und Aromastoffen. In der Regel steckt auch viel Zucker drin. Aber dennoch wenig Kalorien, weil kein Fett enthalten ist.

• Milcheis

Der Milchanteil beträgt mindestens 70 %.

• Eiscreme

Mindestens 10 % Milchfett.

- Cremeeis

Enthält mindestens 50 % Milch und auf 1 Liter Milch mindestens 270 Gramm Vollei oder 90 Gramm Eigelb. Entsprechend üppig ist das Ganze.

- Rahmeis

Hier kommt Sahne rein: Der Milchfettanteil beträgt daher mindestens 18 %.

Eis trägt Salmonellenrisiko. Achten Sie daher auf das Mindesthaltbarkeitsdatum – noch mindestens zwei bis drei Wochen – und gute Kühlung. Auf der Packung dürfen keine »Eisberge« sein.

Was auf die Eispackung muss

- Verkehrsbezeichnung
- unter Umständen »Joghurteis« statt Milch in der Verkehrsbezeichnung
- bei Sorten, die künstlich aromatisiert sind »mit … Geschmack« oder »Typ …«
- das Ursprungsland beziehungsweise die Ursprungsländer
- Füllmenge nach Volumen ab 200 Milliliter
- Mindesthaltbarkeitsdatum (nicht bei Speiseeis in Portionspackungen)
- Name und Anschrift des Herstellers, Verkäufers oder Verpackers
- Zutatenliste
- Genusstauglichkeitskennzeichen (wie bei Milcherzeugnissen, S. 68)

Bei lose verkauftem Speiseeis muss die Verkehrsbezeichnung auf einem Schild neben der Ware, durch einen Aushang oder auf der Speisekarte angegeben werden. Gegebenenfalls auch der Vermerk »mit Farbstoff« oder »mit Süßungsmittel(n)«.

Wussten Sie, dass …
… Honig bis zum Mittelalter das Einzige war, womit man sich im Abendland die Speisen versüßen konnte? Zucker wurde erst im 12. Jahrhundert bekannt, als Kreuzfahrer ihn aus dem Orient mitbrachten.
… Bethmännchen, das bekannte Marzipangebäck, seinen Namen von der Frankfurter Bankiersfamilie Bethmann hat? Für die wurde es erfunden und bekam obendrauf vier Mandeln, eine für jedes Kind der Familie. Nachdem ein Sohn gestorben war, wurde die Anzahl auf drei reduziert. Korrekte Bethmännchen haben also nur drei Mandeln – Pietät muss sein.
… Leibniz-Butterkekse tatsächlich nach dem Philosophen Gottfried Wilhelm Freiherr von Leibniz benannt sind?
… Lebkuchen ihren Namen vom lateinischen libum (»Fladen«) haben? Mit »Leben« hat das Adventsgebäck nichts zu tun.
… man zu gutem Rotwein keine Schokolade essen sollte? Da in beiden ähnliche Geschmackstoffe stecken, nimmt Schokolade das Rotweinaroma.
… Fürst-Pückler-Eis nach dem Fürsten Hermann von Pückler-Muskau benannt ist?
… Magnum-Eis einen Schokoladenanteil von 25 Gramm hat? Das ist eine Viertel Schokoladentafel.

Fette und Öle

»Fett schwimmt oben« weiß der Volksmund. Konnte er auch über viele Generationen hinlänglich beobachten: Lässt man Milch eine Weile stehen, bildet sich eine zarte, klebrige Schicht an der Oberfläche. Rahm genannt und erstaunlich vielseitig. Cremig gerührt oder mit dem Schneebesen aufgeschlagen lässt sich daraus eine Menge zaubern, keineswegs nur Butter und Sahne.

Die Welt der Fette ist inzwischen um einiges bereichert worden. Nicht unbedingt auch reicher im Sinne von besser für die Gesundheit. Heute buhlen zahllose Fette um Käufer – von Sonnenblumen-Margarine bis Margarine »proaktiv« – darunter auch solche, die schlank machen sollen.

Den tierischen Fetten gegenüber und in der Gunst der Ernährungsmediziner weitaus höher stehen die pflanzlichen Fette: Reich an ungesättigten Fettsäuren, wichtigen Vitaminen, Mineralien und anderen wertvollen Pflanzenstoffen. Damit um einiges gesünder. Wie entscheidend es ist, in welches Fettnäpfchen man tritt, haben Forschungen der letzten Jahre zigfach bewiesen. Fett ist nicht Fett – keinesfalls nur, was die Wirkungen auf den Körper angeht.

Fett ist nicht gleich Fett

Das beweisen die USA: Das Eldorado der Low-Fat-Produkte verfettet zusehends. »Fettarm« allein kann es also nicht sein. Wir brauchen Fette – aber die richtigen. Zahlreiche Studien zeigen: Wer ins richtige Fettnäpfchen tritt, kann sich gegen Gesundheitsrisiken wappnen. Und leichter abnehmen. Was also zählt, ist was Sie sich aufs Brot streichen und über den Salat gießen.

Fette, das haben allen voran die Forschungen der letzten Jahre eindrucksvoll gezeigt, sind das Zünglein an der Waage zwischen gesund und krank. Mindestens ebenso wichtig wie die Menge ist, was wir uns aufs Brot und über den Salat gießen. Fett per se ist nicht schädlich. Gerade in Regionen, in denen fettreich gegessen wird, sind die Menschen gesünder als anderswo. Beispiel Kreta: Hier kommt täglich ordentlich Olivenöl ins Essen und hier erfreut man sich der besten Gesundheit in der ganzen EU.

Zwar sind alle Nahrungsfette, ob tierisch oder pflanzlich, nach einem Schema aufgebaut. Sie bestehen aus Glycerin und Fettsäuren: gesättigte, einfach ungesättigte oder mehrfach ungesättigte Fettsäuren. Genau hier liegt der entscheidende Unterschied. Denn je nach Grad ihrer Sättigung haben die langen Fettsäureketten unterschiedliche Wirkungen im Körper.

Gesättigte Fettsäuren kommen vor allem in tierischen Lebensmitteln vor, wie in Fleisch, Wurstwaren und Milchprodukten wie Butter, Käse, Sahne und Joghurt.

Als Faustregel können Sie sich merken: Je fester ein Fett ist, desto höher ist der Anteil an gesättigten Fettsäuren.

Gesättigte Fettsäuren sparen Sie sich künftig besser, denn sie bergen enorme Risiken. Sie erhöhen das schädliche LDL-Cholesterin im Blut und damit die Gefahr für Herz-Kreislauf-Krankheiten. Auch der Fettstoffwechsel gerät aus den Fugen. Die Folge sind Übergewicht und Stoffwechselkrankheiten wie Diabetes mellitus. Was Sie dagegen umso mehr brauchen, sind die guten Fette – die mit den ungesättigten Fettsäuren.

Einfach ungesättigte Fettsäuren wie die Ölsäure in Oliven- und Rapsöl verringern das »schlechte« LDL-Cholesterin. Sie schützen Herz und Blutgefäße, beugen Arteriosklerose vor und halten das komplexe Stoffwechselgeschehen im gesunden Gleichgewicht.

Mehrfach ungesättigte Fettsäuren haben im Vergleich zu den einfachen mehrere Bruchstellen (Doppelbindungen) in ihren Kohlenstoffketten. Weshalb sie unser Körper auch am einfachsten verarbeiten und sofort nutzen kann. Ohne sie in den Fettzellen zu lagern und damit für mehr Pölsterchen zu sorgen. Nicht nur deshalb gelten die mehrfach ungesättigten Fettsäuren heute als die Besten aller Fette: Omega-3-Fettsäuren, Alpha-Linolensäure & Co. sind wie Medizin für den Körper. Reichlich in Fischfett, Lein- und Perillaöl enthalten, beugen sie zahlreichen Erkrankungen vor. Denn sie korrigieren schlechte Blutfettwerte – senken das schädliche LDL- und erhöhen das wertvolle HDL-Cholesterin. Längst nicht alles: Die potenten Fettsäuren senken erhöhten Blutdruck, verbessern den Blutfluss, schützen vor freien Radikalen, wirken entzündungshemmend und steigern die Leistungsfähigkeit der grauen Zellen.

Aus der Konsistenz eines Pflanzenöls geht nicht hervor, ob es viele einfach oder mehrfach ungesättigte Fettsäuren enthält. Das müsste dringend auf den Produkten deklariert werden – was bislang leider nicht der Fall ist.

Ernährungsexperten empfehlen, ein Drittel der Tagesration an Fett mit mehrfach ungesättigten Fettsäuren zu decken. Das gelingt, indem Sie reichlich pflanzliche Öle und Fette in den Speiseplan integrieren. Wer dazu häufig Oliven- und Rapsöl nimmt, hat auch die Aufnahme einfach ungesättigter Fettsäuren abgesichert. Nur ein Drittel des täglichen Fetts dürfen gesättigte Fettsäuren ausmachen. Diese Menge ist jedoch nur allzu schnell überschritten. Was auch mit daran liegt, dass gerade tierische Fette gut versteckt in Fleisch, Wurst und Käse lauern – damit doppelt gefährlich.

Transfette

Margarine, Chips, Kekse, Kuchen und Schokolade – sie alle enthalten Transfette, chemisch veränderte Fette, die bei der industriellen Härtung von pflanzlichen Ölen ungewollt anfallen. Was unser Körper im Stoffwechsel mit ihnen macht, ist höchst gefährlich, besonders für die Gesundheit von Herz und Gefäßen. Deshalb streichen Sie sich besser Butter statt Margarine aufs Brot. Margarine liefert nämlich einiges an Transfetten. Absolute Spitzenreiter in dieser Hinsicht sind aber frittierte Nahrungsmittel wie Pommes, Nuss-Nugat-Cremes, Fertigsuppen und -saucen sowie fettes Gebäck wie Croissants.

Alles in Butter

Einst hat man sie sich nur zu besonderen Gelegenheiten gegönnt, heute gehört sie zum Alltag. Hergestellt wird Butter jedoch noch immer wie zu Großmutters Zeiten: Nachdem Rohmilch durch eine Zentrifuge gelaufen ist, teilt sich der Rahm in den Butterstrang auf der einen und in die Buttermilch auf der anderen Seite.

Sauer, süß oder mild gesäuert, halb- oder dreiviertelfett

Generell muss Butter mindestens 80, jedoch nicht mehr als 90 % Milchfett intus haben. Wasser darf nur zu höchstens 16 % enthalten sein und fettfreie Milchtrockenmasse (Eiweiß, Milchzucker, Mineralstoffe) zu höchstens 2 %. Liegt der Salzgehalt bei über 0,1 %, muss die Butter als »gesalzen« ausgewiesen werden. Abgesehen von diesen Grundvoraussetzungen gibt es feine, aber entscheidende Unterschiede. Was von Sachverständigen kontrolliert und entsprechend in zwei Handelsklassen unterteilt wird: Deutsche Markenbutter und Deutsche Molkereibutter.

Um »Deutsche Markenbutter« heißen zu dürfen, müssen die strengsten Kriterien hinsichtlich Geschmack, Geruch, Aussehen, Textur, Wasserverteilung und Streichfähigkeit erfüllt sein.

- Deutsche Markenbutter

Aus pasteurisierter Sahne und in Molkereien hergestellt, die amtlich dazu berechtigt sind. Jede Qualitätseigenschaft muss mindestens 4 von 5 möglichen Punkten erhalten haben.

Butter aus anderen EU-Mitgliedsstaaten darf nur als »Markenbutter« verkauft werden, wenn sie den Anforderungen der deutschen Butterverordnung entspricht.

- Deutsche Molkereibutter

Hergestellt aus Kuhmilch, daraus gewonnener Sahne oder Molkensahne. Jede Qualitätseigenschaft hat mindestens 3 von 5 möglichen Punkten erhalten.

- Landbutter

Sie wurde im Erzeugerbetrieb aus Rohmilch hergestellt und muss den Hinweis »aus Rohmilch« tragen.

- Dreiviertelfettbutter

Sie hat einen Fettgehalt von 60 bis 62 % und darf mit dem Hinweis »fettreduziert« verkauft werden. Durch den höheren Wassergehalt ist Dreiviertelfettbutter anfälliger für Verderb, weshalb der Konservierungsstoff Sorbinsäure zugesetzt werden darf. Erlaubt sind auch Speisegelatine, Emulgatoren, Zitronensäure sowie Beta-Carotin zum Färben.

- Halbfettbutter

Hier liegt der Fettgehalt zwischen 39 und 41 %, was die Bezeichnung »fettarme Butter« erlaubt. Alternativ kann »light«, »leicht« zur Ergänzung der Verkehrsbezeichnung »Halbfettbutter« angeführt werden. Zum Schutz gegen Verderb darf Sorbinsäure zugesetzt werden. Ebenso ist die Verwendung von Speisegelatine, Emulgatoren, Citronensäure sowie Beta-Carotin zulässig.

Aufgrund des hohen Wassergehaltes sollten Sie Halbfettbutter nicht zum Braten nehmen, da das Wasser beim Erhitzen aus der Pfanne spritzt.

- Milchstreichfett X %

Hier liegt der Fettgehalt unter oder zwischen den jeweiligen Werten für Butter, Dreiviertel- und Halbfettbutter. X gibt den konkreten Fettgehalt des Produktes an. Milchstreichfett unter 50 % Fett ist zum Braten nicht geeignet.

- Süßrahmbutter

Schmeckt sahnig-mild und hat einen pH-Wert von 6,4 und darüber.

- Mildgesäuerte Butter

Der Säuregrad liegt zwischen pH 5,1 und pH 6,4. Sie wird aus süßer Milch, Sahne oder Molkensahne hergestellt.

Gesäuerte Butter entsteht durch Zusatz von Milchsäurebakterien, mitunter auch von Milchsäurekonzentrat.

- Sauerrahmbutter

Deren Säuregrad darf den pH-Wert von 5,1 nicht übersteigen.

- Butterschmalz (Butterreinfett)

Diesem Butterfett sind Wasser, Milcheiweiß und Milchzucker weitgehend entzogen. Es enthält mindestens 99,8 % Fett und höchstens 0,1 % Wasser, ist relativ hitzestabil und gut haltbar.

Bio-Butter

In der Bio-Molkerei geschieht bei der Butterung nichts wesentlich anderes als bei konventioneller Butter. Für Sauerrahmbutter wird allerdings ein »Buttersäurewecker« verwendet, eine Mischung bestimmter Bakterien. Konventionelle Molkereien setzen dafür meist konzentrierte Milchsäure und Aromastoffe ein – ist bei Bio-Butter nicht erlaubt. Ebenso wie Färben mit Beta-Carotin.

»Nachgemachte Butter«

Vor 135 Jahren wurde die Margarine erfunden. Im Auftrag Napoleon III., um als billiges Speisefett dessen Truppen zu versorgen. Die perlmuttschimmernde Mischung aus Rindertalg und Magermilch erhielt ihren Namen nach dem griechischen Wort für Perle »magaro«. Erst in den 50er Jahren des letzten Jahrhunderts schaffte es Margarine, ihr Image der »nachgemachten Butter« abzulegen. Dank guter Marketingstrategien schnellte der Absatz in die Höhe – europaweit wurde das Streichfett als gesunde Alternative zu Butter propagiert. Schließlich wurde Margarine inzwischen aus pflanzlichen Ölen hergestellt. Argument genug, um an das wachsende Gesundheitsbewusstsein der Bevölkerung zu appellieren. Wo die Butterproduzenten nicht tatenlos zusehen mochten. Im Reichstag wurde sogar darüber abgestimmt, ob Margarine nicht grün oder blau eingefärbt werden soll, um sie besser von Butter unterscheiden zu können. Und »Rama«, der Margarine-Klassiker, durfte nur quadratisch verkauft werden. Diese Regelung wurde erst 1985 aufgehoben und seitdem durfte das Fett in den bekannten runden Tiegel.

Abgesehen von solchen Äußerlichkeiten sorgte Margarine auch in gesundheitlicher Hinsicht für einige Diskussionen. Zwar aus pflanzlichen Fetten gerührt, entpuppten sich nicht alle dieser Streichfette als so wertvoll – im Gegenteil. Denn Margarine enthält unter anderem gehärtete Fette (S. 208), wovon man tunlichst die Finger lassen sollte.

Schlechter Tausch: Fettersatz

Jeder zweite Bundesbürger über 18 Jahren ist heute übergewichtig – einer von vielen Gründen, weshalb Fettersatz- und Fettaustauschstoffe immer mehr an Bedeutung gewinnen. Allen voran hat die Nahrungsmittelindustrie entdeckt, welcher Markt sich mit dem synthetisch hergestellten Ersatz erschließen lässt. Die Verbindungen von Saccharose und anderen Kohlenhydraten mit künstlichen Fettsäuren sind von Speisefetten kaum zu unterscheiden:

Sie fühlen sich wie Fette an, schmecken so und haben sehr ähnliche Eigenschaften. Da der Körper sie nicht verdauen kann, sind sie kalorienfrei. Der Prototyp des kalorienfreien Fettersatzstoffes ist Olestra. In den USA als Zusatzstoff zugelassen, wo er vorwiegend in Snackprodukte wie Kartoffelchips, Popcorn und in Eis wandert.

Deutschland hat die Zulassung bislang noch nicht erteilt. Denn die Zufuhr der unresorbierbaren Fette kann zu Blähungen, Durchfall und Stuhlinkontinenz führen und senkt die Spiegel fettlöslicher Vitamine. Kritik verdienen die Kunstfette auch in ökologischer Hinsicht. Schließlich sind sie nicht nur für den Menschen unverdaulich, sondern auch für die Natur. Nach Ansicht mancher müsste Olestra geradezu als Sondermüll entsorgt werden.

Anders als Fettersatzstoffe bestehen Fettaustauschstoffe aus natürlichen Ausgangsprodukten: Proteinen, Kohlenhydraten und Ballaststoffen. Die Austauschstoffe werden im Darm vollständig verdaut und resorbiert – gehen daher auch in die Kalorienbilanz ein. Wenn auch deutlich weniger als die echten Fette. Im Schnitt lassen sich täglich bis zu 100 Kilokalorien sparen. Da Fettaustauschstoffe als gesundheitlich unbedenklich gewertet werden, brauchen sie keine gesonderte Zulassung.

Ob die eingesparten Kalorien allerdings nicht einfach durch mehr Essen kompensiert werden, ist die Frage. Nicht nur deshalb bewertet das Bundesernährungsministerium die Designer-Fette als »noch unzureichend«. Auch Verdauungsprobleme, schlechte Geschmacks- und Geruchseigenschaften machen die Devise »weniger Fett« weitaus sinnvoller: Weil preiswerter, gesünder und zugleich umweltbewusster.

»Fett macht schlank«

Versprechen jedenfalls die Hersteller von MCT-Fetten: »Das Fett, das nicht fett macht«. Sondern viel besser, die körpereigenen Fettdepots zum Schmelzen bringt – die Diätsensation. Wo sich diese bislang einzig bewährt hat, ist bei Fettverdauungsstörungen und Gallenleiden. Denn die MCT-Fette werden vom Körper schneller aufgenommen als die üblichen langkettigen Nahrungsfette. Sie bewirken so ein schneller einsetzendes Sättigungsgefühl. Und einiges an Nebenwirkungen: Kopf- und Bauchschmerzen, Sodbrennen oder Durchfall. Die Rechnung geht auch bei der Kalorienersparnis nicht auf. Ersetzt man am Tag 50 Gramm normale Fette durch MCT, spart das 50, maximal 80 Kilokalorien. Den Effekt haben Sie auch mit täglich einer Scheibe Emmentaler oder einem Glas Cola weniger. Eine Studie aus Schweden hat zudem gezeigt, dass sich der Körper nach etwa zwei Wochen den MCT-Fetten anpasst: Das früher einsetzende Sättigungsgefühl nimmt ab, und die Gewichtsabnahme verlangsamt sich. Was die ohnehin mageren Vorteile der MCT-Fette vollends schwinden lässt. Verbraucherschützer raten entschieden ab: Angesichts der geringen Kalorienersparnis sind die MCT-Kampagnen stark übertrieben. Die Deutsche Gesellschaft für Ernährung (DGE) rät für eine langfristig erfolgreiche Gewichtsabnahme nach wie vor zu einer fettreduzierten, vollwertigen Ernährung. Garniert mit regelmäßiger körperlicher Aktivität und einem gesunden Lebensstil.

Das grüne Gold

Der anhaltende Boom des Olivenöls geht nicht nur auf die wachsende Beliebtheit der mediterranen Küche zurück. Auch sein enormer gesundheitlicher Wert hat das grüne Gold auf die Tafeln und in die Hausapotheken geführt – auch jener Länder, in denen es auf keine so lange Tradition zurückblicken kann wie im Mittelmeerraum.

Weltweit Spitze sind die Griechen mit einem Olivenölverbrauch von 20 Liter pro Kopf und Jahr. Die Italiener und Spanier bringen es auf 12 Liter, die Deutschen gerade mal auf 0,85 Liter – noch.

Denn zahlreiche Studien haben schließlich belegt, welch enormen gesundheitlichen Nutzen Olivenöl in sich birgt. Die positiven Wirkungen sind so zahlreich, dass internationale Gesundheitsbehörden wie unter anderem sogar die Weltgesundheitsorganisation (WHO) das grüne Gold zur umfassend wirksamen Medizin erklärt haben.

▶ Gesund schlemmen

Was rund ums Mittelmeer auf den Tisch kommt, ist mit das Beste, was Sie Ihrem Körper servieren können. In zweifacher Hinsicht: Mediterrane Küche ist Medizin und Genuss in einem. Dass man am Mittelmeer so gesund is(s)t, liegt an der Zusammenstellung des Speiseplans. Täglich Gemüse, Salat und Obst satt, dito Pasta, Brot und andere Teigwaren, dazu etwas Käse. Fisch und Geflügel gibt es mehrmals pro Woche, Fleisch dagegen nur ab und an. An Fett kommt vor allem Olivenöl in die Töpfe und auf die Teller. Zu den Mahlzeiten trinkt man Wein, täglich, aber in Maßen. Sorgt alles in allem für eine optimale Nährstoffbilanz: Viele einfach und mehrfach ungesättigte Fettsäuren, wenig gesättigte Fettsäuren und Trans-Fette. Dazu reichlich Kohlenhydrate, Ballaststoffe, Vitamine, Mineralstoffe und Antioxidanzien.
Mediterran essen ist aber nicht nur gesund, es lässt auch die Pfunde schmelzen. Denn die vielen komplexen Kohlenhydrate und Ballaststoffe schlagen mit nur wenigen Kalorien zu Buche.

Die Geschmäcker sind verschieden

Ob herb oder weich, fruchtig oder mild, kräftig oder elegant, leicht oder bitter, ob zartgelb und durchsichtig, goldfarben oder olivgrün-milchig ... Welches Öl man bevorzugt, ist reine Geschmacksache. Und da die Geschmäcker nun mal verschieden sind, wird jeder nach einer gewissen Zeit sein ganz bestimmtes Lieblingsöl herausfinden. Man muss probieren, denn nichts wird subjektiver bewertet als der Geschmack von Olivenöl. Um diesen zu testen, empfiehlt es sich übrigens, einige Tropfen auf die Handflächen zu geben, diese aneinander zu reiben und dann das Aroma vom Handballen zu erschnuppern.

Um die Qual der Wahl etwas zu erleichtern, werden die Olivenöle von professionellen Verkostern »organoleptisch« charakterisiert. Sprich, nach dem beurteilt, was ein Mensch sinnlich wahrnehmen kann: Geschmack, Farbe und Geruch. Ein erfahrener Ölverkoster kann anhand dieser sensorischen Analyse exakt die Anbauregion »erriechen« und »erschmecken«. Die Geschmacksproben werden alljährlich, sobald das neue Olivenöl da ist, unter strengen Richtlinien der Europäischen Kommission und lokaler Institutionen durchgeführt. So müssen die zu verkostenden Öle den Ölexperten beispielsweise in blauen Flaschen vorgeführt werden, damit sich diese nicht von der Farbe eines Öls beeinflussen lassen. Ebenso muss jedes Öl eine Temperatur von genau 28 Grad Celsius haben, dann erst darf mit einem kleinen Löffelchen verkostet werden. Bei ihrer Beurteilung bedienen sich die »Organolepten« eines eigenen Vokabulars. So weiß in Fachkreisen jeder sofort Bescheid, wenn der Geschmack eines Öls etwa als erdig, grob oder wurmartig bezeichnet wird. Diese so genannten Flaveurs von Ölen geben den Experten auch Auskunft darüber, wie ein Öl gewonnen wurde und welche Fehler dabei möglicherweise unterlaufen sind. Schmeckt ein Öl beispielsweise metallisch, hatte es meist zu lange Kontakt mit Metalloberflächen. Besitzt es einen schmierstoffartigen Geruch, wurden die Maschinen in der Ölmühle nicht genügend gereinigt.

Jung oder reif?

Bestimmend für den Geschmack eines Öls ist sein Alter. Frisch gepresstes, junges Olivenöl ist unbestritten eine wertvolle und hochgesunde Köstlichkeit. Aber auch reiferes Öl hat seine Qualitäten. Öl, das über ein Jahr alt ist und damit als »reif« bezeichnet wird, ist auf natürliche Weise geklärt, denn durch die Lagerung setzen sich die Fruchtfleischteilchen und andere Bestandteile nach unten ab. Zudem besitzt es einen milderen Geschmack als ganz junges Öl und eignet sich deshalb besonders gut für die Zubereitung von Speisen, deren Eigengeschmack nicht überdeckt werden soll sowie für all jene, die einen kräftigen Ölgeschmack nicht so sehr schätzen.

Die Qualität entscheidet

Wo sich die Geschmäcker nicht mehr scheiden (sollten), ist bei der Qualität. Maßgebend dafür ist der Gehalt an freien Fettsäuren: Je niedriger, desto besser ist das Öl. Denn waren die zur Ölgewinnung verwendeten Oliven zu reif, zu lange vor der Pressung gelagert oder aber durch Ungeziefer geschädigt, steigt der Säuregehalt. Was Sie als Verbraucher nur schmecken, wird in chemischen Analysen exakt geprüft. Der Gehalt an qualitätsmindernden freien Fettsäuren ist der unbestechliche Indikator höchster Qualität und bestimmt darüber, in welcher Güteklasse sich ein Olivenöl einreihen darf.

Dazu hat die Europäische Union 1991 neue Bestimmungen erlassen, nach denen Olivenöle in drei Klassen unterteilt werden:

Die erste und beste Kategorie sind Olivenöle, die als einwandfrei in Geschmack, Geruch und Garbe eingestuft wurden. Sie müssen zudem unter Bedingungen gewonnen sein, die das Öl nicht verfälschen, wie dies beispielsweise bei der Ölgewinnung durch Lösungsmittelextraktion der Fall ist. Ebenso dürfen die Öle der höchsten Qalitätsklasse außer Waschung, Klärung und Zentrifugierung keinem anderen Prozess unterzogen werden. Der Säuregehalt dieser Öle kann maximal ein beziehungsweise 2 % betragen. Sind alle diese Kriterien erfüllt, darf ein Öl die Bezeichnung natives Olivenöl erhalten – von lateinisch nativus: angeboren, natürlich.

Bei den nativen Olivenölen wird unterschieden in:

- Natives Olivenöl extra

Diese drei Worte garantieren hochwertigstes, naturreines Olivenöl von einwandfreiem Geschmack; kaltgepresst und ohne chemische Zusätze. Nur dieses Öl darf sich »jungfräulich« nennen: italienisch Olio extra vergine di oliva und französisch Huile d'olive vierge extra. Sein Anteil an freien Fettsäuren darf allerhöchstens 1 Gramm je 100 Gramm Öl betragen. Selbstverständlich gibt es auch manche Olivenölerzeuger, die weit unter der magischen Grenze von einem Prozent Ölsäure liegen; einige wenige bewegen sich sogar bei extremen niedrigen Werten um die 0, 2 %. Derartige Öl sind natürlich absolute Spitzenklassen. Leider dürfen die Ölerzeuger ihre jeweiligen Säurewerte jedoch aus Wettbewerbsgründen nicht auf dem Etikett angeben – was ihrer Konkurrenz, nicht aber dem Verbraucher entgegen kommt. Denn je weniger freie Fettsäuren, desto besser das Öl. Da wüsste man eigentlich schon gerne, woran genau man ist.

- Natives Olivenöl

Übersteigt der Säuregehalt die Einprozentmarke, kann das betreffende Öl nur noch unter der Bezeichnung Natives Olivenöl in den Handel kommen. Native Olivenöle, italienisch Olio vergine di oliva und auf französisch Huile d'olive vierge, dürfen nicht mehr als höchstens 2 Gramm freie Fettsäuren je 100 Gramm Öl aufweisen.

Die zweite Qualitätskategorie stellen die raffinierten Olivenöle, die Olio di oliva raffinato beziehungsweise Huile d'olive raffinée. Sie werden aus der Raffination von nativem Olivenöl gewonnen, sind also erhitzt und dadurch verändert worden. Der Säuregehalt von raffiniertem Olivenöl darf 0,5 Gramm je 100 Gramm Öl nicht übersteigen.

Bei der dritten von der EU festgelegten Güteklasse handelt es sich schließlich um Olivenöle, die aufgrund zu hoher Säurewerte nicht einwandfrei in Geschmack und Geruch sind. Deshalb wird ihnen natives Öl beigemischt, um wieder an das typische Olivenölaroma heranzukommen. Dieser Verschnitt kommt unter der Bezeichnung Olivenöl in den Handel und sein Säuregehalt kann bis zu 1,5 Gramm je 100 Gramm Öl betragen.

Neben diesen drei Kategorien gibt es noch das Oliventresteröl, das aus den beim Pressen übrig gebliebenen Olivenresten hergestellt und zur Geschmacksverbesserung mit etwas nativem Öl gemischt wird. Es muss als Tresteröl gekennzeichnet sein; der Säuregehalt liegt ebenfalls bei maximal 1, 5 Gramm je 100 Gramm Öl.

Olivenöl-Qualitäten

Deutsche Bezeichnung	Französisch	Italienisch	Spanisch
Natives Olivenöl extra	Huile d'olive vierge extra	Olio extra vergine di oliva	Aceite de oliva virgen extra
Natives Olivenöl	Huile d'olive vierge	Olio vergine di oliva	Aceite de oliva virgen
Olivenöl	Huilie d'olive pure	Olio di oliva	Aceite de oliva puro
Raffiniertes Olivenöl	Huile d'olive raffinée	Olio di oliva raffinato	Aceite de oliva raffinata

Unter dem Etikett »Natives Olivenöl extra« werden Produkte angeboten, die je nach Herkunft, Zeit und Art ihrer Gewinnung sehr voneinander divergieren. Um sicher zu gehen, wirklich hochwertiges Öl zu erstehen, sollten Sie zu höheren Preisklassen greifen.

Ein Preis, der sich doppelt bezahlt macht

Natürliche Produkte, die unter großem Aufwand hergestellt und einem hohen Anspruch gerecht werden, haben ihren Preis. Dies gilt vor allem für Olivenöl, das – wenn es sich um ein qualitativ hochwertiges handelt – meist teurer ist als andere pflanzlichen Öle. Doch beim Olivenöl sollten Sie nicht sparen und ein Öl minderer Qualität kaufen. Ein halber Liter hochwertiges Öl aus Griechenland, Spanien oder Portugal kostet Sie zwischen 7 und 15 Euro, aus Italien und Frankreich zwischen 8 und 20 Euro. Schnäppchen unter 5 Euro für den halben Liter lassen Sie im Regal stehen. Denn der finanzielle Aufwand ist gut angelegt – nicht nur dem Gaumen, sondern insbesondere auch der Gesundheit zuliebe.

Achten Sie beim Einkauf auch darauf, dass das Öl ungefiltert ist (zum Teil ist dies auf dem Etikett vermerkt) und wann das Verfallsdatum ist. Letzteres gibt Auskunft darüber, wann das Olivenöl hergestellt wurde. In der Regel liegt das Verfallsdatum zwei Jahre nach dem Zeitpunkt der Herstellung – auf diese Weise wissen Sie, wie alt, oder besser ausgedrückt, wie reif Ihr Olivenöl ist. Weiterhin einen Blick wert ist der Hinweis, wo das Öl hergestellt wurde: »Produziert und abgefüllt in« bedeutet, dass das Öl auch tatsächlich aus dem Ort stammt, der auf dem Etikett angegeben ist. Dagegen benennt »produziert und abgefüllt für« nicht unbedingt die eigentliche Herkunft des Öls, sondern lediglich den Vertreiber.

Auch unter den Olivenölerzeugern gibt es so manches schwarze Schaf und bei der Analyse des Säuregehaltes, der sich jedes Olivenöl unterziehen muss, wird auch hin und wieder »ein Auge zugedrückt«. Am sichersten gehen Sie deshalb, wenn Sie Olivenöl nicht im Supermarkt oder Großhandel kaufen, sondern in Fachgeschäften und in Fein- oder Naturkostläden. Auch immer mehr Weinhändler haben gute Öle im Sortiment.

Nativ, raffiniert oder kalt gepresst

Die Palette der Öle ist breit, entsprechend vielfältig auch die Bezeichnungen. Sie richten sich nach der Art der Gewinnung und der Zusammensetzung.

- »Native« Speisefette und -öle werden aus Rohware durch Pressen ohne Wärmezufuhr oder durch andere schonende mechanische Verfahren gewonnen. Sie können danach gewaschen, filtriert oder zentrifugiert sein, weitere Verfahren sind nicht zulässig. Für Olivenöl und Kakaobutter gelten besondere Bestimmungen.
- »Nicht raffinierte« Speisefette und -öle werden durch Ausschmelzen oder schonende mechanische Verfahren wie Pressen und Zentrifugieren gewonnen. Sie dürfen im Gegensatz zu den nativen Ölen auch mit Wasserdampf behandelt und getrocknet werden. Nicht zulässig sind dagegen Entsäuern, Bleichen und Desodorieren.
- Tragen native oder nicht raffinierte Öle den Vermerk »kaltgepresst« oder »aus erster Pressung«, haben Sie besonders wertvolle Speiseöle erstanden. Sie wurden durch Pressen ohne Wärmezufuhr und unter möglichst schonenden Bedingungen gewonnen. So bleiben die wertvollen Inhaltsstoffe weitgehend erhalten.
- Mischungen verschiedener Öle sind ohne Sortenangabe als »Speiseöl«, »Pflanzenöl«, »Tafelöl«, »Salatöl« oder »Fritieröl« im Handel. Die billigen haben meist Raps- und Sojaöl als Rohstoffe, bei den teureren Markenprodukten überwiegt Sonnenblumenöl.
- Trägt das Öl den Namen einer Ölpflanze, wie Sonnenblumenöl, muss es mindestens zu 97 % aus dieser Rohware bestehen.
- Lesen Sie den Zusatz »rein« oder »sortenrein«, muss das Öl zu 100 % aus dem in der Verkehrsbezeichnung genannten Öl bestehen.

Die Markenbezeichnungen lassen nicht zweifelsfrei erkennen, ob es sich um reine oder gemischte Öle handelt. Eine Sonderstellung unter den pflanzlichen Ölen nimmt Olivenöl ein (S. 217).

Neben den Pflanzenölen haben wir noch die Pflanzenfette im Sortiment – in streichfähiger Form, als Creme und als feste Fette wie Palm- oder Kokosfett.

- Mischungen verschiedener Fettsorten werden als »Speisefett« oder »Pflanzenfett« gehandelt. Erlaubt ist auch, »Fett« in Verbindung mit dem Verwendungszweck zu nennen, also beispielsweise »Kochfett« oder »Frittierfett«.
- Trägt das Fett den Namen einer Ölpflanze, zum Beispiel Kokosfett, muss es zu mindestens 97 % aus der genannten Rohware bestehen. Der Zusatz »rein« erfordert, einen 100 % Gehalt des genannten Fettes.

Bei den tierischen Fetten richtet sich die Bezeichnung nach der Tierart. Die so genannten Schlachtfette erhält man durch Ausschmelzen des Fettes aus ausgesuchten Fettgeweben.

- Schweineschmalz stammt aus dem Fettgewebe der Bauchwand und anderer Körperteile des Schweins. Das Rückenfett wird überwiegend als Speck verzehrt.
- Griebenschmalz ist Schweineschmalz mit Grieben aus frischem Rückenspeck und/oder Flomen (Bauchwandfett). Weitere häufige Zutaten sind Äpfel, Zwiebeln und Gewürze.
- Flomenschmalz hat die höchste Qualität – ausschließlich aus Bauchwandfett hergestellt.
- Rindertalg stammt aus dem Fettgewebe von Rindern.
- Gänseschmalz wird aus dem Brust- oder Eingeweidefett der Gänse ausgelassen. Es wird oft zur Festigung mit bis zu 10 % Schweineschmalz versetzt – was gekennzeichnet werden muss.

Was Sie bei Fetten und Ölen lesen müssen

- Verkehrsbezeichnung
- Name und Anschrift des Herstellers, Verpackers oder Verkäufers
- Zutatenliste
- Mindesthaltbarkeitsdatum
- Füllmenge nach Gewicht bei festen Fetten, nach Volumen bei flüssigen
- wenn Vitamine angegeben werden, muss eine Nährwertkennzeichnung dabei stehen

Qualität entscheidet

Lebensmittelqualität wird nicht nur durch die Produktion bestimmt, sondern auch durch Lagerung, Verarbeitung und Zubereitung. Wie gut ist, was wir essen, liegt daher nicht allein in der Verantwortung der Hersteller. Sondern auch in unserer eigenen. Die Qualitätssicherung beginnt bereits beim Einkauf. Sie hat weniger mit Euros zu tun, als vielmehr mit kluger Sorgfalt.

Was frisch ist, sehen Sie. Wenn Sie wissen, was Frische bei den verschiedenen Lebensmitteln auszeichnet. Wann Sie was kaufen sollten, diktiert häufig die Jahreszeit – sofern Sie sich danach richten möchten, wann welches Obst und Gemüse seine Saison hat. Ansonsten zahlen Sie eben einen höheren Preis, nicht nur in finanzieller Hinsicht. Denn zur Haupterntezeit ist Obst und Gemüse nicht nur preiswert, es schmeckt auch am besten. Kaufen Sie Ware aus der Region, ist sie meist frischer, weil lange Transportwege entfallen.

▶ Inventur im Kühlschrank

Sie kommen mit den schweren Tüten vom Einkauf und nun geht es an das Verstauen. Die meisten der frischen Lebensmittel kommen in den Kühlschrank. Und wo da?

Keineswegs einerlei. Denn wo und damit bei welcher Temperatur Sie Ihren Kühlschrankinhalt platzieren, bestimmt entscheidend über dessen Haltbarkeit.

Bei der Inventur sollte man deshalb einiges beachten. Beginnen wir im Parterre: Ins Gemüsefach – wie der Namen sagt – kommen Gemüse, Salat und Obst. Bis auf Bananen und Äpfel, die Sie zwar auch kühl, aber nicht bei Kühlschranktemperaturen lagern sollten (S. 179). Leicht Verderbliches wie Wurst, Fleisch und Fisch packen Sie in das nächste Stockwerk über dem Gemüsefach. Milchprodukte, fertige Speisen und Reste sind als nächstes an der Reihe, 3. Stock – meist die Mitte des Kühlschranks. Oben unter das Eisfach ist der Platz für Käse, Konfitüre und anderes Eingemachtes. Die Tür wird unten mit Getränken, alkoholfreien und anderen, bestückt. Darüber sind Senf, Saucen oder Eier gut aufgehoben.

Augen auf beim Kauf

Schauen Sie sich genau an, was Sie kaufen. Klingt zwar banal. Doch wie oft eilt man durch den Supermarkt, greift sich hier eine Packung Äpfel, da einen Becher Joghurt, noch schnell eine Dose Thunfisch und dann flugs an die Kasse. Draußen warten vielleicht die Kinder und der Hund, die Gäste kommen bereits in einer halben Stunde, der Wagen steht im Halteverbot.

Schnell gehen muss und soll es eigentlich immer. Da unterlaufen genauso schnell Flüchtigkeitsfehler. Die man dann zu Hause bemerkt, beim Auspacken der Tüten und spätestens beim ersten Bissen. Der Salat ist schlapp, die Erdbeeren haben faulige Stellen, die Milch hat einen Stich. Zurücktragen? Kommt nicht in Frage, dauert zu lange. Und außerdem ist das Haltbarkeitsdatum der Milch ja auch heute abgelaufen. Und bei den Erdbeeren hätte man ja eine andere Packung nehmen können. Wenn, ja wenn man genau hingeschaut hätte. Und auf folgendes geachtet:

Bei Fisch auf:

- glänzend rote und intakte Kiemen
- klare, gewölbte Augen
- durchsichtigen klaren Schleim auf der Haut
- wenn Geruch, dann nach Meer, keinesfalls nach Fisch

Nutzen Sie alle Ihre Sinne: Sehen, Riechen, Tasten und Schmecken. Fragen Sie bei loser Ware, ob Sie mal ein Stückchen vom Käse, eine Olive oder Traube probieren dürfen, bevor Sie kaufen.

Bei Rindfleisch auf:

- kräftiges Rot
- feine Fleischfasern
- weißes Fett

Bei Schweinefleisch auf:

- kräftiges Rosarot, nicht blassrosa oder dunkelrot

Bei Obst und Gemüse auf:

- frisches und knackiges Aussehen
- keine welken oder vergilbten Blätter
- helle und feuchte Schnittflächen an Stängeln oder Wurzeln, nicht verholzte oder braune
- keine Druckstellen
- keine braunen Verfärbungen
- voll ausgereifte Ware

Bei Tiefkühlware auf:

- die »Stapelgrenze« – eine Markierung, die angibt, bis zu welcher Höhe das Tiefkühlgerät gefüllt werden darf. Kaufen Sie keine Produkte, die über den Stapelgrenzen liegen. Hier gibt es keinen ausreichenden Kälteschutz und die Produkte können an- oder auftauen und sogar verderben.
- saubere, ordentlich eingeräumte Kühltruhen, die nicht vereist sind
- die Temperatur: das Thermometer in der Tiefkühltheke muss mindestens minus 18 °C anzeigen
- das angegebene Verbrauchsdatum
- Verpackungen ohne »Eishaufen«: Die Eiskristalle weisen auf Kühlunterbrechungen oder zu hohe Temperaturen hin.

Kaufen Sie Tiefkühlware immer erst am Schluss der Einkaufstour und transportieren sie am besten in Kühl- oder Isoliertaschen nach Hause.

Was gibt es, wenn es nichts mehr gibt?

Ist der Kühlschrank leer, etwas ausgegangen, wird wieder eingekauft. In den Lebensmittelgeschäften erwarten uns volle Regale. Wie gewohnt und ganz selbstverständlich. Vorräte für Notzeiten? Hat niemand so wirklich, warum auch. Der Versorgungsengpass kann aber jederzeit sehr konkret werden. Krisensituationen, die zur Verknappung von Lebensmitteln führen können, sind schwer vorzustellen. Terrorakte, Naturkatastrophen wie das Hochwasser von 2003, schwere Unfälle in großtechnischen Anlagen – siehe Tschernobyl und Seveso. Vergessen, und doch ganz schnell wieder ganz nah: Der Störfall.

Für den hat die deutsche Bundesregierung staatliche Nahrungsreserven angelegt. Was die wenigsten wissen. Die »Zivile Notfallreserve« lagert Reis, Hülsenfrüchte, Kondensmilch und Vollmilchpulver. Reserven, die vor allem der Bevölkerung in Ballungsräumen zumindest eine tägliche Mahlzeit sichern sollen. Daneben gibt es die »Bundesreserve Getreide« aus Weizen und Hafer, um die Mehl- und Brotversorgung aufrechtzuerhalten.
Und Sie? Sie sollten, so der Appell des Bundesministeriums für Verbraucherschutz, Ernährung und Landwirtschaft, sich einen persönlichen Notvorrat anlegen. Nahrungsmittel für 14 Tage, um im Fall der Fälle nicht mit leerem Magen dazustehen. Was Sie lagern, wird sich nach Ihren Vorlieben richten. Zu bedenken ist dabei, sich unabhängig von Strom zu machen. Tiefkühlkost fällt damit aus. Einen Kalkulatur für Vorräte und Vorschläge für die Speisekammer finden Sie im Internet unter:
www.ernaehrungsvorsorge.de

Routenplaner für die Einkaufstour

Einen Einkaufszettel schreiben Sie sich vielleicht wie so viele auch. Hier noch einiges, was Ihren Einkauf erfolgreicher macht. Im Sinne des zufriedenen Kunden. Der sich vor Marketingstricks und unsinnigen Käufen zu schützen weiß. Und wie er die Hürden im Laden umgeht.

- Gehen Sie möglichst nicht hungrig einkaufen. Sie kaufen sonst mehr ein als beabsichtigt. Untersuchungen ergaben, dass bei Hunger besonders Süßigkeiten in den Einkaufskorb wandern. Nur logisch, wenn der Blutzuckerspiegel im Keller ist.
- … und führe mich nicht in Versuchung – nicht noch an der Kasse. Hier muss man oft warten. Was langweilt und nervt. Und weshalb sich hier noch vieles verkaufen lässt: Spontankäufe in Kassennähe machen in vielen Geschäften bis zu 20 % des Warenumsatzes aus. Das wissen vor allem Hersteller von Süßwaren. Nicht umsonst gibt es den Begriff der »Quengelware«. Mit dem Eltern viel anfangen können.
- Denken Sie daran, dass die teuersten Produkte in Augenhöhe stehen. Wonach man sich strecken oder bücken muss, ist bil-

liger und meist genauso gut. Machen Sie also mal ein wenig Gymnastik vor dem Regal.

Der Mensch hat das Bestreben, zuerst nach rechts zu gehen und zu schauen. Darum stehen die teuersten Artikel in Lauf- und Blickrichtung rechts.

- Jumbo-Pack ... Ob der tatsächlich günstiger ist, müssen Sie sorgfältig abwägen. Besonders für Single-Haushalte sind Großpackungen oft unrentabel. Denn was nützt es Ihnen, wenn Sie Lebensmittel günstiger kaufen, dann aber wegwerfen müssen, weil sie verdorben sind.
- Bei Waren mit Mindesthaltbarkeitsdatum stehen in der Regel die mit baldigem Ablauf vorne, die frischeren hinten. Was sich inzwischen herumgesprochen hat und was deshalb gerne mal umgedreht wird. Wer immer blindlings nach den hinten stehenden Produkten greift, erwischt damit die nicht mehr ganz so frischen. Machen Sie sich den Blick auf das Datum deshalb zur festen Gewohnheit. So kann Sie ein Platzwechsel nicht austricksen.
- Gewöhnen Sie sich an, nach dem Fettgehalt zu schauen. Vielleicht gibt es auch eine fettärmere Variante, wie beispielsweise saure Sahne oder Joghurt statt Creme fraîche. Achten Sie aber bei als »fettarm« ausgewiesenen Produkten auch auf die kJ-Angabe (kcal-Angabe) und die Zutatenliste. Denn fettarm Leichtes kann dennoch ein Schwergewicht sein (S. 206).

Umweltbewusst kaufen

- Bevorzugen Sie Mehrweg- und Nachfüllpackungen.
- Kaufen Sie möglichst viele Produkte unverpackt.
- Lassen Sie lose Ware in selbst mitgebrachte Gefäße oder Beutel verpacken.
- Gehen Sie am besten immer mit Einkaufstasche oder Korb zum Laden.
- Verzichten Sie so oft es geht auf Einwegverpackungen, Mini-Portions-Packungen und Plastiktüten.

- Meiden Sie Lebensmittel, die weit transportiert, vielleicht sogar eingeflogen wurden.
- Kaufen Sie möglichst wenig Lebensmittel, die stark verarbeitet wurden.
- Kaufen Sie Lebensmittel möglichst nach Saison und aus der Region. Damit unterstützen Sie auch die heimischen Landwirte.
- Denken Sie daran, dass wo »Öko« draufsteht, nicht immer auch »Öko« drin sein muss (S. 274, 304).

»Echt gerecht – clever kaufen«
Unter diesem Motto hat das Bundesministerium für Verbraucherschutz, Ernährung und Landwirtschaft Ende 2004 eine Kampagne ins Leben gerufen, die »nachhaltig Konsumieren« fördern soll. Gerechtigkeit zu kaufen, geht nicht ohne Aufklärung und Information: Der Verbraucher muss sofort erkennen können, was wirklich in und hinter einem Produkt steckt.

Gerecht kaufen

»Mit unseren Kaufentscheidungen beeinflussen wir jeden Tag aktiv nicht nur unser eigenes Leben, sondern das vieler anderer in anderen Teilen der Erde und das Leben nachfolgender Generationen«. So hat es Bundesverbraucherschutzministerin Renate Künast formuliert. Mit anderen Worten:

Qualität steht nicht nur für Genuss, Gesundheit und Bequemlichkeit. Qualität bedeutet auch Verantwortung – Genuss, der nicht auf Kosten der Umwelt und der Menschen in der dritten Welt geht.

Bevorzugen Sie möglichst Lebensmittel aus ökologischer Erzeugung und Produkte aus fairem Handel. Das Spektrum fair gehandelter Produkte ist breit und wächst kontinuierlich, bei Nahrungsmitteln wie bei anderen Konsumgütern. Erhältlich sind diese Waren inzwischen bereits in zahlreichen Supermärkten und den so genanten »Weltläden«. Ob Sie ein faires Produkt in Händen halten, sagt Ihnen ein gesonderter Verweis darauf: Meist Aufdrucke und Siegel, wie jenes von »Transfair«. Mehr dazu auch im Internet unter www.transfair.org und www.echtgerecht.de

Essen mit dem Kleingedruckten

Wissen Sie, wofür »Fett i.Tr.« steht? Fett in der Trockenmasse. Soweit gut. Wissen Sie auch, was das wirklich bedeutet? Was von »geschwärzten« Oliven zu halten ist oder was es mit dem Hinweis auf sich hat, »enthält eine Phenylalaninquelle«? Und ist Ihnen bekannt, was die Reihenfolge der Zutaten auf dem Lebensmitteletikett aussagt? Wenn nicht, befinden Sie sich in guter Gesellschaft.

Sie lesen ebenso wie 78 % anderer Verbraucher in unserem Land die Angaben auf der Verpackung. Schließlich, das haben Sie längst erkannt, sind das wichtige Informationen für Ihren Kauf. Die Sie jedoch leider nicht verstehen. Oder falsch interpretieren.

Denn was auf Lebensmitteletiketten steht, ist meist dem Wortschatz von Lebensmittelgesetz und Ernährungswissenschaft entnommen. Insofern klar definiert, was für die meisten Verbraucher aber böhmische Dörfer sind. Was sich hinter »naturidentischen Aromen« verbirgt, wie Nährstoffangaben zu deuten sind und schwieriger noch, auf den täglichen Konsum umzurechnen – alles offene Fragen, die verunsichern und den Überblick im Regal weiter erschweren.

Schön langsam brauchen wir heute eine Gebrauchsanweisung zum Essen. Daran ändert auch die Kampagne des Bundesverbraucherministerium zur »lückenlosen Lebensmittelkennzeichnung« nichts. »Was drin ist, muss drauf stehen« ist zweifelsohne ein wichtiger Appell an die Hersteller und längst fällig. Doch im Dschungel dieser vielen Informationen verliert sich die Orientierung leicht. Deshalb sollten Sie wissen, was Ihnen was zu sagen hat. Damit Sie bekommen, was Sie wollen. Und nicht das, was man Ihnen verkaufen will.

Zugleich mit der Produktvielfalt ist der Informationsbedarf gestiegen. Doch was als Information verkauft wird, sagt oft wenig aus.

Who's who auf dem Etikett

Ihnen wird jemand vorgestellt, Sie lernen jemanden im Restaurant kennen – alltägliche Situationen, in denen sich häufig diese Szene abspielt: Es werden kleine Karten ausgetauscht. Ein weltweit zelebriertes Ritual und mehr als eine Geste der Höflichkeit. Denn die Visitenkarte spielt allen voran im Berufsleben eine wichtige Rolle, für beide Geschäftspartner gleichermaßen.

Ebenso verhält es sich mit dem Etikett: Mit ihm stellt sich ein Produkt uns Verbrauchern vor. Nicht nur mit seinem Namen, sondern auch mit seinen Qualitätsmerkmalen und Eigenschaften. Etiketten sind die Visitenkarte einer Ware. Sie soll den Verbraucher informieren, ihm so die Kaufentscheidung erleichtern und ihn vor Betrug schützen.

Was auf einem Etikett stehen muss, damit wir nicht die Katze im Sack kaufen, ist vom Gesetzgeber genau festgelegt. Und abhängig davon, ob es sich um verpackte oder unverpackte Waren handelt – was besonders bei Lebensmitteln einen großen Unterschied macht.

Was auf das Etikett muss

• Bei verpackten Lebensmitteln:
Verkehrsbezeichnung
Zutatenverzeichnis
Mindesthaltbarkeitsdatum oder Verbrauchsdatum
Füllmenge und Preis
Name oder Firma und Anschrift des Herstellers, Verpackers oder Verkäufers
Los- oder Chargennummer

• Bei unverpackten, offen verkauften Lebensmitteln:
Verkehrsbezeichnung
Preis
Zusatzstoffe
Möglicherweise demnächst Zutatenliste und Kennzeichnung von Allergenen

Namensgebung – eine komplexe Angelegenheit

Die Verkehrsbezeichnung ist der Name des Lebensmittels. Er soll den Verbraucher über die Art des Lebensmittels informieren und ihm helfen, um es von anderen ähnlichen Produkten zu unterscheiden. Kreativität ist bei der Wahl des Namens fehl am Platze: Die Hersteller unterliegen dabei genauen Vorschriften. Denn Milch ist eben nicht einfach Milch und Schnitzel nicht gleich Schnitzel. Nehmen wir mal die Butterverordnung. Sie unterscheidet anhand bestimmter Kriterien ganz detailliert: Was in Milcherzeugerbetrieben gebuttert wurde, ist »Deutsche Landbutter«.

Dagegen heißt »Butter«, »Deutsche Markenbutter« oder »Deutsche Molkereibutter«, was direkt aus Molkereien kommt.

Einermaßen kompliziert diese Bestimmungen. Sofern sie nicht bestehen, muss der Hersteller für sein Produkt die allgemein übliche Bezeichnung nach der so genannten Verkehrsauffassung wählen. Diese ist in den Leitsätzen des Deutschen Lebensmittelbuchs definiert.

Ebenso kann die Verkehrsbezeichung das Lebensmittel beschreiben, etwa »Nudelpfanne mit Gemüse«. Steht auf der Packung ein Phantasiename wie »Almdudler« muss er durch eine handelsübliche Sachbezeichnung erläutert werden. In diesem Fall durch die Angabe »Limonade mit Kräuterauszügen«. Auch dabei dient das Deutsche Lebensmittelbuch als gesetzliche Grundlage. So ist darin beispielsweise festgelegt, dass »Orangensaft« nur heißen darf, was auch zu 100 % aus dem Saft besteht.

»Man spricht Deutsch« auf unseren Etiketten.
Fremdsprachen sind nur dann erlaubt, wenn die Information nicht darunter leidet. »Pommes frites« beispielsweise sind unter dieser Bezeichnung allseits bekannt und deshalb darf das auch auf der Verpackung stehen.

Was Allgäuer Emmentaler und Nürnberger Lebkuchen unterscheidet

Ist doch ganz einfach: Das eine ist ein Käse und das andere ein süßes Gebäck. Stimmt. Beide tragen jedoch geschützte Bezeichnungen, die sie einer bestimmten Region zuordnen. Jetzt ins Detail: Der Emmentaler hat eine so genannte »Geschützte Ursprungsbezeichnung«, kurz g. U. Die Lebkuchen firmieren dagegen unter einer »geschützten geographischen Angabe«, kurz g. g. A. Lebensmittel mit einer g. U. werden in einem bestimmten geographischen Gebiet, nach einem anerkannten und festgelegten Verfahren erzeugt und verarbeitet. Das heißt, nur der Emmentaler, der aus Allgäuer Käsereien stammt, ist der Originale. Alle anderen Lochkäse dieser Gattung dürfen sich nur Emmentaler nennen.

Bei Lebensmitteln mit einer g. g. A. genügt es, wenn nur ein Verarbeitungsschritt in der genannten Region erfolgte. So kann der Lebkuchen in Nürnberg einzig mit einer Schokoglasur versehen worden sein – dennoch darf er Nürnberger Lebkuchen heißen. Daneben können auch Waren mit einem besonderen Image mit einer geographischen Angabe versehen werden, beispielsweise Lübecker Marzipan.

Abseits davon gibt es Bezeichnungen, die sich nicht auf eine spezielle Herkunft beziehen. Sie können einerlei wo hergestellt oder verarbeitet worden sein, zeichnen sich aber durch traditionelle Zusammensetzung oder Herstellung aus. Wie der Mozzarella: Eine so genannte »garantiert traditionelle Spezialität«, kurz g. t. S.

Freiwillige Angaben wie »verbesserte Rezeptur«, »25 % mehr Inhalt«, Zubereitungsvorschläge oder Sammelpunkte sind erlaubt. Sofern sie nicht täuschen oder irreführend sind. Bilder von freilaufenden Hühnern auf Käfigei-Packungen sind verboten.

Was drin ist ...

... muss drauf stehen: Bei verpackten Lebensmitteln müssen alle Zutaten einschließlich der Zusatzstoffe aufgeführt werden. Diese Aufzählung erkennen Sie an der Überschrift, in der das Wort »Zutaten« auftauchen muss. Darunter, mitunter auch gleich anschließend daneben, folgen wie bei einem Kochrezept die einzelnen Zutaten. Die Reihenfolge, in der diese aufgeführt sind, richtet sich nach ihrem Gewichtsanteil: Als erstes wird die Hauptzutat genannt, von der am meisten in dem Lebensmittel enthalten ist. An letzter Stelle steht die Zutat, die in der kleinsten Menge enthalten ist.

Das ist eine gute Hilfe beim Vergleich von Produkten: Wenn Sie beispielsweise zwei verschiedene Marmeladen ganz lecker finden, können Sie anhand der Zutatenliste auf einen Blick herausfinden, welche der beiden mehr Zucker enthält. Nämlich daran, an welcher Position diese Zutat aufgeführt ist – je weiter oben, desto mehr Zucker streichen Sie sich in diesem Fall aufs Brot.

Zutaten im Allgemeinen und Speziellen

Was eine Zutat ist, wissen Sie vermutlich und liegen damit sicher richtig. Vor dem Gesetz gibt es allerdings, Sie ahnen es, feine und entscheidende Unterschiede.

Beginnen wir bei der Definition einer Zutat. Dabei handelt es sich laut Kennzeichnungsverordnung um »jeden Stoff, einschließlich der Zusatzstoffe und Aromen, der bei der Herstellung des Lebensmittels verwendet wird und unverändert oder verändert im Enderzeugnis vorhanden ist.« Das bedeutet also, auch Geschmacksverstärker oder Verdickungsmittel sind Zutaten. Die entsprechend auch in der Zutatenliste genannt werden müssen.

Soweit zur Zutat im Allgemeinen. Daneben unterscheidet der Gesetzgeber noch Zutaten im Speziellen: die zusammengesetzten Zutaten. Nehmen wir als Beispiel Schokoladentorte. Sie enthält, wie der Name schon sagt, als Zutat Schokolade. Die aber besteht selbst wieder aus mehreren Zutaten. Das muss in der Zutatenliste gesondert aufgeführt werden. Etwa so »Schokolade: Zucker, Kakaomasse, Kakaobutter, Emulgator Sojalecithine, Aroma Vanillin«.

In der Zutatenliste muss dem Klassennamen die Bezeichnung des Zusatzstoffes oder dessen E-Nummer folgen. Also etwa: »Farbstoff Carotin« oder »Farbstoff E 116 a« (S. 280ff.).

Geschmäcker sind verschieden ...

... und bisweilen trügerisch. Aromastoffe sind weder Zusatzstoff noch Lebensmittel und nehmen in der Kennzeichnungsverordnung eine Sonderstellung ein (S. 231, 284). Sie müssen nicht näher in der Zutatenliste beschrieben werden, es genügt der Begriff »Aroma«. Für viele Menschen, allen voran Allergiker, ist das ein Problem. Gerade, wenn es sich – wie meist – nicht um natürliche, sondern um künstliche Geschmacksgeber handelt.

»Naturidentische« Aromastoffe sind mit besonderer Vorsicht zu genießen. Mit Natur haben sie nämlich rein gar nichts zu tun: Sie werden synthetisch hergestellt, wenn auch in der gleichen chemischen Zusammensetzung wie die natürlichen Vorbilder. Vanillin ist so ein trügerischer Aromastoff, den wir in zahllosen Lebensmitteln zu uns nehmen.

In anderen Ländern, beispielsweise bei unseren österreichischen Nachbarn, ist die Bezeichnung »naturidentischer Aromastoff« verboten. Hier sind Aromen entweder natürlich oder künstlich – und Basta.

»Natürlich« darf nur dann auf dem Etikett stehen, wenn das Aroma wirklich nur aus natürlichen Aromastoffen oder -extrakten besteht. Natürliche Aromastoffe werden aus natürlichen Ausgangsstoffen, häufig Pflanzen, gewonnen. Vanille, um bei unserem Beispiel zu bleiben, mit aus echten Vanilleschoten.

Die Aromaextrakte müssen ebenso aus natürlichen Ausgangsstoffen stammen, etwa Rosenessenz oder Bergamotteöl. Was sich, fairerweise, »künstlich« nennt, kommt nicht in der Natur vor und wird rein synthetisch hergestellt, beispielsweise Äthylvanillin.

Ausnahmen von der Regel

Eine Reihe fertig verpackter Lebensmittel benötigen kein Zutatenverzeichnis. Dazu gehören:

- Waren mit nur einer Zutat, wie Zucker, Mehl oder Reis.
- frisches Obst, Gemüse und Kartoffeln, sofern sie nicht verarbeitet (beispielsweise geschält oder geschnitten) wurden.
- Getränke mit einem Alkoholgehalt von über 1,2 Volumenprozent – ausgenommen Bier. Ab November 2005 müssen jedoch Bestandteile mit allergenem Potenzial wie beispielsweise Schwefeldioxid genannt werden (S. 289).
- einzeln verkäufliche, figürliche Zuckerwaren wie z. B. Schokoweihnachtsmänner.
- Getränke in Glasflaschen mit einer unverwischbaren Aufschrift, die wiederverwertet werden.
- Süßwaren und Dauerbackwaren (z. B. Kekse), die im Verkaufsraum vorproportioniert werden.
- tafelfertig zubereitete, portionierte Gerichte, die in Gemeinschaftsverpflegungen wie etwa Kantinen an Ort und Stelle gegessen werden.
- sehr kleine Packungen mit einer Fläche unter zehn Quadratzentimetern, wie etwa Portionsbutter.

Noch bis Ende 2005: Die 25%-Regel

Die gesonderte Nennung einer zusammengesetzten Zutat kann weggelassen werden, sofern deren Menge weniger als 25 % der Gesamtmenge des Produktes ausmacht. Nehmen wir zum Beispiel Kirschjoghurt: In der Zutatenliste steht »Joghurt mit 19 % Fruchtzubereitung«. Aus welchen Zutaten die Fruchtzubereitung besteht, muss nicht genannt werden.

Für Menschen, die allergisch auf bestimmte Stoffe in der Nahrung reagieren, kann das allerdings problematisch werden. Bei ihnen genügen schließlich meist bereits geringe Mengen des kritischen Stoffes, um die Allergie auszulösen. Mit einer der Gründe, weshalb die 25%-Regelung nur noch bis 25. November 2005 gilt und dann außer Kraft tritt (S. 251).

Die 2%-Regel

Bei Konservierungsstoffen gibt es noch die so genannte 2 %-Regel: Enthält beispielsweise ein Joghurt mindestens 2 % Fruchtzubereitung mit Konservierungsstoff oder ein Fleischsalat mindestens 2 % Majonäse mit Konservierungsstoff, geht der Gesetzgeber davon aus, dass der Konservierungsstoff im Endprodukt noch wirksam ist. Er muss also in die Zutatenliste mit aufgenommen werden.

Menge einer Zutat

Wie viel wovon in einem Lebensmittel steckt, erfahren Sie nur anhand der Position bei der Auflistung – mithin nur vage. Über den genauen Prozentanteil lässt man Sie jedoch im Unklaren. Diesen muss der Hersteller auch nur angeben, wenn:

- die Zutat in Wort oder Bild besonders hervorgehoben wird. Steht etwa »mit würzigem Schinken« auf dem Etikett, muss der prozentuale Schinkenanteil aufgeführt sein.
- die Zutat in der Verkehrsbezeichnung genannt ist. Etwa Sahnepudding mit ... % Sahne.
- die Zutat für das Lebensmittel von wesentlicher Bedeutung und Unterscheidung von anderen Lebensmitteln ist, beispielsweise der Eianteil bei Biskuit.

Sammelbezeichnungen

So eine Zutatenliste kann ordentlich lang werden. Um sich kürzer fassen zu können, dürfen die Hersteller bestimmte Sammelbezeichnungen verwenden – statt der Verkehrsbezeichnung. Zum Beispiel kann »Fisch« für verschiedene Fischarten in einer Fischsuppe aus der Dose stehen. Wird jedoch auf der Packung auf eine bestimmte Fischart hingewiesen, geht das nicht. Bei einem Heringssalat muss auch »Hering« in der Zutatenliste stehen. Weitere Nahrungsmittel, die unter Sammelbezeichnungen firmieren dürfen, sind unter anderem Käse, Mehl und Butter.

Wird bei einer Sammelbezeichung nicht klar, ob sie Zutaten mit allergenem Potenzial wie beispielsweise Nüsse enthält, muss mit der neuen Regelung ab November 2005 darauf gesondert hingewiesen werden. Etwa: »pflanzliche Öle (aus Erdnuss)«.

Was keine Zutaten sind

Auch das gibt es und trifft zu für:

- Lösungsmittel und Trägerstoffe für Zusatzstoffe und Aromen.
- Bestandteile, die vorübergehend entfernt und später wieder hinzugefügt werden.
- Zusatzstoffe, die in Zutaten enthalten sind, jedoch keine Wirkung im Enderzeugnis haben. So sorgt beispielsweise der Zusatzstoff Magnesiumstearat in Kakaopulver dafür, dass der Kakao rieselfähig bleibt. In einem fertigen Kakaogetränk hingegen übt dieser Zusatzstoff keine Wirkung mehr aus und muss daher nicht in der Zutatenliste stehen.

Haltbarkeit

Das Mindesthaltbarkeitsdatum gibt Ihnen mit der Formulierung »Mindestens haltbar bis ...« den Zeitpunkt an, bis zu dem das Lebensmittel ungeöffnet und korrekt gelagert seine besonderen Eigenschaften wie Geruch, Geschmack, Farbe und Nährstoffe mindestens behält. Nach Ablauf des Datums ist das Lebensmittel nicht automatisch verdorben oder sein Wert gemindert. Es darf auch noch verkauft werden – das Mindesthaltbarkeitsdatum ist kein Verfallsdatum. Der Verkäufer muss jedoch prüfen, ob das Produkt noch in Ordnung und damit verkehrsfähig ist. Auch Sie selbst sollten das bei einem Produkt mit abgelaufenem Mindesthaltbarkeitsdatum tun: Genau hinschauen, riechen und vorsichtig schmecken.

Ist die Haltbarkeit nur unter bestimmten Bedingungen gewährleistet, müssen diese zusätzlich genannt werden. Zum Beispiel

»Bei 4 bis 8 Grad Celsius mindestens haltbar bis …« oder »Kühl und trocken lagern. Mindestens haltbar bis …«.

Steht das Datum nicht am Etikett, muss dem Verbraucher verraten werden, wo dann. Etwa »Mindestens haltbar bis: siehe Packungsboden«.

Die Lebensdauer entscheidet

Bis 3 Monate	»Mindestens haltbar bis …« (Tag/Monat)
3 bis 18 Monate	»Mindestens haltbar bis Ende …« (Monat/Jahr)
Über 18 Monate	»Mindestens haltbar bis Ende …« (Jahr)

Sehr leicht verderbliche Lebensmittel wie beispielsweise Hackfleisch tragen statt des Mindesthaltbarkeitsdatums ein Verbrauchsdatum: »Zu verbrauchen bis …«. Nach Ablauf des genannten Datums dürfen solche Waren nicht mehr verlauft werden. Sie sollten sie auch nicht mehr essen, denn sie könnten verdorben sein.

Ausnahmen von der Regel

Einige fertig verpackte Lebensmittel dürfen ohne Mindesthaltbarkeitsdatum verkauft werden. Dazu gehören:

- frisches Obst, Gemüse (außer Keime und Sprossen) und Kartoffeln, sofern sie nicht verarbeitet (beispielsweise geschält oder geschnitten) wurden.
- Wein, Schaumwein und andere Getränke mit einem Alkoholgehalt vom mindestens zehn Volumenprozent.
- Speiseeis in Portionspackungen.
- Zucker in fester Form und Salz (außer jodiertes).
- Kaugummi und Zuckerwaren, die fast nur aus Zucker, Farbstoffen und Aromen bestehen.
- Backwaren, die binnen 24 Stunden gegessen werden.
- Essig.
- alkoholfreie Erfrischungsgetränke und alkoholische Getränke in Einzelbehältern von mehr als fünf Litern.

Füllmenge

Diese Angabe auf der Packung informiert Sie über das Gewicht, das Volumen oder die Stückzahl des abgepackten Lebensmittels. Die Gewichtsangabe erfolgt bei festen Lebensmitteln in Gramm oder Kilogramm. Das gilt auch für Milcherzeugnisse, Würzen und Essigessenz sowie für Honig und Sirupe, die als Brotaufstriche bestimmt sind. Bei flüssigen Lebensmitteln, Senf und Speiseeis sowie bei Feinkostsaucen muss das Gewicht in Litern oder Millilitern genannt werden.

Anstelle des Gewichts kann auch die Stückzahl angegeben werden, etwa bei Obst, Gemüse und Gewürzen, die üblicherweise nach Stück verkauft werden, wie Vanilleschoten. Auch bei Süßstofftabletten, Kaugummis oder -bonbons, Zucker- und Schokoladenwaren – sofern die Packung insgesamt weniger als 100 Gramm wiegt – wird die Stückzahl genannt.

Bei konzentrierten Produkten wie Suppen, Brühen und Soßen finden Sie zusätzlich die Angabe, wie viel Liter oder Milliliter das zubereitete Produkt ergibt. Bei Pulvern für Puddings und Cremes sowie bei Trockenwaren für Klöße oder Pürees muss zusätzlich die Flüssigkeitsmenge ausgewiesen werden, die zur Zubereitung der Füllmenge erforderlich ist. Bei Backpulver und -hefe muss die Menge an Mehl genannt werden, für die eine Portionspackung genügt.

Haben Sie es mit Lebensmitteln in einer Aufgussflüssigkeit wie Obst in Dosen oder Gewürzgurken zu tun, müssen Sie zudem das Abtropfgewicht vermerkt finden. Dieses muss nahe bei der gesamten Füllmenge stehen: »Füllmenge 825 g, Abtropfgewicht 490 g«.

Ausnahmen von der Regel

Wiegt ein Lebensmittel mitsamt Verpackung weniger als 50 Gramm, kann es ohne Angabe der Füllmenge verkauft werden. Das gilt auch für Zubereitungen aus Senf und Meerrettich mit weniger als 25 Gramm oder Milliliter Inhalt sowie für Speiseeis mit maximal 200 Millilitern Füllmenge.

▶ Nachwiegen lohnt sich
Jährlich werden die deutschen Verbrauchen um Millionen Euro betrogen: Zu diesem Ergebnis kamen kontrollen der Eichbehörden. Wie sich herausstellte, ist bei mehr als 6 Prozent der verpackten Lebensmittel weniger drin, als draufsteht. Besonders bei unverpackten Waren wie Brot und Waren ungleicher Füllmenge wie Fleisch – hier hätte jedes siebte bis achte Produkt nicht verkauft werden dürfen. Bei offen verpackten Waren wie Obst und Gemüse wurde sogar ein Drittel der Abmessungen beanstandet. Weniger erstaunlich, als es klingt: Bislang muss lediglich ein Mittelwert der auf der Packung angegebenen Füllmenge eingehalten werden. Und dieser Wert kann je nach Nennfüllmenge um bis zu 18 Prozent unterschritten werden.
Abhilfe, so fordern die Verbraucherzentralen, könnte die Einführung eines Mindestfüllwertes bringen. Was allerdings, so Kritiker dieser Idee, auch einiges an bürokratischen Mehraufwand bedeutet.

Preis

Er sagt Ihnen, was das abgepackte Lebensmittel kostet. Er heißt deshalb auch Endpreis. Sie finden ihn entweder auf dem Produkt selbst oder auf einem Schild nahe bei der Ware. Zudem muss auch der Grundpreis angegeben sein – der Preis pro Kilogramm oder pro Liter des Lebensmittels. Der Grundpreis muss neben dem Endpreis stehen. Dadurch können Sie die Preise von Produkten, die in verschiedenen Mengen abgepackt sind wie Käse oder Fleisch, leichter vergleichen.

In Hofläden oder kleinen Einzelhandelsgeschäften kann auf die Angabe des Grundpreises verzichtet werden. Allerdings nur, sofern der Verkauf durch eine Bedienung erfolgt. Was vor allem bei unverpackten Waren der Fall ist.

Der Grundpreis muss darüber hinaus auch nicht genannt werden, wenn er mit dem Endpreis übereinstimmt, oder wenn Ware stückweise oder reduziert wegen abgelaufenen Haltbarkeitsdatums abgegeben wird.

Herstellerangabe

Auf der Verpackung eines Lebensmittels müssen Namen oder Firma und Anschrift des Herstellers, Verpackers oder eines in der EU niedergelassenen Verkäufers genannt sein. So können Sie und der Verkäufer feststellen, woher das Lebensmittel stammt – für Reklamationen eine wichtige Information. Nicht nur dazu: Die Rückverfolgbarkeit der Ware dient ganz generell der Produkthaftung.

Bei sehr kleinen Packungen unter 10 cm^2 und einzeln verkauften, figürlichen Zuckerwaren wie Osterhasen kann auf Angaben zum Hersteller verzichtet werden.

Gehen Sie über Los ...

... und identifizieren ein Lebensmittel. Neben dem Herkunftsnachweis muss die Los- oder Chargennummer auf der Packung eines Lebensmittels stehen. Die Losnummer setzt sich aus einer Kombination von Nummern und/oder Buchstaben zusammen, der ein »L« vorangestellt sein kann.

Wird die Ware reklamiert, können mit Hilfe der Losnummern die betroffenen Lebensmittel schnell und eindeutig gefunden werden. Auch wenn von Lebensmitteln eine gesundheitliche Gefährdung ausgeht, lassen sich mit Hilfe der Chargennummer die Produkte identifizieren und aus dem Verkehr ziehen.

Lebensmittel in sehr kleinen Portionspackungen oder mit kurzer Haltbarkeit sowie Speiseeiseinzelpackungen sind von dieser Kennzeichnungspflicht befreit.

▶ Strichzeichnungen auf der Packung
Die feinen schwarzen Striche auf weißem Grund, der Strichcode, versehen mit der internationalen Artikelnummer EAN, ist nicht gesetzlich zwingend vorgeschrieben. Er dient dazu, Warenbewegungen lückenlos zu registrieren, gibt uns Verbrauchern aber keine Informationen über die Herkunft des Produktes.

Genusstauglich?

Um dies besser kontrollieren zu können, müssen Lebensmittel tierischen Ursprungs das so genannte »Genusstauglichkeitskennzeichen« tragen: Meist ein Oval mit schwarzen Ziffern auf weißem Grund. Das zeigt Ihnen, dass der Joghurt oder die Milch, die Sie gekauft haben, nach EU-weiten Hygienestandards verarbeitet und kontrolliert wurde. Woher die Milch oder das Fleisch allerdings ursprünglich stammen, können Sie nicht erkennen. Die Milch für Ihren morgendlichen Joghurt kann aus Polen importiert worden sein und in Nordrhein-Westfalen verarbeitet – was Sie lesen, ist nur NW. Schließlich wurde der Joghurt in diesem Bundesland in die Becher gefüllt.

Für Genusstauglichkeit steht:

- das Kürzel für das Land – hierzulande D für Deutschland.
- die Kontrollnummer jenes Betriebes, der das betreffende Produkt als letztes bearbeitet oder verpackt hat, mit einem Kürzel für das Bundesland – etwa BY für Bayern oder SH für Schleswig-Holstein.
- EWG, kurz für Europäische Wirtschaftsgemeinschaft.

Dass es durchaus möglich ist, auch bei loser Ware umfangreich zu informieren, beweisen einige Supermärkte und Vollkornbäckereien: Sie halten eine Kladde mit den Zutatenlisten bereit – ohne Aufpreis.

Lose Waren

Lose Vorschriften: Bei unverpackten Lebensmitteln sind die Kennzeichnungspflichten um einiges lockerer. Das will man nun im Bundesministerium für Verbraucherschutz, Ernährung und Landwirtschaft zwar ändern – stößt damit jedoch auf erbitterten Widerstand des Lebensmittelhandels. Viel zu kostenaufwendig sei die Kennzeichnung loser Waren. Die »Überregelementierung«, wie es Vertreter des Hauptverbandes des Deutschen Einzelhandels (HDE) formulieren, verteuere nur und gefährde die Produktvielfalt. Zudem, so wird argumentiert, gehen ohnehin »nur« rund 15 % der Lebensmittel über Bedienungstheken an die Käufer. Die sehen das anders: Über 90 % der deutschen Verbraucher möchten auch bei loser Ware umfassend und verständlich darüber informiert werden, wissen, was sie kaufen. Allein im Verkaufsgespräch kann der Kunde über mögliche Zusätze und Inhaltsstoffe nicht ausreichend aufgeklärt werden. Von unnötigem bürokratischem Aufwand kann mithin keine Rede sein … Schon heute unterliegen unverpackte Frischwaren einer beschränkten Kennzeichnungspflicht.Die wenigen Angaben, zu denen der Handel bereits jetzt verpflichtet ist, müssen »klar erkennbar, in leicht lesbarer und unverwischbarer Schrift nahe der Ware platziert« werden. In der Praxis geschieht dies meist in Form von Schildchen, die vor, neben oder direkt auf den Lebensmitteln angebracht sind. Denken Sie beispielsweise an den Wochenmarkt, da stecken die Schilder oft direkt im Kürbis oder im Käselaib.

Worüber Sie als Verbraucher bei losen Waren lediglich informiert werden müssen, sind:

- Verkehrsbezeichnung (S. 229),
- Art-, Sorten- und Herkunftsbezeichnung,
- Endpreis und Grundpreis (S. 238) und
- Zusatzstoffe.

Die Kennzeichnung in Kurzform ist auch in der Gastronomie und in Einrichtungen zur Gemeinschaftsverpflegung – etwa in Kantinen – zulässig. Dazu genügen Fußnoten auf der Speisekarte oder Aushängen.

Bei den Zusatzstoffen haben Verkäufer vergleichsweise freie Hand. Sprich, sie können sich zwischen einer kurzen und einer ausführlichen Kennzeichnung – wie bei verpackten Lebensmitteln – entscheiden. Dass die Wahl meist auf die Kurzform fällt, lässt sich denken. Nicht eben zum Vorteil des Verbrauchers. Denn wissen Sie, was sich hinter den Kürzeln verbirgt? Wie die meisten von uns wohl nicht. Hier ein wenig Nachhilfe. Wenn auch keine sehr aussagekräftige – was in der Sache selbst liegt.

- »mit Farbstoff«

Hier wurden Farbstoffe verwendet. Welche, ist jedoch unklar.

- »mit Konservierungsmittel« oder »konserviert«

Da stecken Konservierungsmittel drin. Sollte es Thiabenzol sein (häufig bei Zitrusfrüchten), muss das namentlich genannt werden. Sollte es sich um Nitritpökelsalz oder Nitrat handeln, wird dies sogar oft auch (freiwillig ...) vermerkt. Ansonsten tappen wir Verbraucher im Dunkeln. Beim Verkäufer nachfragen kann, muss aber nicht, weiterhelfen.

- »mit Antioxidationsmitteln«

Gleiches Spiel: Welches Mittel verwendet wurde, ist nicht ersichtlich.

- »mit Geschmacksverstärker«; welcher, erfahren wir nicht. Immerhin wissen wir, dass wir sie essen.
- »geschwefelt«

Das betreffende Lebensmittel enthält mehr als 10 Milligramm Schwefeldioxid pro Kilogramm oder Liter.

- »geschwärzt«

Häufig bei Oliven zu lesen. Die nämlich sind unreif noch grün und werden mit Eisenverbindungen geschwärzt, um flugs zu »reifen«.

- »gewachst«

Bei Zitrusfrüchten, Melonen, Birnen und besonders Äpfeln, deren Oberfläche mit Wachsen behandelt wurde.

- »mit Phosphat«

Klartext, ausnahmsweise ... Phosphat wird bei verschiedenen Fleischerzeugnissen – oft bei Brühwurst – eingesetzt, um diese schnittfest zu machen.

- »mit Süßungsmitteln«

Bei allen Lebensmitteln, die Süßstoffe und/oder Zuckeraustauschstoffe enthalten.

- »mit einer Zuckerart und Süßungsmittel/n«

Bei Lebensmitteln, die nicht nur Süßstoffe und/oder Zuckeraustauschstoffe, sondern auch herkömmlichen Zucker enthalten.

- »enthält eine Phenylalaninquelle«

Bei Lebensmitteln, die den Süßstoff Aspartam enthalten. Besonders wichtig für Patienten mit Phenylketunurie – sie reagieren auf diesen Stoff sehr empfindlich (S. 252).

- »kann bei übermäßigem Verzehr abführend wirken«

Soll heißen, dieses Lebensmittel besteht zu mehr als 10 % aus Zuckeraustauschstoffen.

- »nach der Ernte behandelt«

Wenn Kartoffeln zur längeren Haltbarmachung mit den Konservierern Thiabendazol, Chlorpropham oder Imazalil behandelt wurden.

Diese Liste spricht Bände: Lose Waren können Ungeahntes bergen. Mitunter auch eine böse Überraschung. Besonders für Menschen, die unter einer Allergie leiden. Das findet man auch im Verbraucherschutzministerium in Berlin und plant die Ausweitung der gesetzlichen Kennzeichnungsvorschift auf unverpackte Lebensmittel – so ausführlich wie bei den verpackten und inklusive der wichtigsten Allergene.

Nachhilfe im Verpackungs-Chinesisch

Ganze Marketingabteilungen zerbrechen sich darüber den Kopf, wie ihre Produkte den Käufern schmackhaft zu machen sind. Allen voran durch clevere Wortwahl.

In den Regalen steht so einiges an Mogelpackungen. Deshalb sollten Sie wissen, was von dem zu halten ist, was Sie lesen.

Das gute Geschäft mit dem höchsten Gut

Ausgewogen und reich an Vitaminen, Mineralien und Ballaststoffen, arm an Kalorien und Fett, ganz besonders an tierischem. Überhaupt, das Cholesterin – möglichst wenig und am besten gar keines. So soll unsere Ernährung aussehen, das haben wir nun allmählich verstanden. Gesundheitliche Aufklärung hat, zumindest in der Theorie, ihre Wirkung gezeigt. Das ist auch der Lebensmittelindustrie nicht verborgen geblieben. Was in den Regalen der Supermärkte landet, soll nicht nur satt machen und einigermaßen schmecken, sondern vor allem auch eines: Der Gesundheit nützen.

So peppt, was ehemals ein banaler Joghurt war, heute das Immunsystem auf und sorgt in den Darmschlingen für Wohlbefinden rundum. Wer seinen Räucherlachs gewinnbringend auf die Tische bringen will, klebt ihm die Aufschrift »mit wichtigen mehrfach ungesättigten Omega-3-Fettsäuren« auf die Packung. Das, so wissen die Marketingstrategen, sorgt für Umsatz. Erzeugt es doch auch einigen Kaufdruck. Wer will schon auf so »wichtige« Stoffe verzichten.

Wie gut also, dass Werbung mit Gesundheit in Deutschland nicht gesetzlich geregelt ist. Damit können die PR-Abteilungen bei den Lobpreisungen richtig tief in die Trickkiste greifen. Denn bislang gibt es keine Vorschriften für gesundheitsbezogene Angaben auf Lebensmitteln. Zwar sollen sie, so der Appell an die Industrie, »der Wahrheit entsprechen« und »den Verbraucher nicht in die Irre führen«. Ein hehres Ansinnen. Doch »stärkt ihre natürlichen Abwehrkräfte«, »reguliert die Darmtätigkeit«, »cholesterinfrei« ist nicht nachprüfbar. Eine Grauzone, in der es sich gut verkaufen lässt. Sie essen bestimmt auch lieber einen Lachs, der Ihren Organismus rundum gesund ölt als einen ohne die guten Omega-3-Fettsäuren. Wo Sie doch erst neulich in dieser Sendung im Fernsehen erfahren haben, wie gesund die sind. Eben, und damit macht man ein gutes Geschäft mit Ihnen. Aber kein faires.

Wie man sich vor Etikettenschwindeleien schützen kann? Nun, die Gesetzgeber arbeiten derzeit an der »Health-Claim«-Verordnung, die Gesundheitswerbung europaweit vereinheitlicht. So soll Klarheit in das Dickicht all der schönen Versprechen gebracht werden. Bis die Verordnung jedoch in Kraft tritt und gesundheitsbezogene Angaben auf gesetzlichen Boden bauen müssen, kann es dauern. Was Ihnen momentan weiterhilft, ist: viel wissen und wenig glauben.

Was geht in die Ernährungsbilanz ein?
Kalorienbewusst versuchen sich inzwischen immer mehr Menschen zu ernähren. Das ist gut so und wird durch die Nährwertkennzeichnung der Lebensmittel gefördert. Diese Angaben sind freiwillig – noch zumindest. Seit längerem wird diskutiert, die Kennzeichnung europaweit gesetzlich einzuführen.

Bei den Angaben zum Nährwert gibt es zwei Varianten – eine kurze und eine ausführliche. Die Kurzfassung nennt den Brennwert – Kilojoule und Kilokalorien – sowie den Eiweiß-, Fett- und Kohlenhydratgehalt. Bei der langen finden Sie zusätzlich Angaben zum Gehalt an Zucker, gesättigten Fettsäuren, Natrium und Ballaststoffen. Alles Stoffe, die eine maßgebliche Bedeutung für die Gesundheit spielen – in negativer wie positiver Hinsicht. Die Hersteller können auch Vitamine und Mineralstoffe aufführen. Jedoch nur, wenn diese »in signifikanten Mengen« enthalten sind. Mindestens 15 % der empfohlenen Tagesdosis müssen 100 Gramm des Lebensmittels dazu liefern.

Selen darf beispielsweise nicht genannt werden, da es nicht in der Verordnung zur Nährwertkennzeichnung aufgeführt ist.

»Verboten ist ...«

Lebensmittel sind keine Medikamente und dürfen deshalb auch nicht so tun. Das bedeutet, es ist den Herstellern verboten, mit Aussagen zu werben, die Vermeidung, Linderung oder Heilung von Krankheiten vorgaukeln. Kommentare wie »schützt vor Herz-Kreislauf-Erkrankungen« sind mithin nicht erlaubt. Auch Verweise auf ärztliche Gutachten und Empfehlungen sind verboten. Wie alles, was Angstgefühle schürt oder die Sorge um die eigene Gesundheit ausnutzt.

Grundsätzlich gilt, dass die Aussagen wahren Tatsachen entsprechen müssen und den Verbraucher nicht irreführen dürfen – mit Wirkungen und Eigenschaften, die sie nach den Erkenntnissen der Wissenschaft nicht haben. Was, wie erwähnt, schwer nachzuprüfen ist. Zum einen angesichts der Flut an Neuschöpfungen der Food-Ingenieure. Zum anderen angesichts der geschickten Wortfindungen. »Reinigt Ihren Organismus« kann vieles und nichts bedeuten. Ebenso diffus ist die Angabe, dass ein Lebensmittel »hilft, besser mit Stress umzugehen«.

Wovon Sie die Finger lassen sollten und was »richtig« verboten ist …

»Cholesterinarm« und »cholesterinfrei«
Vorsicht mit solchen Produkten: Für beide Begriffe gibt es derzeit keine gesetzliche Regelung, die sie definiert. Soll heißen, die Hersteller können sie frei für ihre Produkte verwenden. Einzige Maßgabe: Die Angaben dürfen nicht falsch oder irreführend sein. Nachgeprüft wird das jedoch nicht. Einziger offizieller Anhaltspunkt: Eine Empfehlung der Codex Alimentarius-Kommission (S. 308), wonach ein »cholesterinarmes« Lebensmittel höchstens 20 Milligramm Cholesterin pro 100 Gramm enthalten darf, ein »cholesterinfreies« höchstens 5 Milligramm.

»Natürlich« und »naturrein«
Irreführende und deshalb verbotene Bezeichnungen bei Lebensmitteln, die bestrahlt wurden oder zulässige Rückstände von Pflanzenschutzmitteln enthalten.

»Edel« oder »fein«
Verboten, falls das Produkt keine nachgewiesene bessere Qualität besitzt als vergleichbare Waren ohne diesen Hinweis.

»Echter Honig« ist Nonsens. Oder kennen Sie unechten Honig?

Schlanke Mogelpackungen

Vital ist, wer eine gute Figur macht. So jedenfalls ist es in unseren Köpfen verbucht und ja auch nicht verkehrt. Übergewicht ist ungesund und unattraktiv obendrein. Weshalb sich alles, was der schlanken Linie frommt, als lukrativ erweist. Auch Lebensmittel lassen sich umso besser verkaufen, je weniger sie auf der Kalorienbilanz zu Buche schlagen – »du darfst«, endlich mal.

Das hat die Food-Industrie schon lange erkannt und weidlich für ihre Bilanzen genutzt. Was wiederum dem Gesetzgeber nicht entgangen ist und der schlankheitsbezogenen Werbung den Riegel vorgeschoben hat: Alle Aussagen, die einem Lebensmittel schlank machende, gewichtsvermindernde Eigenschaften andichten, sind verboten. Tabu sind mithin Anmerkungen zur Höhe der Gewichtsabnahme, zur Beeinflussung des Hungergefühls oder zum Zeitraum für eine mögliche Gewichtsabnahme.

Dieser Bann trifft nicht nur Nahrungsmittel, sondern auch Nahrungsergänzungsmittel und Functional Food (S. 257). Einzig diätetische Lebensmittel dürfen auf schlankmachende Qualitäten verweisen. Sofern sie diese auch nachgewiesenermaßen besitzen und somit für eine »gewichtskontrollierende Ernährung« nach den Maßgaben der Diätverordnung zugelassen sind.

Die »Du darfst«-Falle

Wer sich mit »Light«-Produkten künftig auf der leichteren Seite des Lebens wähnt, erliegt einem gewichtigen Irrtum. Das Einzige, was mit »leichten« Produkten leichter wird, ist das Verkaufen. Das Abnehmen nicht. Denn »light« ist kein rechtlich geschützter Begriff und so kann sich dahinter eine ganze Menge verbergen. Ob ein Hersteller mit »light« alkoholfrei, koffeinreduziert oder tatsächlich kalorienvermindert und fettarm bezeichnet, ist allein seine (Auslegungs-)Sache.

Auch wenn »light« nicht mehr so en vogue ist und eher »Balance« oder »Wellness« im Packungstrend liegen – inhaltlich ändert das nichts: Light-Produkte rücken Gewichtsproblemen nicht zu Leibe. Im Gegenteil, schließlich sehen viele darin den Freifahrschein fürs Schlemmen ohne Reue. Von »light« kann man sich ruhig mehr gönnen und auch woanders mal mehr. Und schon liegt im Einkaufswagen neben all den mageren Quarks, den leichten Käsen und Marmeladen eine Tafel Nougatschokolade …

Die »Du darfst«-Falle schnappt schneller zu, als viele meinen. Zumal Light-Produkte meist weniger sättigen, man mithin mehr davon isst und so am Ende oft noch mehr Kalorien abbekommt als mit »schweren« Lebensmitteln. Und zumal die vielfach enthaltenen

Süßstoffe den Appetit sogar noch ankurbeln können. Nicht umsonst wurde eine Reihe davon vor Jahren in der Schweinemast eingesetzt – um die Fresslust zu stimulieren …

Sind die westlichen Industrienationen etwa schlanker geworden, seit sie leicht löffeln, trinken und kauen? In Deutschland wurden in den vergangenen zwei Jahrzehnten gewaltige Mengen an Light-Produkten verzehrt. Im gleichen Zeitraum stieg das Durchschnittsgewicht – inzwischen ist jeder zweite Bundesbürger übergewichtig.

Die angeblichen Schlankmacher bergen obendrein häufig noch gesundheitliche Risiken – in Gestalt einer Menge Zucker, Zusatzstoffe und anderem, was nicht eben gesundheitsfördernd ist.

»light« oder »leicht«
Bezieht sich dies tatsächlich auf den Energiegehalt, so muss das Lebensmittel zumindest einen verminderten Brennwert haben: Das bedeutet, 30 % weniger Energie als ein vergleichbares Produkt.

»X % weniger Fett«
Noch eines der von Werbestrategen gerne angewandten Verwirrspiele: Produkte, die gezielt mit diesem Aufdruck beworben werden, haben meist trotzdem noch jede Menge Fettkalorien intus – oft bis zu 80 %.

»Diätprodukt«
Für Diabetiker gemacht, haben solche Nahrungsmittel den Vorteil, dass Energiegehalt und Inhaltsstoffe genau aufgeführt sein müssen. Doch »Diät« darf keineswegs mit einem geringeren Fettgehalt verwechselt werden. Auch nicht mit kalorienarm, denn oft wird Zucker lediglich durch Zuckeraustauschstoffe ersetzt. Damit schlagen viele Diätprodukte ebenso zu Buche wie konventionelle.

»kalorienreduziert«, »Brennwert vermindert«, »reduzierter Fettgehalt«
Solche Aussagen sind nur erlaubt, wenn das betreffende Produkt

tatsächlich mindestens 30 % weniger Kalorien oder Nährstoffe enthält als vergleichbare Lebensmittel.

»Kalorienarm«
So darf ein Lebensmittel nur dann etikettiert sein, wenn 100 Gramm nicht mehr als 210 Kilojoule (50 Kilokalorien) beziehungsweise 100 Milliliter Getränke, Suppen und Brühen nicht mehr als 84 Kilojoule (20 Kilokalorien) enthalten.

Wenn Sie auf der Packung Maltose (Malzzucker), Laktose (Milchzucker) oder Fruktose (Fruchtzucker) lesen, ist das kein Freibrief zum Schlemmen. Diese Zuckerarten enthalten ebensoviel Kalorien wie Haushaltszucker und können auch ebenso wie dieser Karies verursachen.

»natriumarm« oder »kochsalzarm«
Damit darf auf einen geringen Kochsalz- oder Natriumgehalt hingewiesen werden. Sofern in 100 Gramm eines festen Lebensmittels nicht mehr als 120 Milligramm Natrium enthalten sind. Bei Getränken und allem Flüssigen dürfen es nicht mehr als 2 Milligramm pro 100 Milliliter sein.

»natriumreduziert« oder »kochsalzvermindert«
Diese beiden Begriffe dürfen nur bei bestimmten Lebensmitteln verwendet werden. Deren Natriumgehalt in 100 Gramm muss dann begrenzt sein auf:

250 Milligramm bei Brot, Kleingebäck und sonstigen Backwaren
250 Milligramm bei Fertiggerichten und fertigen Teilgerichten
250 Milligramm bei Suppen, Brühen und Soßen
250 Milligramm bei Erzeugnissen aus Fischen, Krebs- und Weichtieren
300 Milligramm bei Kartoffeltrockenerzeugnissen
400 Milligramm bei Kochwürsten
450 Milligramm bei Käse und Käseerzeugnissen
500 Milligramm bei Brühwürsten und Kochpökelwaren

»Niedriger glykämischer Index«
Glyx-Diäten versprechen schnelle Gewichtsverluste. Das Prinzip dahinter ist, vor allem Lebensmittel mit einem niedrigen glykämischen Index zu essen. Der GI ist ein Maß dafür, wie stark der Blutzuckerspiegel nach Verzehr eines kohlenhydrathaltigen Lebensmittels ansteigt. Je weniger, desto niedriger der GI und desto besser zum Annehmen.

Genaue Angaben zum glykämischen Index eines Lebensmittels sind jedoch nicht möglich. Denn wie stark der Blutzucker ansteigt, ist von Mensch zu Mensch verschieden. Neben diesen individuellen Schwankungen beeinflussen auch Reifegrad von Obst und Gemüse sowie Verarbeitung und Zubereitung den GI. Dies sollten Sie bedenken, wenn Sie ein Lebensmittel mit der Aufschrift »niedriger glykämischer Index« kaufen.

Erhöhter Vitamin- und Mineralstoffgehalt
Auf einen größeren Vitamin- oder Mineralstoffgehalt darf hingewiesen werden, wenn das Lebensmittel auch wirklich eine signifikante Menge davon beinhaltet: Das bedeutet mindestens 15 % der empfohlenen Tagesdosis müssen in 100 Gramm des betreffenden Lebensmittels oder in 100 Milliliter des Getränks enthalten sein.

Rasterfahndung auf der Verpackung

Auf der Visitenkarte unserer Lebensmittel steht eine ganze Menge, wie Sie eben gelesen haben. Aber eben leider nicht alles. Das kann besonders für jene zum Problem werden, die unter Krankheiten leiden, bei denen bestimmte Stoffe in der Nahrung eine zentrale Rolle spielen. Wie bei Allergikern – 3 % der Erwachsenen und bis zu 6 % der Kinder leiden heute an Lebensmittelallergien. Für sie kann jede Mahlzeit zur Gefahr werden. Denn oft genügen bereits kleinste Mengen des Allergens, um die Unverträglichkeitsreaktion auszulösen. So können bei einer Erdnussallergie bereits Spuren der Nüsse heftige Reaktionen nach sich ziehen.

Der einzige Schutz besteht im Vermeiden des Auslösers – jenes Stoffes, auf den das Immunsystem so vehement reagiert. Das klappt aber nur, wenn der Allergiker weiß, wo sein kritischer Stoff enthalten ist. Damit stehen viele der Patienten oder deren Eltern vor einem Problem: Was als Zutat einer Zutat ins Lebensmittel wandert oder was darin keine Wirkung mehr besitzt, wird vielfach nicht mit aufgeführt.

Ein Ausweg aus diesem Dilemma soll die neue Allergenkennzeichnung bringen: Sie tritt am 25. November 2005 in Kraft und sorgt für mehr Sicherheit für Allergiker. Zutaten, die als häufige Lebensmittelallergene identifiziert wurden, müssen verpflichtend aufgeführt werden. Auch wenn sie nur indirekt über andere Zutaten enthalten sind, im Lebensmittel keine Funktion mehr haben und nur für die Herstellung wichtig waren. Wenn Namen von Zutaten genannt sind, die allergene Stoffe beinhalten könnten, müssen diese noch einmal gesondert aufgeführt werden – etwa »pflanzliche Öle (aus Soja)«.

Die Kennzeichnungspflicht umfasst folgende Warengruppen und die Erzeugnisse daraus, wird jedoch kontinuierlich weiter gefasst:

- glutenhaltige Getreide wie Weizen, Gerste, Roggen, Dinkel, Hafer und Kamut
- Fisch
- Krustentiere
- Eier
- Erdnüsse
- Soja
- Milch (einschließlich Laktose)
- Schalenfrüchte (Nüsse)
- Sellerie
- Senf
- Sesamsamen
- Schwefeldioxid und Sulfite ab 10 Milligramm pro Kilogramm oder Liter

»Kann Spuren von ... enthalten«

Diesen Hinweis sollten Sie mit Vorsicht genießen – im wahrsten Wortsinn. Denn er ist eine freiwillige Angabe der Hersteller und hat mit der neuen Allergenkennzeichnung ab Ende November

2005 nichts zu tun. Lesen Sie beispielsweise »kann Spuren von Nüssen enthalten« könnte jede Art von Nüssen gemeint sein. Sind es Erdnüsse, haben Sie möglicherweise schlechte Karten. Erdnussallergien gehören schließlich zu den schwersten Unverträglichkeiten, die man sich servieren kann: Bereits 0,001 % Erdnuss im Lebensmittel können allergische Reaktionen auslösen. Eine vollständige Klarheit ist also auch mit der neuen Regelung nicht gegeben. Was bleibt, ist die Nachfrage beim Hersteller. Und die Hoffnung auf dessen wahrheitsgemäße Antwort.

»Enthält eine Phenylalaninquelle« – bei diesem Hinweis sollten bei Patienten mit einer Phenylketunurie die Alarmglocken läuten. Denn bei der Stoffwechselerkrankung besteht eine Überempfindlichkeit gegenüber Phenylalanin, das vor allen im Süßstoff Aspartam enthalten ist.

Durchblick im Food-Markt

Dass »Nahrung unsere Medizin sein kann«, wie es die Hippokratischen Schriften um 460 vor der Zeitenwende darlegten, daran lässt die Forschung heute keinen Zweifel mehr. So einige Stoffe in unserer Nahrung bergen ein enormes Potenzial hinsichtlich Erhaltung und Förderung der Vitalität.

40 % der Frauen und 32 % der Männer in Deutschland unterstützen ihre Gesundheit, indem sie ihre Bilanz an Vitaminen, Mineralien und Nährstoffen gezielt aufstocken: Nahrungsergänzungsmittel, Functional Food und diätetische Lebensmittel boomen.

Fast täglich landen neue Kreationen der Food-Ingenieure in den Regalen und machen den Markt immer diffuser. Die wenigsten wissen so genau, was sie da eigentlich so gesundheitsbewusst schlucken, kauen oder trinken. Und ob das, was man sich in den Laboren der Lebensmittelindustrie einfallen lässt, auch sein Geld wert ist.

Nachfolgend einige Lektionen in »Diet Health Promotion«, neudeutsch für Ernährung im Dienste von Gesundheit und Fitness.

Nahrungsergänzungsmittel

Wie bereits der Name sagt: Nahrungsergänzungsmittel sollen die »Nahrung in Fällen unausgewogener Ernährung und bei erhöhtem Nährstoffbedarf gezielt ergänzen«. Aber bitte nicht frei nach dem Gießkannenprinzip: Die »ungerichtete« und »breit gestreute« Einnahme von Nährstoffpräparaten wertet man in Expertenzirkeln kritisch.

Eine Milliarde Euro wird jährlich zwischen Flensburg und Garmisch für Nahrungsergänzungsmittel ausgegeben.

»Viel hilft viel« vergessen Sie allen voran bei hoch dosierten Gaben von Vitaminen besser. Zu hoch das Risiko unerwünschter und noch nicht erforschter Nebenwirkungen. Bei einigen Vitaminen und Mineralstoffen kann eine Überversorgung durchaus mit gesundheitlichen Risiken verbunden sein.

Was also dem gesundheitsbewussten Esser auf den Weg geben? Ernährungswissenschaftler und Institutionen wie die Deutsche Gesellschaft für Ernährung e. V. (DGE) halten es mit dem Rat: Wer die Vielfalt der Lebensmittel nutzt, abwechslungsreich und vollwertig isst, führt dem Körper ausreichend Vitamine und Mineralstoffe zu – in der Regel. Ausnahmen davon gibt es allerdings so einige. Womit wir bei der Gretchenfrage wären:

Wer regelmäßig Vitaminpräparate nimmt, sollte prüfen, wie hoch diese dosiert sind und sich bei Zweifeln an seinen Arzt wenden. Nahrungsergänzungsmittel mit Vitamin E sollten Sie beispielsweise nur dann nehmen, wenn Sie tatsächlich einen erhöhten Bedarf haben – beispielsweise bei chronischen Erkrankungen.

Wer braucht eine Nahrungsergänzung?

Das lässt sich – will man seriös bleiben – nicht pauschal sagen. Klarheit über den aktuellen Status quo an Mineralien, Vitaminen und Co. kann Ihnen ein Blutbild bringen. Anhand dessen kann der Arzt überprüfen, ob bei Ihnen ein Defizit an einem bestimmten Stoff vorliegt. Dann können Sie die Speicher gezielt wieder auffüllen.

Natürlich gibt es Phasen, in denen die emotionale und körperliche Belastung höher ist oder die Abwehrkräfte geschwächt sind. Dann ist es sinnvoll, den Organismus für eine Weile durch die Einnahme entsprechender Präparate zu unterstützen – sei es zur Immunstimulierung oder zur Stärkung der Nerven.

Ebenso können Nahrungsergänzungsmittel sinnvoll sein für:

- Schwangere und Stillende

In diesen Monaten ist der Nährstoffbedarf besonders hoch. Empfohlen wird vor allem die zusätzliche Einnahme von Eisen, Jod und Folsäure.

- Kinder und Jugendliche

Sie brauchen während des Wachstums mehr Nährstoffe als Erwachsene. Mit einer gesunden Mischkost ist das jedoch in der Regel abzudecken. Problematisch kann es werden, wenn der Nachwuchs zu einseitig isst und kein oder nur wenig Obst und Gemüse. Dann sollten Nahrungsergänzungen auf dem Programm stehen – über einige Wochen als Kur in regelmäßigen Abständen.

- Leistungssportler

Extreme sportliche Betätigungen können zu einem gesteigerten Bedarf führen, der nicht immer über die übliche Ernährung gedeckt werden kann – insbesondere, was die Vitamine der B-Gruppe sowie Jod, Zink und Eisen anbelangt. Denn diese Stoffe gehen dem Körper über den Schweiß verloren.

Als Leistungssport gilt, was einen zusätzlichen Energieverbrauch von mindestens 2000 kcal pro Woche bewirkt.

- Alte Menschen

Viele alte Menschen essen sehr einseitig und zu wenig, Krankheiten und die Einnahme von Medikamenten verschlechtern die Nährstoffbilanz zusätzlich: So kommt es, dass gerade in dieser Altersgruppe Mangelzustände häufig sind. Gezielte Nahrungsergänzung kann dann wertvolle Dienste leisten.

- Chronisch Kranke

Diabetes mellitus (Zuckerkrankheit), rheumatische oder Erkrankungen des Magen-Darm-Traktes – diese und andere chronische Krankheiten gehen häufig mit Nährstoffdefiziten einher. Hier gehört die gezielte Nahrungsergänzung allerdings in die Hand des Arztes.

- Veganer

Strenge Vegetarier, die auf Fleisch, Fisch, Eier und Milch verzichten, müssen ihre Ernährung besonders sorgfältig zusammenstellen und mitunter ergänzen. Kritische Kandidaten sind vor allem die Vitamine D, B12, B2, B6, Calcium, Eisen, Zink und Jod.

- Schlankheitskurende

Wer für längere Zeit seine Portionen stark verkleinert und pro Tag 1500 Kilokalorien und weniger aufnimmt, senkt auch die Zufuhr von Vitaminen und Mineralstoffen. Um einem Mangel vorzubeugen, können Nahrungsergänzungsmittel sinnvoll sein.

Arznei oder Nahrungsergänzung?

Nahrungsergänzungsmittel zählen rechtlich zu den Lebensmitteln. Sie werden jedoch in untypischer, nämlich »dosierter Form« wie Tabletten, Kapseln oder Pulverbeuteln, angeboten. Im Grunde also ähnlich wie Arzneimittel. Im Unterschied zu diesen benötigen Nahrungsergänzungsmittel jedoch keine Zulassung. Denn jedes Produkt, das als Arzneimittel auf den Markt kommen soll, muss durch das Bundesamt für Arzneimittel und Medizinprodukte zugelassen werden.

So weit die Theorie nach dem Gesetz. In der Praxis gibt es jedoch eine Grauzone zwischen Arznei- und Nahrungsergänzungsmitteln. So manche Hersteller versuchen, Produkte als Nahrungsergänzungsmittel zu verkaufen, die eigentlich Arzneimittel sind. Häufig kann erst per Gerichtsurteil entschieden werden, zu welcher Gruppe das Präparat nun zählt. Auch aus diesem Grund sollten Sie bei Nahrungsergänzungsmitteln, die laut Hersteller Beschwerden »vorbeugen« oder gar »lindern« können, misstrauisch sein.

Stellen Sie immer auch einen Preisvergleich an: Bei identisch zusammengesetzten Präparaten gibt es oft erhebliche Preisunterschiede.

Sehen Sie sich die Angaben auf der Verpackung sehr genau an. Gerade bei Nahrungsergänzungsmitteln kommt es immer mehr vor, dass mit falschen Angaben geworben wird – seien es unzulässige Aussagen zu den Inhaltsstoffen oder Aussagen zur Wirkung, was beides in Deutschland verboten ist.

Lassen Sie die Finger von Präparaten, auf deren Verpackung keine vollständige Anschrift des Vertreibers oder nur eine Anschrift im Ausland angegeben ist. Vorsicht geboten ist auch bei Empfehlungen von Ärzten oder Wissenschaftlern aus dem In- und Ausland, denn diese sind meist frei erfunden. Das gleiche gilt für Präparate, die an der Haustüre, über Telefonhotlines oder Postfachfirmen, oft aus dem nahen Ausland, vertrieben werden. Diese sind durch die amtliche Lebensmittelüberwachung kaum kontrollierbar und bewegen sich oft am Rande oder außerhalb der Legalität. Das Bundesministerium für Gesundheit und Soziale Sicherung (BGMS) warnt auch davor, Nahrungsergänzungsmittel aus dem Internet zu beziehen. Denn sie entziehen sich komplett jeglicher staatlichen Kontrolle.

Mehr Qualität in Pillen und Pulvern

Zehn Experten, zwanzig verschiedene Meinungen, ebenso viele Befürworter und Gegner – das Dilemma kennt man in wissenschaftlichen Kreisen bestens. Die USA und die Briten haben darauf bereits vor Jahren reagiert und Qualitätsstandards für Gesundkost aufgestellt. Nach diesem Vorbild soll nun auch in Deutschland für mehr Verbraucherschutz bei Vitaminen, Aminosäuren & Co. gesorgt werden. Die Verordnung für Nahrungsergänzungsmittel, kurz NemV, soll künftig besser vor unseriösen Produkten schützen. So müssen ab Dezember 2005 alle Hersteller von Nahrungsergänzungsmitteln ihre Präparate beim Bundesamt für Verbraucherschutz und Lebensmittelsicherheit (BVL) melden. Damit verspricht man sich eine bessere Überwachung der Produkte.

Weiterhin sieht NemV vor, dass alle Präparate künftig die Aufschrift »Nahrungsergänzungsmittel« tragen. Auf der Packung muss auch die täglich empfohlene Menge und die Nährstoffzusammensetzung angegeben werden.

Bei Zweifeln, ob das erworbene Produkt gesetzlichen Bestimmungen entspricht, können Sie sich professionellen Rat holen; siehe Adressen im Anhang, S. 314ff.

Functional Food – schlemmen statt schlucken

Mit Folsäure angereicherte Müsliriegel, Orangensaft mit Calcium, Erfrischungsgetränke mit Co-Enyzm Q10, Joghurts mit probiotischen Milchsäurebakterien: Functional Food ist in aller Munde.

»Funktionellen Nahrungsmitteln« werden gezielt Vitamine, Spurenelemente oder andere gesundheitlich bedeutsame Stoffe zugesetzt. Die Idee dahinter: Lebensmittel sollen nicht nur schmecken und satt machen, sondern auch einen Nutzen haben. Oder ihn zumindest versprechen.

Die Wiege der Nutriceuticals, der funktionellen Lebensmittel, stand in Japan. Hier gehören sie seit vielen Jahren zum Supermarkt-Alltag. Aus dem Land der aufgehenden Sonne stammt auch die – bislang gelungenste – Definition dessen, was Functional Food eigentlich ist. Nämlich »Nahrungsmittel, die auf Inhaltsstoffen natürlichen Ursprungs basieren, im Zuge der täglichen Ernährung aufgenommen werden und eine definierte Funktion auf den Organismus haben: Verbesserung der Immunabwehrfunktionen, Vorbeugung spezifischer Krankheiten, Unterstützung bei der Genesung bestimmter Krankheiten, Kontrolle von physischen und psychischen Beschwerden oder Verlangsamung des Alterungsprozesses.« Japan ist das einzige Land weltweit, in dem es eine solche verbindliche Rechtsgrundlage gibt. Nur Produkte, die ihr entsprechen, dürfen als Functional Food auf den Markt und das »FOSHU«-Siegel tragen. Auf so etwas warten wir bis heute.

Inzwischen wird in den Laboren der internationalen Großkonzerne im Wettlauf am Pharma-Food gebastelt. Wie sehr sich das lohnt, das zeigen die enormen Umsätze der vergangenen Jahre und das prognostizieren die Marketingstrategen auch für die Zukunft.

Die Renner im Regal von der ersten Stunde an bis heute sind probiotische Milch- und Joghurt-Produkte. Diese Basics der

Functional-Food-Ära, einst von einem Schweizer Unternehmen kreiert und inzwischen zigfach kopiert, werden mit wachsender Begeisterung gelöffelt oder getrunken. Schließlich sollen Probiotika, regelmäßigen Verzehr vorausgesetzt, mit ihren lebenden Mikroorganismen – meist Milchsäurebakterien – der Gesundheit gleich auf mehreren Ebenen nützen: Immunsystem stählen, Verdauung ankurbeln, Darmflora sanieren und den Darm selbst vor Krankheiten schützen. Allerhand. Ob und wie Lactobacillus, Bifidobacterium und Kollegen das alles so hinbekommen, ist indessen noch nicht geklärt. Der Schönheitsfehler daran. Die diesbezügliche Forschung befindet sich noch in den Kinderschuhen. Die bisherigen Studien genügten vielfach nicht den wissenschaftlichen Standards und lieferten zudem oft widersprüchliche Ergebnisse.

Was dreht sich um wen?
Ob Milchsäurebakterien rechts- oder linksdrehen, richtet sich nach ihren physikalischen Eigenschaften: Unter polarisierendem Licht dreht sich der Lichtstrahl entweder nach links oder rechts. Im Joghurtbecher stecken vor allem rechtsdrehende Milchsäurebakterien, die auch in unserem Körper vorkommen.

Ebenso gewinnträchtige »funktionelle Stoffe« jüngeren Datums sind Omega-3-Fettsäuren. Die mehrfach ungesättigten Fettsäuren verwandeln immer mehr Lebensmittel in potente Elixiere – gesundheitlich wie wirtschaftlich. Omega-3-Fettsäuren können dazu auch mit einem fundierten wissenschaftlichen Segen aufwarten: Ihre vielfältigen positiven Wirkungen sind zweifelsfrei belegt und in Studien nachgewiesen. Die langen Molekülketten sind besonders gut fürs Herz, unter anderem weil sie regulierend in einen gestörten Blutfettstoffwechsel eingreifen. Darüber hinaus wirken sie entzündungshemmend, abwehrstärkend und möglicherweise sogar antidepressiv. Ein respektables Portfolio. Und so wandern Omega-3-Fettsäuren zuhauf in Brot- und Nudelteige, in Erfrischungsgetränke und Säfte und vieles anderes mehr. Sogar »Omega-3-Eier« wurden bereits gesichtet.

Eine weitere gerne genommene Zutat fürs funktionelle Speisen sind die sekundären Pflanzenstoffe. Phytochemicals, wie sie auch heißen, dienen Pflanzen zur Abwehr gegen Krankheiten und Schädlinge, zur Wachstumsregulation und als Farbstoff. Sie haben keinen direkten (primären) Nährstoffeffekt für uns Menschen – deshalb ihr Name. Sekundär im Sinn von zweitrangig sind sie aber keineswegs. Im Gegenteil: Forschungen bescheinigen ihnen eine enorme Wirkpalette, allen voran im Hinblick auf die Vorbeugung jener Krankheiten, die uns heute in den Industrienationen am meisten bedrohen. Man denke an antioxidative und entzündungshemmende, an blutdruck- wie blutfettregulierende Eigenschaften, um nur einige zu nennen.

Auch die positiven Wirkungen von Rotwein gehen auf sekundäre Pflanzenstoffe zurück – die Flavonoide, besonders zahlreich in den Schalen der blauen Trauben und etwas weniger in denen der weißen zugegen.

▶ Medizin aufs Brot

Cholesterinsenkende Margarine? Ein Widerspruch in sich. Pflanzensterine machen es angeblich möglich: Regelmäßig täglich aufs Brot gestrichen, machen sie prinzipiell wenig Gesundes zu streichfähiger Medizin. Studien wollen – laut Angaben der Hersteller – bescheinigt haben, dass täglich 20 Gramm einer mit Pflanzensterinen angereicherten Halbfettmargarine das schlechte LDL-Cholesterin um bis zu 15 % senken kann. Ohne Änderung der sonstigen Essgewohnheiten und binnen drei Wochen. Man mag davon nun halten, was man will – die Finnen hat diese Meldung überzeugt. Im Land der tausend Seen wurde das heilsame Fett zum Kassenschlager. Trotz stolzen Preises war die Nachfrage so groß, dass die Zulieferungen in den Handel teilweise rationiert werden mussten. In den USA ist der funktionelle Brotaufstrich ebenso erfolgreich.

Ein Beispiel von vielen, dass den Prognosen der Wirtschaftsforschern weiteren Wind in die Segel bläst: Functional Food steht goldene Zeiten bevor. In Deutschland ist die medizinische Margarine jedenfalls noch nicht genehmigt. Bleibt uns also abwarten und weiter konventionell schmieren …

Funktioneller Sinn und Unsinn

Functional Food soll, wie unter anderem auch das Bayerische Staatsministerium für Ernährung, Landwirtschaft und Forsten findet, »einen konkreten, für den Verbraucher nachweislichen Nutzen über die übliche Nährstoffversorgung hinaus bieten«. Damit grenzen sich diese Produkte von den »normalen« ab. Theoretisch sinnvoll, in der Praxis problematisch. Denn ob funktionelles Essen einen wirklichen Zusatznutzen für den Verbraucher bietet, ist wissenschaftlich noch nicht geklärt. Vielen Inhaltsstoffen wird, vorschnell und zu pauschal, eine gesundheitsfördernde Wirkung zugeschrieben. Der endgültige Beweis dessen steht in den meisten Fällen aber noch aus. Die dazu nötigen Verzehrstudien werden, in der Regel aus Kostengründen, nicht geführt. Zudem sind die ernährungswissenschaftlichen Eckdaten vor der Markteinführung eines Produktes oft nicht ausreichend definiert.

Und so werden die kritischen Stimmen wider die Gesundbrunnen vom Food-Markt auch nach Jahren nicht weniger: Funktionelle Nahrungsmittel, so warnen einige Verbraucherschutzverbände, seien nicht viel mehr »als eine Marketingstrategie, die den Trend zu gesundheitsbewusstem Leben ausnutzt.«

Am Institut für Systemtechnik und Innovationsforschung der Fraunhofer Gesellschaft formuliert man es höflicher: Die »derzeit als gering einzustufenden Kenntnisse über mögliche unerwünschte Nebenwirkungen müssen erweitert« werden. Im Klartext: zurzeit weiß man einfach noch zu wenig über Functional Food. Denn selbst wenn der Beweis des Gesundheitsnutzens tatsächlich erbracht wurde, wo liegt das zuträgliche Maß?

Die Dosis macht das Gift ...

... wusste Paracelsus schon Mitte des 16. Jahrhunderts. In entsprechender Dosierung kann auch Griesbrei gefährlich werden. Das Problem: Wie viel soll man essen, damit der funktionelle Zusatznutzen wirksam wird. Wie viel darf man essen, ohne gesundheitlichen Schaden zu nehmen. Bekanntes Beispiel: Bei Rauchern wurde beobachtet, dass die vermehrte Aufnahme von Beta-Carotin das Krebsrisiko nicht wie erwartet mindert, sondern es im Gegenteil steigert.

Die Ernährungswissenschaftler mahnen mithin nicht umsonst weitere und rigorose Untersuchungen und mehr fundierte Daten an. Nur dann kann die Speisung aus dem Labor tatsächlich einen Zusatznutzen für den Verbraucher bieten.

Fazit für den nächsten Einkauf

Ob probiotischer Joghurt, Omega-3-Brot oder Phytosterin-Margarine: Auch bei Functional Food gilt die Devise, dass sie eine gesunde und ausgewogene Ernährung nicht ersetzen kann. »Ernährungssünden« lassen sich mit ihnen ebenso wenig wettmachen wie mit Nahrungsergänzungsmitteln. Das sollten Sie immer vor Augen haben, bevor Sie Ihre guten Euros für weniger gute Neuigkeiten in den Kühltheken berappen.

Novel Food – neue Ära im Food-Markt

Mit »neuartigen Lebensmitteln« begann ein neues Zeitalter im Lebensmittelrecht. Die im Jahr 1997 eigens für sie erlassene Verordnung stellte bis dato gültige Prinzipien auf den Kopf. Gleiches tat so mancher in Expertenzirkeln und Gremien, politischer wie wissenschaftlicher Ausrichtung. Was mit der Novel-Food-Verordnung Gesetz wurde, hatte es schließlich auch noch nie gegeben: Lebensmittel müssen ein Zulassungsverfahren durchlaufen, bevor sie auf den Markt gebracht werden dürfen. Voraussetzung für die Zulassung ist der Nachweis der gesundheitlichen Unbedenklichkeit. Das galt bis dahin nur für Zusatzstoffe: Verboten, was nicht zugelassen. Lebensmittel waren dagegen stets frei verkehrsfähig. Durften in den Handel gebracht und verkauft werden – sofern sie sich dem Rahmen bewegten, den das Lebensmittelrecht absteckt. Ob sie »gesundheitlich unbedenklich« sind, wurde dabei nicht überprüft. »Traditionelle«, sprich altbekannte Lebensmittel gelten einfach »von Natur aus« als unbedenklich. Man kennt zwar deren genaue Zusammensetzung nicht, vertraut jedoch auf die lange Erfahrung.

Zu neuartigen Lebensmitteln gehören beispielsweise Noni-Saft oder aus Mikroalgen gepresstes Öl.

Was der Bauer nicht kennt ...

... isst er nicht. Getreu diesem Sprichwort muss alles, was sich auf dem europäischen Speiseplan neu einreihen möchte, seit 1997 einer strengen wissenschaftlichen Sicherheitsbewertung standhalten. Mit Novel Food, so das Argument, gibt es schließlich keine ausreichende Erfahrung im Hinblick auf Sicherheit und Verträglichkeit. Also muss, wer Neuartiges auf den Markt bringen will, erst einmal nachweisen, dass der Verzehr gesundheitlich unbedenklich ist. Der wissenschaftliche Nachweis soll die fehlende Vertrautheit ersetzen.

Wann aber ist ein Lebensmittel »neuartig«? Laut Novel-Food-Verordnung immer dann,

»wenn es in den Ländern der EU noch nicht in nennenswertem Umfang für den menschlichen Verzehr verwendet wurde«.

Neulinge sind damit

- Produkte oder Zutaten aus Chemikalien oder Rohstoffen, wie neue synthetische Fettersatzstoffe oder Füllstoffe
- neue exotische Früchte oder tierische Produkte, etwa Noni-Saft
- Zutaten aus in Europa unbekannten Pflanzen oder Pflanzenteilen
- neue Lebensmittel oder Zutaten aus Algen oder Mikroorganismen, etwa Öle aus Mikroalgen
- Lebensmittel, bei denen neuartige Herstellungsverfahren angewandt worden sind, etwa hochdruckkonservierte Säfte

Was alles unter »Novel« fällt, ist wie Sie gelesen haben eine Menge und einigermaßen konfus. »Neuartig«, so drängt sich auf, ist die Schublade, in die erst einmal alles hineinkommt, womit man nicht so recht etwas anzufangen weiß. Zum Glück gehören die gentechnisch veränderten Lebensmittel nicht auch noch dazu – die haben seit 2004 ihre eigenen gesetzlichen Verordnungen (S. 270).

Bei allem Durcheinander, eines ist klar: Hätte es die Novel-Food-Verordnung schon vor 50 Jahren gegeben, dann wäre unser Lebensmittelsortiment um einiges kleiner. Und unsere Küche um einiges ärmer.

Kiwis, Bananen oder Papayas beispielsweise, allesamt bekanntermaßen außerhalb Europas zu Hause, gäbe es bei uns nicht zu kaufen. Wollte man sie oder andere Nahrungsmittel aus Übersee einführen, müssten sie erst die Novel-Food-Hürde nehmen. Was ihnen ebenso schwer gefallen sein dürfte, wie heute so manchem exotischen Anwärter auf Zulassung in EU-Märkten.

Der Nachweis der Sicherheit und Unbedenklichkeit ist schließlich schwer zu führen. Denn Nahrungsmittel, vor allem pflanzliche, sind Mehrstoffgemische. Für die geforderte Analyse muss jede enthaltene Substanz geprüft werden. Dazu aber müssen die einzelnen Bausteine, aus denen sich beispielsweise Banane oder Kiwi zusammensetzen, auch bekannt sein. Was sie in den allerseltensten Fällen sind. Übrigens auch bei den heimischen guten Bekannten nicht. Was alles im Einzelnen in einer Erdbeere steckt, ist keineswegs so genau erforscht. Warum auch? Bislang kam noch niemand auf die Idee, einen Nachweis der gesundheitlichen Sicherheit zu fordern. Der in so manchen Fällen allerdings durchaus angebracht wäre.

Wie gehen wir Verbraucher nun mit Novel Food um? Ebenso wie mit allen anderen Lebensmitteln auch. Zuerst mal aufs Etikett schauen – was da stehen muss und was das bedeutet, wissen Sie ja schon – und dann kaufen. Bei den Neulingen auf dem europäischen Food-Markt haben wir im Grunde auch einen Vorteil: Anders alles viele andere Lebensmittel sind sie auf ihre gesundheitliche Unbedenklichkeit und Sicherheit geprüft.

»Zur diätetischen Behandlung von ...«

Seit Dezember 2001 dürfen so genannte »diätetische Lebensmittel für besondere medizinische Zwecke« zur Behandlung von Krankheiten verwendet werden. Zielgruppe sind Patienten, deren medizinische Behandlung diätetische Lebensmitteln unterstützen und verbessern können. Damit stehen diätetische Lebensmittel Arzneimitteln sehr nahe: Sie haben einen klaren medizinischen Nutzen und somit einen konkreten Krankheitsbezug. Ebenso treten diätetische Lebensmittel auch ganz »arzneimitteltypisch« auf – in Form von Tabletten, Pillen, Pulvern oder als Trinknahrung. Daran ist zu erkennen, dass es sich hier um ein Lebensmittel mit medizinischer Bestimmung handelt.

Anders als viele Arzneimittel können diätetische Lebensmittel jedoch frei verkauft werden, da bei ihnen nicht die Gefahr gesundheitlicher Risiken und Nebenwirkungen besteht – Sie müssen also kein Rezept in der Apotheke vorlegen. Nichtsdestotrotz haben diese Produkte eine ganze Reihe strenger Auflagen zu erfüllen. So unter anderem, dass sie tatsächlich in der Lage sein müssen, eine Behandlung wirksam zu unterstützen. Ist dieser ernährungsmedizinische Nutzen für den Patienten nicht wissenschaftlich belegt, entfällt der Anspruch auf einen Platz im Apothekensortiment.

Diätetische Lebensmittel schlagen die Brücke zwischen Nahrungs- und Arzneimitteln.

Diätetische Lebensmittel für besondere medizinische Zwecke – zur Ernährung bei einer bestimmten Krankheit wie beispielsweise Diabetes – werden auch »bilanzierte Diäten« genannt. Stellen diese die einzige Nahrungsquelle dar, heißen sie »vollständig bilanzierte Diäten«. Nimmt man sie hingegen zusätzlich zur üblichen Ernährung zu sich, handelt es sich um »ergänzende bilanzierte Diäten«. Dieser Unterschied muss dem Verbraucher unter dem Vermerk »Wichtiger Hinweis« mitgeteilt werden.

Ebenso haben wir zu erfahren, dass das betreffende Produkt unter ärztlicher Aufsicht zu verwenden ist. Damit nicht genug, auch die Kalorien und der Gehalt an Nährstoffen wie Eiweiß, Kohlenhydrate oder Fette sowie gegebenenfalls Vitamine und Mineralstoffe müssen auf dem Etikett vermerkt sein. Dito etwaige Wechselwirkungen, Gegenanzeigen und andere Dinge, die bei der Anwendung zu beachten sind.

Nation der Kochmuffel

Heute bleibt die Küche kalt – morgen und übermorgen auch. Wer will schon in der ohnehin knapp bemessenen Freizeit auch noch am Herd stehen. Schnell und einfach soll es gehen, gut schmecken und nicht viel kosten. Wie sich das unter einen Hut bringen lässt? Darauf hat die Lebensmittelindustrie eine Antwort: Convenience Food. Mit anderen Worten: bequemes, weil fast fertiges Essen. Die Auswahl ist riesig, von »Asia-Suppe« bis »Zabaione«, und international – heute Germknödel, morgen Nasi Goreng.

So einfach war satt werden noch nie: Tüte oder Becher öffnen, Inhalt auf den Teller oder in den Topf, kurz in die Mikrowelle schieben und schon steht das Essen auf dem Tisch. Warum also noch selber kochen … Überall in Kühlregalen und Theken gibt es die Easy-Kost schließlich in allen erdenklichen Varianten: geputzter, geschnittener Salat in Tüten mit dem passenden Dressing im Extrabecher, frisches Obst und Gemüse in mundgerechte Stücke geteilt und auf Schalen serviert, Bratlinge, Hähnchenteile, fast fertige Nudel- und Reisgerichte.

Schnelle Küche ist schon seit Jahren angesagt, jetzt spart man sich auch noch das lästige Schnippeln und Schälen. Berufstätige, Eilige, Singles, kochunerfahrene Frauen und Männer – mithin ein Großteil der Bevölkerung – atmen auf. Und kaufen. Aber wie, vor allem Tiefkühlkost macht Millionenumsätze: 246 000 Tonnen tiefgekühlte Fertigprodukte wurden im Jahr 2002 verputzt, ein Anstieg von über 200 % in den letzten zehn Jahren.

Stressfrei essen ist der Renner und wird es auch in den nächsten Jahren bleiben. Der Siegeszug von Convenience Food, so die Prognosen von Marktforschern, ist nicht zu bremsen. Wachsender Zeitdruck wird der schnellen Küche noch viele weitere Innovationen bescheren – immer mehr industriell vorgefertigt, immer weniger frisch zubereitet.

Convenience bedeutet übersetzt Bequemlichkeit – genau dafür sorgen die vorgefertigten Lebensmittel aus dem Kühlregal.

Chill und Cook & Chill

Die bequeme Speisung gibt es zum einen fertig für den Verzehr vorbereitet, aber noch roh: So genanntes Chill Food, wie geputzter, geschnittener Salat in Tüten oder frisches Obst in mundgerechten Stücken. Cook & Chill Food dagegen ist bereits voll durchgegart oder zumindest zu 90 % vorgegart.

Abgesehen davon wird Convenience Food in Basic- und High-Class, gewissermaßen in erste und zweite Liga unterteilt. Zur Basisliga gehören geputzte, meist zerkleinerte Speisen wie Gemüse, Obst, Pommes frites, Fleisch, Wild, Hackfleischprodukte, rohe Fleischzubereitungen, unpanierter und panierter Fisch.

Was zur High-Class zählt, kommt überwiegend tiefgefroren daher. Ein riesiges Sortiment an Hauptspeisen, Suppen und Snacks, belegten oder gefüllten Baguettes, süßen und pikanten Backwaren, Süßspeisen und und und.

Cook & Chill Food werden von den Herstellern im kühlen Raum portioniert und abgepackt. Im Kühlhaus oder im Kühlregal des Handels können die Fertigmenüs bis zu drei Tage aufbewahrt werden.

Stressfrei und dazu gesund genießen?

Mit der bequemen Speisung droht die Esskultur – zu der auch Einkauf und Kochen gehören – auf der Strecke zu bleiben. Diese Kritik ist nicht von der Hand zu weisen. Man kann eben nicht alles haben. Eines aber schon, bei allem Tempo am Herd: Qualität. Um sie zu gewährleisten, muss einiges stimmen: Die Qualität der Ausgangsware und deren nährstoffschonenden Verarbeitung, ausreichend kühle Lager- und Transportbedingungen, sachgerechte Zubereitung zu Hause und vor allem die Verpackung (S. 268).

Und wie steht es mit der Gesundheit? Nun, besser frisch verpacktes oder tiefgekühltes Chill- und Cook & Chill Food als gar nichts Frisches. So argumentieren nicht nur die Hersteller der fixen Kost. Ernährungswissenschaftler sind da zurückhaltender: Convenience Food nur ab und an, selbst zubereitete und frische Kost dagegen so oft wie möglich. Stimmt die Ernährung insgesamt, ist der gelegentliche Verzehr okay.

Tipps beim Kauf von Convenience Food:
- Werfen Sie zuerst einen kritischen Blick das Kühlregal. Ist es nicht richtig sauber und ordentlich geführt, lassen Sie die Waren besser darin liegen.
- Kaufen Sie niemals Produkte mit beschädigter Verpackung. Dadurch kann die Ware bereits verdorben sein (S. 268).
- Bevorzugen Sie Fertiggerichte, die überwiegend aus natürlichen Zutaten bestehen und wenig Fett, Salz und Zucker enthalten.
- Achten Sie auf das Mindesthaltbarkeitsdatum auf der Verpackung: Je frischer, desto besser.
- Transportieren Sie Chill- und Cook & Chill Food möglichst kühl (eventuell in einer Kühltasche) und schnell nach Hause.
- Bereiten Sie die Ware möglicht frisch zu. Je länger die Aufbewahrungszeit ist, desto mehr Qualität geht Ihnen verloren.
- Halten Sie sich genau an die Zubereitungshinweise auf der Verpackung – die haben durchaus ihren Sinn.
- Und: Planen Sie Convenience Food nur als Ergänzung des Speisezettels ein und servieren es nicht tagtäglich.

Kohlendioxid und Stickstoff für lange Frische

»Unter Schutzatmosphäre verpackt«, diesen Vermerk lesen wir immer häufiger auf der Verpackung, häufig von Fisch- und Wurstwaren. Was es damit auf sich hat, haben Sie sicher schon erlebt: Wenn Sie, nehmen wir mal Lachs, aus dem Kühlschrank holen, die Packung öffnen und dabei ein leises Zischen hören, dann war das die Schutzatmosphäre. Ein gutes Zeichen dafür, dass Ihr Lachs ein frischer ist. Denn was beim Öffnen entweicht, ist Stickstoff und Kohlenmonoxid. Diese beiden Gase ersetzen den Sauerstoff in der Verpackung, der zum Verderb der Lebensmittel beiträgt. Wird die Atmosphäre solcherart verändert, bleiben leicht verderbliche Nahrungsmittel wie Fleisch und Fisch länger frisch: Das Prinzip des MAP, kurz für Modified Atmosphere Packaging und zu gut deutsch Verpackung mit modifizierter Atmosphäre.

Kohlendioxid bewirkt ein späteres und langsameres Wachstum von Bakterien und Schimmelpilzen. Die Idee ist nicht neu: Bereits 1877 war Louis Pasteur aufgefallen, dass Bazillen mit Kohlendioxid abgetötet werden können.

Jetzt verstehen Sie auch, warum es so wichtig ist, dass die Packungen unbeschädigt sind – nicht nur bei Convenience-Produkten. Ist die Verpackung nicht vollständig gasdicht, ist die Ware möglicherweise verdorben. Denn die Schutzgase entweichen während der Lagerung sukzessive nach außen. Schließlich ist der Gasdruck in der Umgebung niedriger.

Extra: Gen-Food

Am 18. April 2004 wurde er Gesetz, der »Meilenstein für Verbraucher und Landwirte«, wie ihn seine Initiatoren gerne sehen. Seit diesem Tag muss draufstehen, wo Gentechnik drin ist: Die Kennzeichnungspflicht für gentechnisch veränderte Lebensmittel trat EU-weit in Kraft.

Von ihrem ursprünglichen Credo »mehr Macht den Konsumenten« ist jedoch nicht viel geblieben. Von »Wahlfreiheit« für oder gegen Gentechnik auf dem Teller ebenso wenig. Zunächst winkte ein zumindest kleiner Gewinn für den Verbraucher. Schließlich wurde er bislang nicht darüber aufgeklärt, dass er gentechnisch veränderte Organismen isst. Das wird er aber auch heute nicht.

Öffentliche Anprangerung und Abstrafung durch die Konsumenten haben bei Supermarktketten und Nahrungsmittelkonzernen prompt gewirkt. »Gentechnisch verändert« gibt es nicht zu kaufen, weil es nicht zu verkaufen ist. So ist Gentechnik aus den Regalen verbannt. Und der Käufer fischt weiterhin im Trüben.

Informationslücken klaffen bereits bei der Definition dessen, was »Gen Food« ist. »Gen-Tomaten« oder »Gen-Mais« dürfte es genau genommen gar nicht geben. Denn alle lebenden Wesen, ob groß oder klein, ob Pflanzen, Tiere oder Menschen, tragen in ihren Zellen Gene. Die Erbinformation, festgeschrieben in Zigtausenden von Basenpaaren.

Lebensmittel, die eine neu eingefügte oder geänderte Erbinformation haben, sind so gesehen nicht anders als die anderen. Der Unterschied liegt darin, wie die Information des neuen Gen in den Zellen übertragen wird – was auch die möglichen Risiken birgt. Denn was auf den Genen festgeschrieben steht, wird in einen Eiweißstoff übersetzt. Der ist nun neu auf dem Teller und kann deshalb nicht per se als unbedenklich eingestuft werden. Deshalb müssen Lebensmittel mit GVOs (genverändertem Organismus) auch eine Zulassung haben. Die bekommen sie nur dann, wenn sie sich als genauso sicher erweisen haben, wie Vergleichbares ohne Gentechnik. Um das zu bewerten, müssen ausreichend wissenschaftliche Daten vorliegen. Der Grund, weshalb es in Europa

– noch – kein Obst und Gemüse zu kaufen gibt, das gentechnisch verändert ist: Die Daten genügen bislang nicht zur Zulassung.

Die Wahrscheinlichkeit, Lebensmittel mit GVOs zu erwischen, ist bei soja- oder maishaltigen Zutaten am größten. Weltweit werden heute auf mehr als 80 Millionen Hektar gentechnisch veränderte Pflanzen angebaut. Über die Hälfte davon sind Sojabohnen. Jährlich führt die EU 40 Millionen Tonnen Sojarohstoffe ein – Basis für zahllose Zutaten. So unter anderem von Lecithin, das in Schokolade, Speiseeis und vielem mehr steckt. Auch Futtermittel enthalten vielfach Rohstoffe aus Mais oder Soja: Die handelsüblichen auf Sojabasis bestehen heute zu 60 % aus gentechnisch veränderten Sojapflanzen.

»Abstimmung mit dem Einkaufskorb«

Das erklärte Anliegen der Gentechnik-Verordnung: Die Verbraucher sollen selbstständig entscheiden können, ob sie gentechnisch veränderte Produkte kaufen möchten oder nicht. Dazu müssen sie aber auch wissen, wo Gentechnik drin ist und wo nicht. Diese Information sollen sie mit den Vorschriften zur Kennzeichnung erhalten: Transparenz im Supermarkt für den selbst bestimmten Einkauf. So jedenfalls hat man sich das am grünen Tisch einmal vorgestellt. Und so wurden die Regelungen zur Kennzeichnung festgelegt. Wie gesagt, am grünen Tisch und im Gesetzestext. Die Realität im Regal sieht anders aus.

Wie und wo gekennzeichnet wird

Das ist genau vorgeschrieben: Entweder lesen Sie »genetisch verändert« oder »aus genetisch verändertem … hergestellt«. Das muss in der Zutatenliste stehen oder als Fußnote zu dieser und in der gleichen Schriftgröße. Hat ein Produkt keine Zutatenliste, muss der Hinweis auf GVOs auf dem Etikett stehen – deutlich und dauerhaft lesbar. Und in einer Schriftgröße, dass der Käufer nicht erst zur Lupe greifen muss.

Enthalten unverpackte Lebensmittel GVOs, muss der Hinweis auf der Auslage oder im unmittelbaren Zusammenhang mit dem Produkt angebracht sein. In Restaurants, Kantinen oder der Mensa müssen die Gäste in der Speisekarte darüber informiert werden, dass ein Gericht GVOs enthält.

Haben genveränderte Lebensmittel einen veränderten Nährwert oder Auswirkungen auf die Gesundheit – könnten beispielsweise Allergien auslösen – genügt der Hinweis »genetisch verändert« nicht mehr. Auch nicht bei ethischen oder religiösen Bedenken, etwa tierische Gene in pflanzlichen Lebensmitteln. In solchen Fällen muss gesondert auf neue Eigenschaften, mögliche allergene Wirkungen oder tierische Gene hingewiesen werden.

Wenn nicht oder falsch gekennzeichnet ist, wird es teuer: Bis zu 50 000 Euro kosten Verstöße gegen die Regeln.

Kennzeichnungspflichtig

Das sind Lebensmittel und ihre Zutaten, wenn:

- sie selbst ein gentechnisch veränderter Organismus sind.

Das kann also beispielsweise eine genveränderte Tomate mit verlängerter Haltbarkeit sein. Oder gentechnisch veränderter Mais. Die Pflicht zur Kennzeichnung gilt für verpackte ebenso wie für lose Waren. Sowohl im Discounter wie auf dem Wochenmarkt müssen Sie darüber informiert werden, dass Sie GVOs kaufen.

- *sie gentechnisch veränderte Organismen enthalten oder daraus bestehen.*

Das kann unter anderem Joghurt und Salami mit gentechnisch veränderten Milchsäurebakterien, Käse mit genveränderten Schimmelpilzen oder Weizenbier mit genveränderter Hefe sein. Auch hier besteht Kennzeichnungspflicht für verpackte wie lose Produkte.

- *sie unmittelbar aus gentechnisch veränderten Organismen hergestellt sind.*

Das gilt unabhängig davon, ob die GVOs im Endprodukt nachzuweisen sind oder nicht. Damit für alle Lebensmittel, die Zutaten und Zusatzstoffe enthalten, die direkt von GVOs erzeugt wurden. Was für zahlreiche Produkte zutrifft und weshalb Sie seit dem 18. 4. 2004 auf dem Etikett lesen müssen: Ob etwa Öl aus gentechnisch veränderten Sojabohnen oder genverändertem Raps gepresst, Ketschup aus genveränderten Tomaten gewonnen wurde.

- *sie zufällig oder aus technisch unvermeidbaren Gründen GVOs in geringen Mengen enthalten.*

Sobald der Anteil der gentechnisch veränderten Organismen über 0,9 % liegt, muss gekennzeichnet werden, das GVOs enthalten sind.

Die Abkürzung gv steht abgekürzt für »gentechnisch verändert«.

Was ist ein GVO?

GVO steht für »gentechnisch veränderter Organismus«. Solche »Organismen« sind Pflanzen und Kleinstlebewesen wie beispielsweise Bakterien oder Hefepilze. Einerlei, ob Tomate oder Schimmelpilz für Camembert – allen GVOs gemeinsam ist, dass ihr Erbgut verändert wurde. Dies geschieht mittels so genannter gentechnischer Verfahren. Dabei werden die in den Genen verankerten Informationen gezielt geändert, indem die kleinsten Bausteine, die Basenpaare (S. 269), ausgetauscht oder aber neue hinzugefügt werden.

Inzwischen sind die Verfahren so weit entwickelt, dass bestimmte, gewünschte Erbinformationen ganz gezielt auf Pflanzen übertragen werden können. Auf diese Weise können beispielsweise Pflanzen gezüchtet werden, die neue Eigenschaften haben. So etwa die Fähigkeit, selbst Abwehrstoffe gegen Schädlinge zu bilden.

Gekennzeichnet werden muss nur, was rechtlich als Lebensmittel gilt. Nährstoffe für Mikroorganismen, Trägerstoffe und technische Hilfsstoffe wie Enzyme fallen nicht darunter.

Nicht kennzeichnungspflichtig

Das sind Lebensmittel und ihre Zutaten, wenn:

- Sie nicht »aus«, sondern »mit« gentechnisch veränderten Organismen hergestellt werden. Was bedeutet, dass Fleisch, Eier oder Milch von Tieren, die GVO-haltiges Futter gefressen haben, nicht gekennzeichnet werden müssen.

- Sie einen GVO-Anteil unter 0,9 % haben.

Das gilt unabhängig davon, ob die GVO-Beimischungen zufällig und unbeabsichtigt (S. 272) oder technisch nicht zu vermeiden waren.

- Sie gentechnisch hergestellte Enzyme enthalten.

Enzyme gelten als »technische Hilfsstoffe« (S. 285), die bei der Herstellung von Lebensmitteln mithelfen, aber nicht mehr in aktiver Form vorhanden sind. Es kann also sein, dass im Käse gentechnisch erzeugtes Labferment steckt, Sie das aber nicht erfahren.

- Sie Trägerstoffe aus GVOs enthalten.

Verschiedene Zusatzstoffe, Vitamine oder Aromen werden auf so genannte Trägerstoffe aufgesprüht. Damit sind sie transport- und lagerfähig sowie besser zu dosieren. Diese Trägerstoffe können aus GVOs hergestellt sein. Da diese Träger aber rechtlich keine Lebensmittel sind, müssen sie auch nicht gekennzeichnet werden.

»Ohne Gentechnik«

Auch das können Sie auf einem Lebensmittel lesen. Der Vermerk ist freiwillig und darf nur dann verwendet werden, wenn der Hersteller oder Importeur »ohne Gentechnik« auch nachweisen kann. Dazu muss die Anwendung von Gentechnik vollkommen ausgeschlossen sein – auf allen Verarbeitungsstufen des Lebensmittels. Das bedeutet: Keine Zutaten, Zusatzstoffe und Futtermittel aus gentechnisch veränderten Organismen.

»Ohne Gentechnik« findet sich allerdings sehr selten in den Regalen – ob sich das ändern wird, ist fraglich. Schließlich muss für jede Verarbeitungsstufe, wo der Einsatz von Gentechnik möglich ist, der Nachweis geführt werden, dass dies nicht geschieht. Je mehr Verarbeitungsstufen, desto schwieriger ist das zu belegen.

GVO-frei ist vorbei

Absolut frei von Gentechnik können heute keine Produkte mehr erzeugt werden – zumindest nicht in der freien Natur. Dem »geordneten Nebeneinander« beim Anbau wirkt ein offenes System entgegen, in dem Wind und Regen, Vogelschnäbel und Insekten GVOs verbreiten. Wenn auch nur in winzigen Spuren.

100-prozentig GVO-frei ließe sich nur garantieren, wenn weltweit keine gentechnisch veränderten Pflanzen angebaut würden. Was nicht der Fall ist und wohl auch nicht mehr sein wird. Und weshalb auch Lebensmittel aus ökologischem Anbau nicht vollkommen frei von GVOs sind – nicht sein können. Daran ändert auch nichts, dass die Anwendung von Gentechnik verboten ist. Zufällige und unbeabsichtigte Beimischungen von GVOs sind auch bei Öko-Produkten möglich. Wie hoch diese Verunreinigungen sein dürfen, ist unterschiedlich. Faktisch gilt zwar wie bei konventionellen Produkten der Schwellenwert von 0,9 %. Einige Lebensmittelüberwachungsbehörden legen jedoch weitaus strengere Maßstäbe an: Sie dulden in Öko-Produkten nur GVO-Spuren bis zu 0,1 %. Bei Futtermitteln werden dagegen üblicherweise Anteile bis zu 0,5 % toleriert.

Gentechnik im Spiel?

Stecken in einem Lebensmittel Teile von gentechnisch veränderten Pflanzen, ist das vergleichsweise einfach nachzuweisen. Denn dann gibt es auch genügend DNA, die untersucht werden kann. Heute fast ausschließlich mit der PCR-Methode. Mit diesem Verfahren lässt sich feststellen, wie hoch der GVO-Anteil an den Rohstoffen eines Lebensmittels ist.

Das funktioniert allerdings nur mit genügend DNA. Sonst gibt es keine aussagekräftigen Ergebnisse. Bei vielen Produkten ist das so: Gentechnisch veränderte Bestandteile sind zwar nicht nachzuweisen, aber dennoch enthalten. Beispiel Lecithin: Zwar kann man daraus Soja-DNA isolieren. Diese Menge genügt jedoch nicht, um den Anteil von gentechnisch veränderter Soja an der Gesamtmenge der verwendeten Sojarohstoffe zu bestimmen. Nun müssen solche Zutaten aber ausgewiesen sein. Ein Dilemma, in dem sich die GVO-Kontrolleure nur auf Zertifikate und Warenbegleitpapiere der Hersteller verlassen können. Eine direkte Überprüfung ist nicht möglich. Was vor allem bei Produkten, die außerhalb der EU erzeugt werden, einigermaßen problematisch ist.

Alles beim Alten?

Die Gentechnik ist im Supermarkt angekommen, das neue Gen-Kennzeichnungrecht seit über einem Jahr in Kraft. Doch wer heute einkaufen geht, wird kaum Produkte finden, deren Etikett auf den Einsatz von Gentechnik hinweist.

Geändert hat sich seit dem 18. April 2004 also im Grunde nichts. Wie auch. Gentechnisch veränderte Lebensmittel haben ein schlechtes Image. 75 % der Verbraucher sprechen sich in Umfragen dagegen aus: GVO-haltiges verkauft sich nicht. Der Umsatz diktiert, was in den Regalen steht. Und so macht der Handel einen großen Bogen um die Gen-Kennzeichnung.

Vorsicht, versteckte Kamera!
So abschreckend scheint »gentechnisch verändert« nicht zu sein. Woran sich das Kaufverhalten vor allem orientiert, ist offensichtlich nach wie vor der Preis. Zumindest vor versteckter Kamera. Reporter des TV-Magazins *PlusMinus* mischten in einem Supermarkt verpacktes Brot aus »gentechnisch verändertem Weizen« in das Sortiment. Die Kennzeichnung war erfunden, der Preis für 500 Gramm betrug ein Drittel des Preises für Brot ohne GVO. Mit versteckter Kamera wurden dann Kunden beobachtet. Das Gen-Brot war zwar den meisten nicht so geheuer, der Niedrigpreis zeigte dennoch Wirkung: Von den vermeintlichen GVO-Broten wurden viermal so viele verkauft wie an gentechnikfreien.

»Genmanipuliert? Bei uns nicht«.

Wirklich? Zweifel an solchen Versprechen sind mehr als berechtigt. Das zeigen Recherchen der Gen-Detektive von Greenpeace, bestätigen Stichproben der Verbraucherschutzverbände. Auch die Zeitschrift »Öko-Test« fand in »fast jedem dritten getesteten Produkt« Spuren von gentechnisch veränderten Bestandteilen. Hinweise auf dem Etikett suchte man indessen vergeblich. Zu Recht, im wahrsten Wortsinn. Schließlich müssen GVO-Verunreinigungen erst ab dem Schwellenwert von 0,9 % gekennzeichnet werden. So steht es im neuen Kennzeichnungsrecht und so wird der Supermarkt »gentechnikfrei«.

Zur »Wahlfreiheit des Verbrauchers« trägt die neue Gesetzgebung mithin wenig bei. Wer sich bewusst gegen Gentechnik im Essen entscheidet, hat weiterhin schlechte Karten. GVOs in Lebensmitteln wird es immer mehr geben. Der Anbau gentechnisch veränderter Pflanzen und der Handel mit daraus erzeugten Agrarrohstoffen nehmen stetig zu. Schon jetzt bauen zahlreiche Zulieferländer fast ausschließlich genmanipulierte Sorten an: In Argentinien mittlerweile 99 % der Sojapflanzen. Auch viele Zusatzstoffe, Vitamine und Enzyme werden inzwischen mit gv-Mikroorganismen produziert. Hier lässt das Kennzeichnungsrecht große Spielräume zur Interpretation. Denn bei Zusatzstoffen und technischen Hilfsstoffen ist die Kennzeichnungspflicht nicht eindeutig geregelt.

▶ GVO drin oder nicht?

Zwar gibt es bislang keine Lebensmittel, die direkt gentechnisch verändert sind. Doch im Handel sind – übrigens nicht erst seit gestern – viele Produkte, bei denen Gentechnik indirekt beteiligt sein kann. Welche, finden Sie in dieser Übersicht:

• Obst und Gemüse
Keine Gentechnik-Produkte auf dem Markt. Kennzeichnung? Ja

• Brot und Backwaren
Zutaten, bei denen Anwendungen der Gentechnik möglich sind: Mehl aus gv-Soja. Kennzeichnung? Ja

• Fett oder Öl aus gv-Soja oder gv-Raps. Kennzeichnung? Ja

• Vitamin C, hergestellt mit gv-Mikroorganismen. Kennzeichnung? Nein

• Glutamat hergestellt mit gv-Mikroorganismen. Kennzeichnung? Nein

• Enzyme und Hilfsstoffe mit Hilfe von gv-Mikroorganismen hergestellt. Kennzeichnung? Nein

• Süßwaren
Zutaten, bei denen Anwendungen der Gentechnik möglich sind:
Lecithin aus gv-Soja. Kennzeichnung? Ja
Glukose oder Glukosesirup aus gv-Mais. Kennzeichnung? Ja
Enzyme, mit Hilfe von gv-Mikroorganismen hergestellt. Kennzeichnung? Nein
Zutaten und Zusatzstoffe aus gv-Mais. Kennzeichnung? Ja
Süßstoff Aspartam oder Zitronensäure, hergestellt mit gv-Mikroorganismen. Kennzeichnung? Nein

• Käse
Zutaten, bei denen Anwendungen der Gentechnik möglich sind:
Milch von Tieren, die GVO-Futtermittel erhalten haben. Kennzeichnung? Nein
Enzym Chymosin, hergestellt mit Hilfe von GVO-Mikroorganismen. Kennzeichnung? Nein

• Fleisch- und Wurstwaren
Zutaten, bei denen Anwendungen der Gentechnik möglich sind:
Von Tieren, die GVO-Futtermittel erhalten haben. Kennzeichnung? Nein
Vitamin C hergestellt mit gv-Mikroorganismen. Kennzeichnung? Nein
Glutamat hergestellt mit gv-Mikroorganismen. Kennzeichnung? Nein

---

Um Verluste an Umsatz und Vertrauen zu vermeiden, ändern viele Hersteller ihre Rezepturen: Verwenden statt Soja- lieber Rapsöle, anstelle von Sojalecithin chemische Emulgatoren.

Segen oder Fluch?

Was uns die Gentechnik auf lange Sicht bringt, fragen sich Experten seit Jahren – weltweit und mit immer anderen Ergebnissen. So prognostizieren Ökonomen sinkende Kosten für Pflanzenschutz. Kritiker hingegen sehen sie rasant steigen, da gentechnisch veränderte Pflanzen resistent werden und so noch mehr Chemie auf den Feldern erfordern. Sicher nicht rein zufällig sind viele der Gentechnikkonzerne mittlerweile auch zu den größten Saatgutfirmen aufgestiegen. Welche Blüten das treiben kann, zeigen die »Terminator«-Pflanzen eines US-Saatgutherstellers: Sie sind genetisch so verändert, dass sie nur durch Besprühen mit ganz bestimmten Chemikalien wieder fruchtbar werden. Die Landwirte müssen also jedes Jahr entweder neues Saatgut oder diese Chemikalien kaufen.

Fälle wie dieser geben zweifelsohne Anlass zu Alarmrufen. Doch steht uns tatsächlich der Gen-GAU bevor? Untersuchungen, die solche Gefahren witterten, wurden inzwischen als wenig aussagekräftig oder methodisch fragwürdig zu den Akten gelegt. Die widersprüchlichen Ansichten der Wissenschaft müssen nicht verwundern. Denn bis heute gibt es keine Methode, die Auswirkungen genmanipulierter Nahrung zu prüfen.

So kann und soll die kontroverse Diskussion um Chancen und Risiken der Gentechnik hier auch nicht Thema sein. Was uns mit GVOs serviert wird, werden wir erst in vielen Jahren wissen. Dann gibt es bereits neue Veröffentlichungen, die eine Antwort auf diese Frage suchen. Und vielleicht schon haben.

▸ Bissen für Bissen geimpft

Impfstoffe werden in der Regel gespritzt oder geschluckt – noch. Forscher arbeiten schon lange an Impfungen durch essbare Nutzpflanzen. Denn mittels Gentechnik lassen sich heute Pflanzen erzeugen, die Impfstoffe produzieren: Impfen mit Bananen, Salat oder Kartoffeln. Deutlich angenehmer als mit Spritze und durchaus machbar. Bausteine von Krankheitserregern, wie dem Hepatitis-B-Virus oder Escherichia coli-Bakterien wurden bereits erfolgreich in Kartoffeln und Tomaten produziert.

Der Genuss-Code

Sie schieben sich liebend gerne eine Pizza in das Backrohr und freuen sich morgens auf Ihren Fruchtjoghurt zum Frühstück? Was Ihnen weniger schmecken wird, ist der Gedanke an die Geschmacksverstärker, Farbstoffe und Stabilisatoren, die Sie sich damit servieren. Doch Ihre Lieblingsspeisen sind industriell verarbeitet – wie Dreiviertel unserer Lebensmittel, die alle Zusatzstoffe enthalten. Je höher der Verarbeitungsrad, desto mehr sind drin. Anders ausgedrückt: Je schneller und bequemer Essen sein soll oder muss, desto größer ist die tägliche Ration der zugesetzten Helferlein. Grundnahrungsmittel und unverarbeitete Produkte kommen ohne aus – in einer Erdbeere stecken keine Zusatzstoffe. Dafür aber wieder andere Dinge …

Inzwischen sind sie einem also gut vertraut: Die kleinen Nummern auf der Verpackung, die alle vorab so ein E stehen haben. Und manchem die Schweißperlen auf die Stirn treiben. Dem einen, weil er nicht versteht, was er da liest. Dem anderen, weil ihm klar wird, was er alles verdauen muss.

So sorgen die Codes auf der Packung immer wieder für ordentlichen Zündstoff. Mal zu Recht, mal nicht. Das um Kleingedrucktes so großer Wirbel gemacht wird, liegt auch in Unkenntnis begründet. Denn was bei der Debatte um Zusatzstoffe meist unter den Tisch fällt, dass eine Reihe von ihnen bereits seit Jahrhunderten in Töpfe und Tiegel wandern. Viele der Dinge, die sich hinter den E-Nummern verbergen, sind kein Produkt moderner Zeiten. Schon die alten Römer machten ihre Nahrungsmittel mit der Säure im Essig länger haltbar. Heute steht Essigsäure unter dem Kürzel E 260 auf der Dose mit den Bohnen. Unsere Großmütter rührten Pottasche in den Kuchenteig. Heute finden Sie die als E 501 auf der Backmischung. Hirschhornsalz – kennen Sie sicher – heißt jetzt auch E 503. Oder nehmen wir Eigelb, das als Emulgator unter dem Namen Lecithin ins Essen kommt. Das verwenden Sie zum Kochen zu Hause und die Lebensmittelindustrie am Fließband.

Viele Zusatzstoffe kommen auch in der Natur vor und einige sind sogar essenzielle Nährstoffe. Vitamin C beispielsweise steckt als Zusatzstoff in unterschiedlicher Mission im Essen – unter anderem als Antioxidationsmittel und als Konservierungsmittel.

Was nun nicht bedeutet, dass Zusatzstoffe per se doch ganz »natürlich« und »harmlos« sind. Glutamat beispielsweise hat schon so manchen beinahe in die Klinik befördert: Diagnose »China-Restaurant-Syndrom« und alles andere als witzig. Also keine Absolution für Zusatzstoffe. Doch man sollte wissen, dass viele besser sind als ihr Ruf. Wenn man sie einmal genauer betrachtet.

Das Geheimnis der E-Nummern

Hydroxypropyldistärkephosphat und ähnlich komplizierte chemische Begriffe geben dem Verbraucher verständlicherweise Rätsel auf. Ebenso fragt sich mancher, was es mit einem Säureregulator auf sich hat und was von einem Schaumverhüter zu halten ist. Und überhaupt, was haben diese ganzen Stoffe mit dem E eigentlich in unserem Essen zu suchen?

Sinn und Zweck von Zusatzstoffen lässt sich in einem Satz zusammenfassen: Sie sollen die Eigenschaften von Lebensmitteln verbessern. Das tun sie, indem sie ganz bestimmte Wirkungen entfalten – beispielsweise blubbern und Bläschen treiben, Flüssigkeiten andicken oder den Geschmack beeinflussen. Backpulver ist der Prototyp eines Zusatzstoffes: Es erzeugt kleine Gasbläschen, die den Teig auftreiben und so Brot, Brötchen und Kuchen locker machen. Entsprechend werden diese Stoffe auch »Backtriebmittel« genannt.

Weitere Aufgaben bestehen darin, Lebensmittel länger haltbar machen oder deren Konsistenz zu verbessern. So stoppen Konservierungsstoffe wie Sorbinsäure beispielsweise das Wachstum von Schimmelpilzen in verpacktem Schnittbrot, Antioxidationsmittel verhindern das Ranzigwerden von Fett. Emulgatoren sorgen wiederum dafür, dass sich Öl und Wasser mischen lassen. Dass Sie Margarine auf Ihr Brot streichen können, ist dem Lecithin zu verdanken. Ebenso wie Verdickungsmittel den Pudding im freien Fall kopfüber auf den Teller bringen. Ohne müssten Sie ihn gießen. Und ohne Treibgase käme die Sprühsahne nicht auf Ihren Apfelkuchen.

Andere Zusatzstoffe sind ganz auf unsere Sinne ausgerichtet: Bringen Farbe in Heringssalat und Gummibären. Lassen Fertigsuppen danach schmecken, was auf der Tüte steht. Versüßen uns den Molkedrink zum Frühstück.

Das deutsche Lebensmittelgesetz definiert Zusatzstoffe als »Stoffe, die Lebensmitteln zur Beeinflussung der Beschaffenheit oder Erzielung bestimmter Eigenschaften oder Wirkungen zugesetzt werden«.

E wie essbar

Ursprünglich stand das E für Europa, heute verbirgt sich dahinter edible, zu Deutsch essbar. Die E-Nummern sind ein internationaler Code, der besagt, dass dieser Zusatzstoff die vorgeschriebenen Tests auf Sicherheit und Unbedenklichkeit durchlaufen hat und zugelassen ist. Nur wenn die Europäische Behörde für Lebensmittelsicherheit (ELBS) grünes Licht gegeben hat, gibt es das E. Dass die Zusatzstoffe neben Namen auch Nummern haben, kennzeichnet sie eindeutig – über alle Sprachgrenzen hinweg. E 270 ist hier wie in Italien Milchsäure (siehe auch: www.zusatzstoffe-online.de).

Was Zusatzstoffe sind und was keine

Mag nach juristischen Spitzfindigkeiten aussehen – doch Zusatzstoffe unterscheiden sich in einigen wesentlichen Punkten von den übrigen Zutaten. Wichtig für uns Verbraucher, denn was lebensmittelrechtlich nicht als Zusatzstoff gilt, müssen wir auch nicht auf der Verpackung zu lesen bekommen. Ebenso müssen Zusatzstoffe zugelassen sein, um sie in Lebensmitteln zu verwenden. Zutaten hingegen dürfen im Rahmen der lebensmittelrechtlichen Vorschriften in eigener Verantwortung der Hersteller eingesetzt werden.

Zusatzstoffe:

- werden absichtlich und ganz bewusst eingesetzt.
- erfüllen bestimmte technologische Wirkungen.
- müssen ausdrücklich gesetzlich zugelassen sein.

Keine Zusatzstoffe:

- Stoffe natürlicher Herkunft wie Pflanzenteile, Kochsalz, Eiklar, Stärke oder Molke
- »natürliche chemisch gleiche« Stoffe. Also synthetisch hergestellte Stoffe, die sich in Aufbau und Zusammensetzung nicht von natürlichen Stoffen unterscheiden. Dazu gehören »naturidentische« Aromen oder chemisch hergestellte Vitamine.
- Stoffe, die als typische Zutat verwendet werden
- Stoffe, die wieder aus dem Lebensmittel entfernt werden
- Stoffe, die selbst als Lebensmittel verzehrt werden
- Stoffe, die überwiegend aus ernährungsphysiologischen Zwecken oder wegen ihres Geschmackswerts eingesetzt werden. Allerdings gibt es hier Ausnahmen: Einige Vitamine haben auch eine technologische Wirkung. Vitamin C beispielsweise wird unter anderem als Antioxidationsmittel benutzt. Dann ist es Zusatzstoff und muss als »Ascorbinsäure E 300« ausgezeichnet werden. Ähnlich ist es bei Vitamin E, das auch als Zusatzstoff »Tocopherol E 306« existiert.

Rechtlich unklar ist die Situation bei Enzymen: Nach EU-Recht gelten Enzyme als »technische Hilfsstoffe« (S. 296), im deutschen Lebensmittelrecht sind Enzyme dagegen »natürliche« Stoffe und damit von den Bestimmungen für Zusatzstoffe ausgenommen. Besonders problematisch kann das dann werden, wenn gentechnisch veränderte Organismen (GVO) bei der Herstellung der Enzymen mit im Spiel waren.

Kennzeichnung

Im Zutatenverzeichnis müssen alle verwendeten Zusatzstoffe aufgeführt werden: Mit ihrem Klassennamen und mit ihrer E-Nummer oder ihrem chemischen Namen. Der Klassenname beschreibt die Funktion des Stoffes im Lebensmittel. Also beispielsweise Emulgator oder Farbstoff. Danach folgt dann die genaue Bezeichnung, um welchen es sich genau handelt: Farbstoff Carotin oder Farbstoff E 116 a.

Auch bei offen verkauften Waren müssen die Zusatzstoffe – gut lesbar neben den Lebensmitteln – angegeben werden. Die erforderlichen Angaben sind jedoch weniger detailliert als auf dem Zutatenverzeichnis verpackter Lebensmittel.

Soweit zur gesetzlich festgelegten Theorie – in der Praxis indessen sieht der Verbraucher leider nicht so klar. Denn Zusatzstoffe in zusammengesetzten Zutaten müssen nicht in der Zutatenliste erscheinen. Es sei denn, sie haben noch eine technologische Wirkung. Beispielsweise Farbstoff, der in einer Fruchtzubereitung Fruchtjoghurt färbt. Und es sei denn, der Anteil der zusammengesetzten Zutat an der gesamten Produktmenge beläuft sich auf mehr als 25 %. Was nun in der Salami auf einer Pizza steckt, erfahren Sie nicht. Schließlich beträgt der Salamianteil so gut wie nie mehr als 25 %. Sollten Sie eine Allergie auf einen der Salamistoffe haben – Pech für Sie.

Ein weiteres Loch in den Deklarationsvorschriften für Zusatzstoffe sind all jene Produkte, für die kein Zutatenverzeichnis vorgeschrieben ist. Und das sind leider eine ganze Reihe (S. 284). So Zusatzstoffe bei sehr kleinen Packungen, deren Fläche geringer als zehn Quadratzentimeter ist, nicht ausgezeichnet wird. Ebenso können die Hersteller von Kondensmilch, Trockenmilcherzeugnissen, Kakao, Schokolade und Pralinen auf die Angabe verzichten.

Häufig finden sich keine E-Nummern auf dem Etikett, sondern die »unauffälligeren« chemischen Namen. Macht sich besser, aber nur optisch.

Keine Geschmacksfrage
Kaum ein verarbeitetes Produkt kommt heute ohne Aromazusätze aus. Umso fataler ist die Situation, die gegenwärtig herrscht. Denn nur künstliche Aromen gelten als Zusatzstoffe und müssen als solche ausgezeichnet werden. EU-weit sind derzeit 15 künstliche Aromastoffe zugelassen. Alle übrigen Aromen dürfen – im Rahmen der »allgemeinen Sorgfaltspflichten« – frei eingesetzt werden. Auf der Zutatenliste ist lediglich die Angabe »Aroma« vorgeschrieben. Dabei ist es auch nicht notwendig, dass das Aroma aus der Namen gebenden Quelle stammt. »Fleischaroma« kann also aus Pflanzenproteinen gewonnen werden, Erdbeeraroma aus x-beliebigen pflanzlichen Rohstoffen. Wer gegen Aromastoffe allergisch ist, hat keine Chance, den Auslöser seiner Beschwerden zu erkennen. Nur eine der Konsequenzen der unsinnigen Sonderbehandlung von Aromastoffen.

Geht es nicht auch ohne?

Eine berechtigte Frage. Die im Grunde zunächst mit »ja« beantwortet werden kann. Schließlich haben sich die Generationen vor uns mit Lebensmitteln ernährt, die wesentlich weniger Zusatzstoffe enthielten. Die Zeiten haben sich jedoch geändert und mit ihnen die Bedürfnisse und Erwartungen der Verbraucher: Größere Auswahl, maximale Bequemlichkeit, Schnelligkeit und Komfort bei der Zubereitung, höchstmögliche Sicherheit – und das alles bitte auch noch zu erschwinglichen Preisen. Diese Ansprüche lassen sich nur durch moderne Produktionstechniken befriedigen. Was den Einsatz von Zusatzstoffen mit einschließt. Sie spielen eine Schlüsselrolle bei der Erfüllung all dessen, was der Konsument heute verlangt. Man denke allein an die Erwartungen hinsichtlich der Optik. Ansprechendes Aussehen ist ein essenzielles Qualitätskriterium. Das Auge isst mit … Weshalb der Erdbeerjoghurt aussieht, wie er aussehen soll: Hübsch pink. Was Farbstoffe wunderbar hinbekommen. Und was wir als selbstverständlich ansehen. Dass Sie die Tiefkühlpizza kross und knusprig aus dem Ofen holen, setzen Sie mal einfach voraus. Damit aber müssen Sie auch die Zusatzstoffe auf dem Teller in Kauf nehmen.

Wer so wenig wie möglich davon zu sich nehmen möchte, muss auf unverarbeitete Produkte zurückgreifen. Auch die meisten Grundnahrungsmittel enthalten keine Zusatzstoffe. Mit naturbelassenen Lebensmitteln sinkt die Menge an E-Nummer-Trägern deutlich. Dafür steigen Zeit- und -Arbeitsaufwand. Man kann beispielsweise Marmelade wunderbar selbst einkochen. Und damit sicher sein, keine Zusatzstoffe auf sein Brötchen zu streichen. Wenn man sich die Mühe machen möchte. Die Entscheidung steht jedem von uns frei.

Technische Hilfsstoffe

Das sind Zusatzstoffe, die technische Prozesse wie Schneiden, Filtrieren oder Stoffumwandlungen unterstützen. Der entscheidende Unterschied zu den üblichen Zusatzstoffen ist, dass technische Hilfsstoffe nach Gebrauch wieder entfernt werden. Im verzehrfertigen Endprodukt sind sie, wenn, überhaupt, allenfalls in unvermeidbaren Spuren und ohne technologische Wirkung vorhanden.

Im Gegensatz zu den Zusatzstoffen müssen technische Hilfsstoffe weder zugelassen noch auf der Zutatenliste deklariert werden. Hinsichtlich der gesundheitlichen Sicherheit gelten jedoch die gleichen Anforderungen wie bei Zusatzstoffen.

Zwischen Panikmache und echten Risiken

»Im Essen steckt häufig mehr Chemie, als Konsumenten ahnen.« Meldungen dieser Art schüren Zweifel: Um Zusatzstoffe brodelt die Gerüchteküche. Womit erkaufen wir uns bunte Farben, ansprechende Optik, angenehmen Geruch, intensiven Geschmack, lange Haltbarkeit, Schnittfestigkeit und und und …? Immer größer wird das Sammelsurium an E-Nummern. Damit auch an potenziellen Gefahren? Oder ist alles wirklich »nur Panikmache«, wie so manche mit der Sicherheit unserer Lebensmittel betrauten Stellen zu beruhigen versuchen.

Denn immerhin gehören Zusatzstoffe heute zu den am meisten geprüften Zutaten im Essen. Was die wenigsten wissen. Doch was ist mit den gesundheitlichen Schäden, den Krankheiten, die im Zusammenhang mit Zusatzstoffen beobachtet wurden? Wer kann überhaupt abschätzen, was beispielsweise Konservierungsstoffe ein langes Leben lang im Körper bewirken? Was, und überhaupt, wie viel schadet? Letzteres ist ohnehin so eine Sache – wie viel vom Aromastoff X und vom Emulagtor Y unter der Wurstpelle stecken, erfährt der Käufer sowieso nicht.

Großer Wirbel um Kleingedrucktes

Gehen wir zunächst einmal von dem aus, was uns die Institutionen zur Lebensmittelüberwachung versichern: Zusatzstoffe sind sicher. Denn ins Essen darf nur, was auf seine gesundheitlichen Wirkungen geprüft und als unbedenklich gilt. Deshalb bekommt auch nur eine E-Nummer, was folgende Voraussetzungen erfüllt.

»Zum Schutz der Verbraucher«…

… muss der Zusatzstoff:

- technologisch notwendig sein.
- frei von Irreführung sein. Sprich, er darf nicht über Mängel oder schlechte Qualität hinwegtäuschen.
- gesundheitlich unbedenklich sein.

Interessant ist für uns vor allem der letzte Punkt – die gesundheitliche Unbedenklichkeit. Dabei geht es allen voran um einen Grenzwert. Der indessen selbst nicht frei von Risiken ist.

Der ADI – fragwürdige Sicherheit

Dreh- und Angelpunkt allen Testens und Prüfens im Dienste unseres Wohlbefindens ist der ADI, kurz für Acceptable Daily Intake. Das »Sesam-öffne-Dich« für Neuanwärter im Reigen der E-Nummern: Die durchschnittliche Menge eines Stoffes in Milligramm pro Kilogramm Körpergewicht, die ein Mensch ein Leben lang täglich ohne gesundheitliches Risiko zu sich nehmen kann.

Der ADI basiert auf Erkenntnissen von Tierversuchen – in der Regel Fütterungsversuche mit Ratten oder Mäusen. Übertragen auf den Menschen werden diese Daten, indem man sie mit dem Faktor 100 multipliziert. Sozusagen der Airbag für den humanen Genuss: Der Sicherheitspuffer, der nicht überschritten werden darf. Andernfalls sind gesundheitliche Risiken nicht mehr auszuschließen. Klingt vernünftig. Wenn man darüber hinweg sieht, dass die ADI-Werte in nur allzu vielen Fällen vor zwei bis drei Jahrzehnten festgelegt wurden. Damals gab es vergleichsweise wenig Lebensmittel mit Zusatzstoffen. Waren es damals 50, sind es heute bereits über 500. Damit potenziert sich die Gefahr, den kritischen Grenzwert zu übertreten. Den ADI eines bestimmten Stoffes zu sprengen, ist kein allzu großes Problem. Beispiel: Wer viel Käse isst, dazu noch täglich Fleisch oder Fisch, hat flugs eine ganze Menge Nitrat beisammen. Unsere heutigen Ernährungsgepflogenheiten sorgen dafür, dass das, was einzeln in Ordnung wäre, in der Summe das System zu sprengen droht. Auf diese Weise, so warnen viele Wissenschaftler, sind eigentlich »harmlose« Zusatzstoffe längst nicht mehr unbedenklich. Zudem berücksichtigt der festgesetzte ADI-Wert nicht zwingend auch die besondere Situation von »Risikogruppen« wie Kinder, Kranke, Alte und Schwangere.

Interessant ist auch, dass die Expertengremien, die den ADI schließlich festsetzen, nicht immer überein stimmen. Entsprechend soll der Wert auch nicht als rechtsverbindliche Vorschrift, sondern als Empfehlung gesehen werden. Damit haben wir nun umzugehen – was bleibt, sind offene Fragen.

Wenn Fütterungsversuche keine eindeutigen Ergebnisse liefern, kann ein vorläufiger ADI-Wert festgesetzt werden – der oftmals über Jahre »vorübergehend« bleibt.

Wie sicher sind Zusatzstoffe für Kinder?

Kinder wiegen weniger und essen mehr Nahrungsmittel, die Zusatzstoffe enthalten: Geringeres Körpergewicht in Kombination mit erhöhtem Konsum von Süßigkeiten, Colagetränken und Limonaden lassen die gesundheitliche Belastung von Nahrungszusätzen ansteigen – weit mehr als bei Erwachsenen. Und so erweist sich die Belastung von Kindern durch chemische Nahrungszusätze wesentlich höher als bislang vermutet. Hauptquelle sind Lebensmittel aus industrieller Produktion. Einer EU-Studie zufolge liegt die durchschnittliche tägliche Aufnahme an einigen gesundheitlich bedenklichen Zusatzstoffen bei Kindern beim zwei- bis zwölffachen des ADI-Wertes.

Diese Daten beruhen jedoch auf Schätzungen – wie viele Zusatzstoffe Kinder wirklich zu sich nehmen, weiß bislang niemand.

Wenig Natur, viel Chemie

Lebensmittel für Kinder sind vielfach stark verarbeitete Produkte. Das Dortmunder Forschungsinstitut für Kinderernährung hat sich die Produkte genauer angesehen: In 84 % der getesteten Kinderlebensmittel fanden sich Aromastoffe – hauptsächlich in Süßigkeiten, Milchprodukten und Getränken. Andere Zusatzstoffe, zum Beispiel Emulgatoren, Konservierungsstoffe oder Farbstoffe, waren in 73 % der Produkte enthalten. In fast 70 % der getesteten Kindergetränke schwammen Säuerungsmittel, Farbstoffe oder Emulgatoren.

Verursachen Zusatzstoffe Hyperaktivität?

Über das so genannte »Zappelphillip-Syndrom« wurden stets kontroverse Diskussionen geführt. In den 70er Jahren wurden Vermutungen laut, dass Zusatzstoffe mit für die steigende Zahl von verhaltensauffälligen Kindern verantwortlich sein könnten: Lebensmittelzusatzstoffe im Allgemeinen und Farbstoffe im Speziellen kamen als (Mit-)Ursache von Hyperaktivität in Betracht. Eine These, die eine enorme Kontroverse auslöste; keineswegs nur in Fachkreisen. Da sich in wissenschaftlichen Studien – zumindest bislang – keine Indizien fanden, wurde die These als »widerlegt« zu den Akten gelegt. Hier schlummert sie nun, auf dass sie ja keiner wecken möge ...

Können Zusatzstoffe Allergien auslösen?

Der ADI-Wert gilt für rundum Gesunde. Bei empfindlichen Menschen können Lebensmittelzusatzstoffe jedoch allergische Reaktionen auslösen. Die Symptome sind ähnlich wie bei einer Allergie: Hautausschläge, Magen-Darm-Störungen, Asthma oder erhöhte Infektanfälligkeit. Diese Reaktionen fallen in der Regel nicht unter die »echten« Allergien, da das Immunsystem nicht daran beteiligt ist. Weil aber die Symptome ähnlich sind, spricht man von Pseudoallergien. Für die Betroffenen kein Trost, denn sie leiden nicht weniger als »echte« Allergiker.

Bei Pseudoallergien treten ähnliche Symptome auf wie bei echten Allergien – allerdings ist daran nicht das Immunsystem beteiligt. Es werden also keine Antikörper gebildet.

Zu den riskanten Zusatzstoffen, bei denen pseudoallergische Reaktionen auftreten können, zählen:

- Azofarbstoffe

wie E 102 Tartrazin, E 110 Gelborange, E 122 Azorubin, E 123 Amaranth, E 124 Cochenillerot, E 129 Allurarot, E 151 Brilliantschwarz BN

Als Farbstoffe unter anderem in Süßwaren, Desserts, kandierten Früchten, Seelachs, Garnelen.

- Benzoesäure und ihre Salze E 210 bis 213

Als Konservierungsstoffe unter anderem in Fischerzeugnissen, Marinaden, Majonäsen, Saucen und Salaten.

- Sorbinsäure E 200 bis E 203

Als Konservierungsstoffe unter anderem in verpacktem Schnittbrot und Backwaren, Käse, Fruchtzubereitungen für Joghurts.

- Schwefeldioxid und Sulfite E 220 bis 228

Als Antioxidationsmittel unter anderem in Wein, Trockenfrüchten, Fruchtsäften und -nektaren.

Kleinkind- und Säuglingsnahrung darf nicht geschwefelt werden und es dürfen auch keine Bestandteile zugegeben werden, die geschwefelt waren.

► Krank von Peking-Ente?
Ganz oben auf der Liste der Verdächtigen: Der Geschmacksverstärker E 621 Natriumglutamat, der heftigste Abwehrreaktionen auslösen kann. Diese ereilen die Betroffenen vielfach bei fernöstlichen Genüssen. Besonders die chinesische Küche bedient sich reichlich des Geschmacksverstärkers. Weshalb die typischen Symptome – Kopfschmerzen und Hitzewallungen, Herzklopfen und Brennen auf der Haut – auch »Chinese Restaurant Syndrome« genannt werden.
Ob Natriumglutamat tatsächlich der Auslöser der Beschwerden ist, wird inzwischen in Frage gestellt: In einer Reihe von Untersuchungen fanden sich keine Indizien für einen Zusammenhang zwischen dem Geschmacksverstärker und den Symptomen. So wird inzwischen diskutiert, ob nicht andere Nahrungsstoffe oder sogar eine psychologische Reaktion für die unangenehmen Effekte verantwortlich sein könnten.

Die Aminosäure Glutamat kommt auch in Lebensmitteln mit viel Eiweiß vor; beispielsweise in Fleisch und Milchprodukten wie Camembert.

Wer auf Zusatzstoffe allergisch – ob echt oder pseudo – reagiert, dem wird das eingehende Studium der Zutatenliste angeraten. Zu Recht, mit dem Blick auf das Kleingedruckte lassen sich die Problemstoffe entdecken und, falls vorhanden, vermeiden. Doch nicht immer ist die Detektivarbeit mit Erfolg gekrönt. Stecken die riskanten Zusatzstoffe in zusammengesetzten Zutaten im Essen und haben hier keine Wirkung mehr, müssen sie nicht genannt werden. Fruchtjoghurts sind solche Fälle: Sie enthalten Konservierungsstoffe, die nur für die Fruchtzubereitung erforderlich waren. Nicht aber für den Joghurt, weshalb sie auch nicht im Zutatenverzeichnis stehen.

Das ist unbefriedigend, und deshalb soll diese Kennzeichnungsregelung auch verbessert werden (S. 283 ff.). Der EU-Lebensmittelausschuss arbeitet an einer Liste mit häufigen allergieauslösenden Inhaltsstoffen. Bisher sind es 12 Zutaten, wie unter anderem Nüsse, die künftig auf dem Etikett stehen sollen, selbst wenn sie nur in Spuren im Lebensmittel vorkommen. Auch die so genannte 25 %-Regelung soll wegfallen (S. 233, 283).

Wer allergisch auf Lebensmittelstoffe reagiert, sollte also nicht nur lesen, sondern auch nachfragen:

Beim Verkaufspersonal und beim Hersteller. Dazu sollte möglichst viel selbst gekocht und Bio-Lebensmittel verwendet werden. Denn in diesen stecken weniger Zusatzstoffe als in konventionellen Lebensmitteln.

Wer nicht sicher ist, auf welche Stoffe er reagiert, kann sich bei einem Arzt testen und eine Ernährungsberatung durchführen lassen.

▶ Augenschmaus auf Kosten des Augenlichts?
Canthaxanthin wird als Futtermittelzusatz verwendet, um Lebensmittel zu färben – vor allem Eidotter und Zuchtlachs, die so leuchtend orange werden. Das Pigment steckt aber auch im Fleisch von Masthähnchen. Wird Ihnen als »Maishähnchen« verkauft, was gut nach Körnerfutter klingt, mit Natur aber nichts zu tun hat. Auch bei Forellen, die als Süßwasserfische von Natur aus helles Fleisch haben, kann sich Canthaxanthin finden. Die so genannte »Lachsforelle« verkauft sich besser als ihre blassen Artgenossinnen.

Die Farbpigmente im Hühner- und Fischfutter wurden schon vor Jahren als Ursache für Sehstörungen überführt. Ende 2003 hat die EU-Kommission endlich reagiert und eine Richtlinie erlassen, die den Canthaxanthin-Gehalt im Futter drastisch einschränken soll. Europaweit sind seither statt bis zu 80 Milligramm je Kilogramm Futtermittel nur maximal 25 Milligramm bei Lachsen und Masthähnchen sowie 8 Milligramm bei Legehennen erlaubt.

Besteht zwischen Krebs und Zusatzstoffen ein Zusammenhang?

Heikel und immer wieder im Brennpunkt des Verbraucherschutzes. Laut offizieller Lesart »verursacht nach dem heutigen Kenntnisstand keiner der zugelassenen Zusatzstoffe Krebs«. So das Bundesministerium für Verbraucherschutz, Ernährung und Landwirtschatz, so auch das Deutsche Krebsforschungszentrum in Heidelberg.

Einschränkung: Nitritpökelsalz, ein zugelassener Zusatzstoff, der in Fleisch und Fleischerzeugnissen steckt. Das Pökeln ist eine uralte Methode zum Schutz vor krankmachenden Keimen in Nahrungsmitteln, allen voran Clostridium botulinum. Ein Bakterium, das ein extrem gefährliches Nervengift absondert: Bereits 0,01 Milligramm des Botulinus-Toxins sind tödlich. Nitritpökelsalz, im Verbund mit richtiger Lagerung und ausreichender Hygiene, kann das Auskeimen der Botulinus-Sporen verhindern. Das ist das Gute am Pökeln. Das Schlechte daran ist, dass sich aus dem Pökelsalz die so genannten Nitrosamine bilden können. Sie erregen – im Tierversuch – Krebs. Da es bislang kein anderes sicheres Mittel gegen die Botulinus-Gifte in Wurst und Fleisch gibt, darf weiter gepökelt werden. Was gut geht, wenn nicht zu viel Gepökeltes gegessen und dieses nicht scharf angebraten, gegrillt oder geröstet wird – denn starke Hitze fördert die Umwandlung in die krebsverdächtigen Nitrosamine.

ABC der Zusatzstoffe

Nachfolgend finden Sie in einer alphabetischen Übersicht die einzelnen Klassen, in die Zusatzstoffe eingeteilt werden und deren Aufgaben. In der Tabelle sind jene Stoffe aufgeführt, die gesundheitliche Risiken bergen. So sehen Sie auf einen Blick, was mit Vorsicht zu genießen ist.

Besonders viele Problemstoffe gibt es bei den Konservierungsmitteln:

Benzoesäure E 210

Mehrere Fütterungsstudien haben Hinweise für verschiedene gesundheitlich problematische Wirkungen geliefert. Benzoesäure und ihre Salze werden vom menschlichen Organismus über die Darmwand aufgenommen. Benzoesäure und ihre Salze können gesundheitsschädlich wirken auf Personen, die empfindlich auf

Acetylsalicylsäure (ASS) reagieren, dem Wirkstoff zahlreicher Schmerzpräparate (Aspirin). Fest steht ihre allergene Wirkung bei entsprechend disponierten Personen. Es können sowohl Allergien wie Pseudoallergien auftreten. Katzen reagieren besonders empfindlich auf Benzoesäure und Benzoate. Diese sind daher in Tierfutter verboten.

Borax E 285

Die aus Borax gebildete Borsäure wird im Körper, vor allem im Fettgewebe und Zentralnervensystem, angereichert. In diesem Fall kann es zu Vergiftungserscheinungen kommen. Besonders gefährdet sind Kinder. Borsäure ist daher in kosmetischen Pflegemitteln für Kinder unter drei Jahren verboten. Wenig bekannt ist über die gesundheitlichen Folgen bei Aufnahme geringer Mengen von Borax und Borsäure sowie bei ihrer Verwendung in der Lebensmittelkonservierung.

Borsäure E 284

Borsäure wird im Körper, vor allem im Fettgewebe und Zentralnervensystem, angereichert. In diesem Fall kann es zu Vergiftungserscheinungen kommen. Besonders gefährdet sind Kinder. Borsäure ist daher in kosmetischen Pflegmitteln für Kinder unter drei Jahren verboten. Wenig bekannt ist über die gesundheitlichen Folgen bei Aufnahme geringer Mengen von Borax und Borsäure sowie bei ihrer Verwendung in der Lebensmittelkonservierung.

Calciumphosphat E 341

Zur Vermeidung einer Störung des Phosphat-/Calciumverhältnisses sollten Phosphatzusätze möglichst niedrig gehalten werden. Der Phosphatbedarf wird üblicherweise mit der täglichen Kost gedeckt. Phosphate stehen im Verdacht, eine Rolle bei der Hyperaktivität von Kindern zu spielen (hyperkinetisches Syndrom).

Kaliumnitrit E 249

Nitrite sind gesundheitlich problematisch. Nitrite wirken gefäßerweiternd und blutdrucksenkend. In höheren Dosierungen können sie zu akuten Vergiftungserscheinungen führen (Mangel an Blutfarbstoff Hämoglobin). Besonders gefährdet sind Säuglinge;

sie sollten daher eine nitritarme Kost erhalten (Gefahr der Blausucht). Nitrit kann im menschlichen Körper zu stark Krebs erregenden Nitrosaminen umgewandelt werden.

Natriumnitrit E 250 und Süßstoffe
Generell besteht die Möglichkeit, dass der Körper auf den Verzehr von Süßstoffprodukten mit einem gesteigerten Appetit reagiert. Anstelle der angestrebten Gewichtsverminderung kann bei regelmäßigem Süßstoffkonsum Übergewicht die Folge sein.

Cyclamat E 952
In den USA werden die Cyclamate aufgrund von teilweise umstrittenen Studien als tumorfördernd angesehen und sind deshalb dort verboten.

Weiterhin kann es bei einigen Personen im Darm zu einer bakteriellen Umwandlung der Cyclamate in Cyclohexamin kommen. Diese Substanz wird im Tierversuch für Schäden an Hoden und Spermen verantwortlich gemacht. Da der menschliche Körper Cyclamate mit dem Urin rasch ausschüttet, werden mögliche gesundheitliche Beeinträchtigungen als gering eingeschätzt.

Isomalt E 953
Die Aufnahme größeren Mengen von Isomalt kann zu Blähungen und Durchfall führen. Darüber hinaus ist Isomalt als unbedenklich zu betrachten. Zuckeralkohole liefern Nahrungsenergie; sie sind daher wenig für Diäten zur Gewichtsreduktion geeignet.

Natriumaluminiumsilicat E 554
Natriumaluminiumsilicat steht aufgrund seiner Aluminiumkomponente im Verdacht, am Auftreten der Alzheimer Krankheit beteiligt zu sein. Nierenkranke können Aluminium im Körper anreichern. Funktionsstörungen der Niere behindern das Ausscheiden des Aluminiums aus dem Körper.

Traganth E 413
Traganth verfügt über ein erhebliches allergisches Potential.

Vergleichbar ist dieses mit dem des Eialbumins. (Allergie)

Bei Hautkontakt kann es zu Dermatitis kommen.

Antioxidationsmittel

Antioxidanzien schützen die Nahrung vor dem verderblichen Sauerstoff, der so genannten Oxidation. Sie führt beispielsweise bei Fetten zum Ranzigwerden, bei Obst und Gemüse macht sie braune Flecken und lässt die Farben verblassen. Das ist nicht erwünscht und so hilft man sich mit Mitteln, die der Oxidation Einhalt gebieten. Davon hält die Natur eine ganze Reihe bereit – in unseren Lebensmitteln findet sich davon die Ascorbinsäure, kennen Sie besser als Vitamin C, und die Zitronensäure. Sie bewahren auch in der Natur die Farbe von Früchten und Gemüse. Diesen Job übernehmen sie auch bei frisch geschnittenen Obst und Salaten.

Weitere natürliche Antioxidationsmittel sind Milchsäure und die Tocopherole, Vitamin E und seine Abkömmlinge.

Daneben gibt es eine ganze Reihe synthetischer Antioxidanzien, die nur in begrenzten Mengen und für bestimmte Lebensmittel zugelassen sind. Das sind Suppen, Brühen und Saucen in jeweils trockener Form, Kartoffeltrockenerzeugnisse (wie Pulver für Kartoffelpüree), Knabberwaren und verarbeitete (geröstet, gesalzen) Nüsse, Kuchenbackmischungen, Kaugummi sowie Fette und Öle für die Lebensmittelindustrie.

Backtriebmittel

Sie helfen Brot- und Brötchenteig auf die Sprünge – verpönt beim Bio-Bäcker, aber das haben wir bereits besprochen (S. 25 f.). Backtriebmittel fabrizieren kleine Gasbläschen, was den Teig locker macht und sein Volumen größer.

Emulgatoren

Ihr Job ist es, zwei Flüssigkeiten zu mischen, die sich normalerweise überhaupt nicht vertragen. Typischer Einsatzort ist beispielsweise die Margarine: Hier müssen Fette, Öle und Wasser in eine konsistente Masse gebracht werden. Und das klappt nur, wenn Emulgatoren mit von der Partie sind. Würde man diese Zusatzstoffe weglassen, hätten Sie in der Margarinedose in kürzester Zeit eine wässrige Brühe, in der sich Fett- und Ölklümpchen tummeln.

Emulgatoren wandern auch in Schokolade, Brotaufstriche, Eiscreme, Salatdressings und Majonäse. Ebenso sind viele fettreduzierte oder fettarme Lebensmitteln auf ihre Dienste angewiesen sind.

Lecithin ist Ihnen sicher schon oft auf der Zutatenliste begegnet – der bekannteste Emulgator, der aus Eigelb, Soja oder anderen Ölsamen gewonnen wird.

Enzyme

Enzyme sind in allen Zellen von lebenden Organismen zugegen. Auch in unserem Körper sorgt eine ganze Armada für den reibungslosen Ablauf zahlreicher Prozesse und Reaktionen.

Die Zahl der natürlich vorkommenden Enzyme wird auf rund 10 000 geschätzt. Ein Drittel davon ist heute bekannt, nur wenige werden allerdings bislang technisch genutzt.

Als präzise biochemische Werkzeuge werden Enzyme zunehmend auch in Lebensmitteln eingesetzt. Etwa Amylasen, die Stärkemoleküle abbauen und deshalb vor allem in Brot und Backwaren zum Einsatz kommen. Die Proteasen bauen Eiweiße ab und können so zum Zartmachen von Fleisch verwendet werden. Lipasen verändern wiederum die Molekülstruktur von Fetten, mit ihrer Hilfe können Fettsäuren aus Fetten freigesetzt werden. Die Pektinasen können bestimmte Stoffe aus den Zellwänden von Pflanzen herauslösen und werden unter anderem bei der Fruchtsaftgewinnung eingesetzt, um die Saftausbeute zu erhöhen.

Übrigens mischen Enzyme auch bei der Käseherstellung mit, und zwar ganz natürlich: Das aus Kälbermagen gewonnene Labferment ist ein Enzym. Es sorgt dafür, dass Milcheiweiß ausfällt und die Milch dick wird. Andernfalls gäbe es keinen Käse.

Bis auf Nisin E 234 und Lysozym E 1105 gelten Enzyme im deutschen Lebensmittelrecht als technische Hilfsstoffe, nicht als Zusatzstoffe. Sie brauchen daher weder zugelassen, noch auf der Zutatenliste deklariert werden. Die beiden genannten Enzyme werden als Konservierungsstoffe verwendet – sie verhindern das Auskeimen von Bakteriensporen – und müssen daher als solche ausgewiesen sein.

Farbstoffe

Sie sind aus der modernen Lebensmittelindustrie nicht mehr wegzudenken: Farbe ist für die Akzeptanz eines Lebensmittels durch den Verbraucher essenziell. Sie symbolisiert unter anderem Frische oder steht für ganz spezielle Geschmacksrichtungen. Und so essen wir alle munter Farbstoffe, kunterbunt durcheinander. Hier zeigt sich besonders eindringlich, wohin das Diktat der besseren Verkäuflichkeit führt. Was möglich ist, wird auch gemacht – weil es der Verbraucher so wünscht. Farbe muss sein, niemand würde Gummibärchen in der grauen Farblosigkeit der Gelatine essen wollen. Auch ein blassrosa Himbeereis verkauft sich nicht so gut wie ein hübsch pinkfarbenes. Zumal, weil es meist gar keine Himbeeren enthält. Oder nehmen wir Erbsen aus der Dose. Die dürften auch nicht mehr so knackig grün aussehen, nach der Prozedur, die sie beim Kochen und Konservieren hinter sich haben. Dito die leuchtend roten Kirsch- und Erdbeermarmeladen, die knalliggelben Aprikosenkonfitüren. Nur einige Exempel von so vielen – indessen alles Anblicke, an die wir uns so gut gewöhnt haben. Das weiß man eben auch in der Lebensmittelindustrie.

Und so wird gefärbt, um zu ersetzen, was durch Licht, Luft und Lagerung verloren ging. Und auch, um dem Anspruch der Verbraucher an eine bestimmte Optik gerecht zu werden. Denn oft ist die natürliche Farbgebung geringer, als sie üblicherweise von einem bestimmten Lebensmittel erwartet wird – da heißt es dann nachbessern.

43 Farbstoffe, natürliche wie künstliche, sind derzeit in der EG zugelassen.

Warum es keine blauen Gummibärchen gibt

Gelbe, rote und orange, mitunter auch mal blassgrüne sind in der Tüte, doch blaue Gummibärchen sind anscheinend ausgestorben. Mitnichten, es gab sie nie. Denn blau signalisiert unseren Augen nichts Essbares, sondern vielmehr etwas Chemisches, Künstliches. Daher bei Lebensmitteln ganz und gar verpönt.

Nun wird inzwischen zumindest immer mehr auf künstliche Farbstoffe verzichtet, vor allem der jungen Gummibärenesser zuliebe – ihnen sei Dank. Die Zeit von Tartrazin-Gelb, Allura-Rot und anderen chemisch-synthetischen Farbstoffen scheint in der Tat abgelaufen. Viele heute übliche Farbstoffe kommen nicht aus der Retorte, sondern ursprünglich aus der Natur: Aus Roter Bete oder Weintraubenschalen, Holunder oder Hibiskus, Rotkohl oder Möhren, Tomaten oder Paprika, oder von Tieren, wie das Cochenillerot aus Schildläusen.

Pur oder gemischt ergeben sie eine breite Farbpalette für mannigfache Zwecke: Konzentrate aus roten Weintrauben sorgen für Waldbeerviolett, Spinat oder Melisse liefern zarte Grüntöne für Kiwijoghurt, die Geschmacksrichtung Himbeere bekommt man am besten mit Johannisbeerkonzentrat hin. Das Auge isst halt mit, auch wenn es dabei getäuscht wird …

Chemie her, Natur hin – auch bei natürlichen Farbstoffen geht es nicht ohne Laboreinsatz. Mit pürierter Roter Beete lässt sich Erdbeereis noch lange nicht erdbeerrosa zaubern. Lebensmittelfarben, ob synthetisch oder natürlich, müssen lichtecht, geschmacksneutral und von immer gleicher Qualität sein und die Verarbeitungsprozesse beständig überdauern. All das gelingt schwerlich ohne High Tech, Biochemie und Enzymtechnologie.

Die Welt ist bunt …

Bei den Farbstoffen gilt das nur für die Optik. Lebensmittelrechtlich bewegen sie sich in einer Grauzone. Die einen müssen nämlich auf der Zutatenliste angegeben werden, die anderen darf man hingegen verstecken – als »färbendes Lebensmittel«, etwa Karotten-, Rote-Bete- oder Holundersaft. Was ist da los? Ein Farbstoff, so klärt uns die entsprechende EU-Richtlinie hierzu auf, wird aus seiner natürlichen Quelle extrahiert. Das färbende Lebensmittel wird hingegen als Ganzes verarbeitet, ohne das »färbende Prinzip« des jeweiligen Rohstoffs dabei anzureichern. Ein Mus aus zerquetschten Aroniabeeren ist daher rechtlich kein Farbstoff, obwohl es nur wegen seiner schönen, kräftigen und beständigen Farbe in Gummibärchenmasse gerührt wird. Das müssen Sie jetzt übrigens nicht verstehen. Nur wissen.

Tabus im Farbzirkus

So umfangreich die Trickkiste auch ist, manches ist verboten. Drohen Farbstoffe zu täuschen, sind sie verboten. Beispielsweise grüne Stoffe, um Erben noch grüner zu färben. Auch Produkte, die Eier enthalten, dürfen nicht gefärbt werden. Das könnte mehr Ei vorgaukeln, als tatsächlich vorhanden.

Darüber hinaus sind nicht mehr alle Farbstoffe generell für jedes Lebensmittel erlaubt. Nur zehn, meist natürliche Farbstoffe, dürfen allgemein verwendet werden – Paprikaextrakt etwa und Beta-Karotin. Die übrigen Farbstoffe sind nur für bestimmte Zwecke und Nahrungsmittel erlaubt. E 180 Litholrubin darf beispielsweise nur Käserinde färben.

Azofarbstoffe
Sie bilden die größte und wichtigste Gruppe der zugelassenen Lebensmittelfarbstoffe und werden synthetisch hergestellt – früher auf Basis von Steinkohleteer, heute von Erdöl. Eine Reihe der Azofarbstoffe sind gesundheitsgefährlich. Ein bekannter Fall ist das Buttergelb: Um 1930 wurde bekannt, dass es hochgradig krebsauslösend ist. Allerdings färbte es noch in den 1950er Jahren Butter und Margarine gelb. Diejenigen Azofarbstoffe, die heute vor allem noch Süßigkeiten färben dürfen, gelten als vergleichsweise harmlos. Viele von ihnen sind wasserlöslich und werden schnell wieder aus dem Körper ausgeschieden.

Festigungsmittel

Sie stärken die Zellen pflanzlicher Lebensmittel – Obst und Gemüse bleiben so knackig und gehen auch nach der Verarbeitung nicht in den breiigen Zustand über. Festigungsmittel helfen, die gute Optik zu bewahren und schützen zudem vor dem Verlust an Mineralstoffen und Vitaminen.

Feuchthaltemittel

Diese Zusatzstoffe verhindern, dass Lebensmittel zu stark austrocknen. In Süßwaren verlangsamen sie darüber hinaus das Auskristallisieren von Zucker.

Geliermittel

Den Verdickungsmitteln ähnlich sorgen Geliermittel dafür, dass Lebensmittel durch die Bildung von Gel verfestigt werden.

Geschmacksverstärker

Sie werden zugesetzt, um den Geschmack von Lebensmitteln zu verstärken oder hervorzuheben. Am besten bekannt ist sicherlich Natriumglutamat (E 621), das häufig in der asiatischen Küche verwendet wird.

Komplexbildner

Sie binden Schwermetallrückstände in Lebensmitteln und machen sie so unschädlich. Schwermetalle können die Oxidation beschleunigen. Komplexbildner werden deshalb häufig in Fetten und Ölen sowie in Wein eingesetzt, um diese vor dem Ranzigwerden zu schützen.

Konservierungsstoffe

Konservieren ist das älteste Verfahren der Lebensmitteltechnik – schon im alten Ägypten wendete man diverse Methoden der Konservierung an (S. 83). Die Mittel haben sich gewandelt, der Zweck blieb der gleiche: Das Wachstum von Mikroorganismen begrenzen, verzögern oder hemmen, um Lebensmittel länger haltbar zu machen. Im Feldzug gegen Bakterien, Hefe, Pilze, Schimmel treten vor allem Schwefeldioxyde und Sulfite (E 220 bis 228) sowie Nitrate und Nitrite (E 249 bis 252) an.

▶ Ionen gegen den Zahn der Zeit

Eine weitere Möglichkeit der Haltbarmachung besteht im Bestrahlen. Dabei werden die Lebensmittel ionisierenden Strahlen ausgesetzt – das führt ihnen gebündelt Energie zu und bewirkt, dass sich Bakterien, Pilze oder Insekten nicht mehr vermehren können. Bestrahlte Lebensmittel müssen als solche gekennzeichnet sein »bestrahlt« oder »mit ionisierenden Strahlen behandelt« – auch wenn nur eine Zutat so behandelt wurde. Hierzulande ist nur das Bestrahlen von getrockneten Kräutern und Gewürzen erlaubt. In anderen Ländern dürfen auch weitere Lebensmittel durch Strahlung konserviert werden, jedoch nicht importiert werden.

Bestrahlte Lebensmittel sind nicht radioaktiv, wie viele Verbraucher befürchten. Auch die Abbauprodukte bei der Bestrahlung sind nicht gesundheitlich gefährlich.

Mehlbehandlungsmittel

Sie dienen dazu, den Teig und dessen Backeigenschaften zu verbessern.

Modifizierte Stärken

Zum Andicken und jedem Koch bekannt. Neben Mais-, Weizen oder Kartoffelstärke gibt es Stärke heute auch »modifiziert« – beispielsweise »gefrier-tau-stabile« Stärke in Tiefkühlprodukten. Nur chemisch modifizierte Stärken gelten rechtlich als Zusatzstoffe. Physikalisch oder enzymatisch modifizierte Stärken haben dagegen den Status einer Zutat und werden nur als »Stärke« deklariert.

Säuren, Säuerungsmittel und Säuerungsregulatoren

Mit diesen Zusatzstoffen lässt sich der Säuregrad steuern – ein wichtiges Qualitätsmerkmal von Lebensmitteln.

Schaummittel

Schlagsahne, Speiseeis, Gebäck und Tortenfüllungen – sie alle brauchen Schaum. Den bekommen sie durch Schaummittel.

Schaumverhüter

Manches Mal ist zu viel Schaum im Spiel – dann kommen Schaumverhüter ins Essen.

Schmelzsalze

Sie sorgen dafür, dass Schmelz- und Kochkäse schmilzt, ohne sich dabei in seine Einzelbestandteile zu zersetzen.

Stabilisatoren

Sie verhindern, dass sich Stoffe absetzen oder wieder entmischen.

Süßstoffe

Machen süß, was süß schmecken soll – intensiver als Haushaltszucker und mit weniger Kalorien (S. 186f.).

Treibgas und Packgas

Treibgas bringt die Sahne aus der Dose auf den Kuchen, Packgas schützt verpackte Lebensmittel vor Sauerstoff und damit vor zu raschem Verderben.

Trennmittel

Verhindern Ankleben, Verklumpen und halten Lebensmittel rieselfähig.

Überzugsmittel

Schützen die Oberfläche von Nahrungsmitteln und verleihen ihnen Glanz – Äpfel, Birnen und viele andere Obstsorten werden so behandelt.

Verdickungsmittel

Diese Substanzen machen Lebensmittel wie Suppen, Salatdressings, Saucen oder Cremes sämig.

Alles Öko?

Wo »Bio« draufsteht, muss nicht immer auch »Bio« drin sein. »Kontrollierter Anbau, alternative Haltung, integrierte Landwirtschaft, staatlich anerkannte Bauernhöfe ...« – nur allzu oft Fehlanzeigen, die den Käufer in die Irre führen. Denn sie sind kein Garant dafür, dass das betreffende Nahrungsmittel aus ökologischem Landbau stammt. Auch nicht dafür, dass die EU-Richtlinien für ökologische Lebensmittel erfüllt sind. Schließlich sind Formulierungen wie »kontrollierter Anbau« nicht rechtlich geschützt. Sie können von jedem Hersteller verwendet werden und bedeuten keinerlei Verpflichtung. Mit anderen Worten Augenwischerei, weshalb derartige Bezeichnungen auch nur noch bis zum 1. Juli 2006 verwendet werden dürfen.

»Wahrhaftigkeit auf dem Lebensmittelmarkt«

Das Verbot bringt näher, was Verbraucherschützer und Öko-Verbände schon lange fordern.

»Wahrhaftigkeit« setzt auch Transparenz voraus. In der EG-Verordnung zum ökologischen Landbau sind die Anforderungen an die Erzeuger zwar genau festgelegt. Doch welche Produkte diese auch erfüllen, ist für den Verbraucher oft nicht zu erkennen.

Wer bewusst einkauft und auch mehr bezahlt, will nicht getäuscht werden. So sind gerade Bio-Lebensmittel auf das Vertrauen der Käufer angewiesen. Das nicht selten ausgenutzt wird – schließlich lässt sich durch Informationslücken leicht hindurchschlüpfen.

Wo Vorsicht geboten ist

Bezeichnungen, denen Sie nicht vertrauen sollten:
Alternative Haltung
Auf Gründünger gewachsen
Biologische Schädlingsbekämpfung
Naturgedüngt

Gewachsen ohne Chemie
Naturnahe Verfahren beim Umweltschutz
Nicht chemisch behandelt
Nicht gespritzt
Umweltschonender Anbau
Kontrollierter Anbau
Spritzmittelfrei
Rückstandskontrolliert
Ohne Kunstdünger
Umweltverträglich
Unbehandelt
Ungespritzt
Naturnah
Naturrein

Sicherheit bietet letztlich einzig das staatliche Bio-Zeichen: Nur mit diesem Siegel ist »ökologisch« und »biologisch« verbürgt – gesetzlich. Damit schmücken darf sich nur, was den Anforderungen der EU-Ökoverordnung genügt. Und was die Code-Nummer der Kontrollstelle trägt, die geprüft hat. Hierzulande nach dem Schema: »DE-000-Öko-Kontrollstelle«. Der wichtigste Garant dafür, dass Sie es mit einem echten Bio-Lebensmittel zu tun haben. Und damit einem Produkt, das mindestens 95 % Zutaten aus ökologischem Landbau enthalten muss. Die staatliche Auszeichnung garantiert Ihnen somit

- Artgerechte Tierhaltung

Mindestgrößen für Ställe, genügend Auslauf und natürliche Futtermittel

- Verzicht auf chemisch-synthetische Substanzen

Keine chemischen Pflanzenschutzmittel, Wachstumsförderer, Verzicht auf synthetische Düngemittel und mineralische Dünger

- Herstellung ohne Geschmacksverstärker, künstliche Aromen oder Bestrahlung
- schonende Herstellung

Die EU-Ökoverordnung schreibt schonende Verarbeitung vor, um die Inhaltsstoffe – damit den Wert und natürlichen Charakter – des Lebensmittels zu erhalten.

- wenige, nur ganz bestimmte Zusatzstoffe

Zusatzstoffe sind nur erlaubt, wenn ein Lebensmittel nachweislich ohne ihre Verwendung nicht hergestellt oder haltbar gemacht werden kann.

- Zutaten aus ökologischem Anbau

Zutaten aus konventioneller Herstellung sind nur erlaubt, wenn diese nicht oder nicht in ausreichender Menge aus ökologischer Herkunft zu erhalten sind; beispielsweise gibt es kein ökologisches Salz. Werden weniger als 5 % konventionelle Zutaten verwendet, so ist dies laut EU-Ökoverordnung nicht kennzeichnungspflichtig. Manche Bioverbände schreiben es aber trotzdem vor. Anteile über 5 % müssen immer entsprechend gekennzeichnet sein. Der konventionelle Anteil in einem Biolebensmittel darf jedoch 30 % nicht überschreiten. Ansonsten entfällt der Anspruch auf Zulassung als Bio-Lebensmittel.

- Tabu für Gentechnik

Rohstoffe, Zutaten oder Hilfsstoffe, die gentechnisch verändert wurden, sind bei der Verarbeitung von Ökolebensmitteln weltweit strikt verboten. Dazu zählen auch sonstige Stoffe wie Starterkulturen für die Herstellung von Joghurt oder Hefekulturen für die Herstellung von Brot.

- Strenge Kontrollen

Öko-Hersteller werden genau unter die Lupe genommen: Mindestens einmal im Jahr von amtlich zugelassenen Kontrollstellen und dazu auf eigene Kosten.

Vorschriften gibt es für Bio-Lebensmittel nicht nur auf dem Acker. Auch bei Verarbeitung und Herstellung gelten strenge Regeln.

Nur echt mit ...

Um garantiert »Bio« zu kaufen, achten Sie beim Einkauf auf folgende Label:
Biokreis www.biokreis.de
Bioland www.bioland
Biopark www.biopark.de
Demeter www.demeter.de

Ecovin (Zusammenschluss ökologisch wirtschaftender Winzer)
www.ecovin.org
Gäa www.gaea.de
Ifoam www.ifoam.org
Naturland www.naturland.de
Ökösiegel www.oekosiegel-ev.de
Weitere Informationen finden Sie im Internet unter:
www.allesoeko.net

Auch viele Großmarktketten und Supermärkte haben inzwischen eigene Marken für Bio-Lebensmittel im Sortiment, die den EU-Ökoverordnungen genügen. Unter anderem

»BioBio« von Plus,
»Naturkind« von Tengelmann,
»Füllhorn« bei Rewe,
»Bio Wertkost« bei Edeka.

Bio-Produkte aus dem Reformhaus erkennen Sie am grünen Blatt, das die Aufschrift »Bio« trägt.

Integriert ist nicht ökologisch

Ökologischer und integrierter Landbau sind zwei komplett verschiedene Stiefel. Im integrierten Anbau verpflichten sich die Erzeuger, den Einsatz von Pflanzenschutzmitteln zu minimieren. Was eben nicht bedeutet, keine: Ab wann und welche Mittel ein Landwirt einsetzt, bleibt ihm selbst überlassen. Denn der Begriff »integriert« ist nicht geschützt. Die Hersteller dürfen ihn frei verwenden. Kontrollen gibt es entsprechend keine. Wie auch, wenn verbindliche Standards und Richtlinien fehlen.

Anders im Öko-Landbau: Hier wird strengstens kontrolliert, um sicherzustellen, dass die EU-Ökoverordnungen eingehalten werden. Dass also unter anderem tatsächlich keine chemisch-synthetischen Pflanzenschutzmittel zum Einsatz kommen.

▶ **Codex Alimentarius**
Die Codex Alimentarius Commission (CAC) ist das wichtigste internationale Gremium zur Festlegung von Lebensmittelstandards, wie beispielsweise Rückstandshöchstmengen von Pflanzenschutzmitteln. Sie wurde 1962 von der Weltgesundheitsorganisation (WHO) und der Lebensmittel- und Landwirtschaftsorganisation (FAO) der Vereinten Nationen gegründet, heute sind 165 Staaten Mitglied der Kommission.
Weitere Infos unter www.codexalimentarius.net

Von A wie Acrylamid bis Z wie Zinn

Schadstoffe von A bis Z – auf den folgenden Seiten sind jene aufgeführt, die Sie kennen (sollten):

Acrylamid
Acrylamid entsteht beim Erhitzen von Lebensmitteln aus der Reaktion von Aminosäuren und Zuckern. Besonders häufig kommt es in Kartoffelchips, Pommes frites, Corn Flakes und Kaffee vor. Die Weltgesundheitsorganisation (WHO) hat Acrylamid als »grundsätzlich Krebs erregend« eingestuft.

Aflatoxin
Hochgiftige Stoffwechselprodukte von Aspergillus-Pilzen (siehe auch Mykotoxine, S. 311). Aflatoxin B1 ist die Verbindung mit der stärksten bekannten Krebs erzeugenden Wirkung. Es kann vor allem in Nüssen und in Gewürzen vorkommen.

Anabolika
»Dopingmittel« für Masttiere, da sie den Fleischzuwachs verbessern. Seit 1998 dürfen Anabolika in der gesamten EG nicht mehr eingesetzt werden.

Antibiotika
Vor allem Tetrazycline oder Chloramphenicol – einige sind auch

als Futterzusatzstoffe zugelassen. Rückstände in Lebensmitteln können zu Resistenzen führen.

BADGE (Bisphenol-A-Diglycidylether)
Enthalten in Kunststoffüberzügen zur Innenbeschichtung von Konservendosen. BADGE kann in den Doseninhalt übergehen. Die Verwendung der Substanz ist daher verboten.

Benz(a)pyren
Im Tierversuch stark Krebs erregende Substanz. Benz(a)pyren entsteht beim Grillen über offenem, rauchendem Feuer aber auch über Holzkohleglut.

Beruhigungsmittel
Sie werden manchmal stressempfindlichen Schweinen verabreicht, damit sie den Transport zum Schlachthof überleben. Problematisch deshalb, weil sich die Substanzen bis zur Schlachtung nicht abbauen.

Beta-Agonisten
Tierarzneimittel (wie z. B. Clenbuterol), gegen Atemwegserkrankungen und zur Unterdrückung von Wehen. Die – illegale – Gabe in sehr hoher Dosierung steigert die Mastleistung. Die Anwendung ist heute für fast alle dieser Substanzen verboten.

Blausäure
In Verbindungen mit Kohlenhydraten kommt Blausäure in Leinsamen, Holunderbeeren und bitteren Mandeln vor: Schon fünf bis zehn bittere Mandeln oder zehn Tropfen Bittermandelöl sind für Kleinkinder tödlich.

Blei
Gelangt vor allem mit Industrieabgasen in die Umwelt und lagert sich als Bleistaub ab. Besonders betroffen sind Obst und Gemüsearten mit großer, rauer Oberfläche.

Botulinus-Gifte
Stoffwechselprodukte des Bakteriums Clostridium botulinum:

Nervengifte, die zu den stärksten Giften überhaupt gehören. Sie verursachen Botulismus, was zum Tod durch Atemlähmung führen kann.

Wenn sich Boden und Deckel einer Konserve wölben, der Deckel nicht auf dem Einmachglas hält oder beim Öffnen Gas herauszischt – werfen Sie den Inhalt umgehend weg.

Cadmium
Gelangt mit industriellen Abgasen und Düngemitteln in die Umwelt. Pflanzen nehmen es hauptsächlich über die Wurzeln aus dem Boden auf. Weshalb auch gündliches Waschen den Cadmiumgehalt nicht senkt. Enthalten in Wildpilzen, Spinat, und Leinsamen sowie in Leber und Nieren von Rindern und Schweinen. Tintenfisch ist stark verunreinigt, wenn er nicht vollständig ausgenommen wurde.

Chloramphenicol
Siehe Antibiotika (S. 308).

DDT (Dichlordiphenyltrichlorethan)
Das Insektizid wurde lange Zeit im Pflanzenschutz eingesetzt. Mittlerweile ist der Einsatz fast weltweit verboten, weil DDT sehr beständig ist und sich in der Umwelt anreichert.

Dioxine (polychlorierte Dibenzodioxine/-furane)
Traurige Berühmtheit erlangten Dioxine 1976 durch den Chemieunfall in Seveso. Die Seveso-Gifte entstehen als Nebenprodukte in der Industrie und bei Verbrennungsprozessen und schädigen Leber, Zentralnerven-, Hormon- und Immunsystem. Die WHO hat Dioxin zudem als Krebs erregend eingestuft.

Dioxine gelangen überwiegend über die Nahrungskette in den menschlichen Organismus. Sie sind nur schwer abbaubar und reichern sich besonders gut in Fett an.

Fungizide
Mittel zur Bekämpfung von Pilzerkrankungen wie zum Beispiel Mehltau und Rost.

Furane
Siehe Dioxine (S. 310).

Herbizide
Unkrautvernichtungsmittel, die sich meist leicht abbauen und so kaum mehr in Lebensmitteln enthalten sind.

Hormone
Siehe Anabolika (S. 308).

Insektizide
Insektenbekämpfungsmittel: DDT, Chlordan und Dieldrin sind verboten, daher dominieren heute Organophosphor-Verbindungen, N-Methylcarbamate und Pyrethroide.

Lindan (gamma-Hexachlorcyclohexan)
Insektizid, das stark eingeschränkt noch als Holzschutzmittel im Bau- und Möbelgewerbe und als Tierarzneimittel zugelassen ist. Deutsche Pflanzenschutzmittel enthalten kein Lindan mehr.

Mykotoxine
Giftige Stoffwechselprodukte von Schimmelpilzen. Sie können Leber und Nieren schädigen und die körpereigene Abwehrkraft unterdrücken. Einige sind wahrscheinlich auch Krebs erregend.

Nitrit
Entsteht aus Nitrat und ist Bestandteil des Pökelsalzes – damit in gepökelten Fleischwaren wie Salami, rohem Schinken und Kasseler enthalten.

Nitrofen
Herbizid, das im Frühjahr 2002 in Bio-Lebensmitteln gefunden wurde. Nitrofen gilt als schwer erbgutschädigend, in hohen Dosen als Krebs erregend und ist seit 1988 europaweit verboten.

Nitrosamine
Die im Tierversuch Krebs erregenden Substanzen entstehen im Lebensmittel und möglicherweise im Magen aus Nitrit und Eiweiß. Vitamin C kann das übrigens verhindern.

Perchlorethylen (PER, Tetrachlorethylen, Tetrachlorethen)
Organochlor-Verbindung, die als Lösungsmittel vor allem in der Metall verarbeitenden Industrie und in chemischen Reinigungen eingesetzt wird. PER steht im Verdacht, Krebs erregend zu sein.

Pestizide
Schützen Pflanzen vor Krankheiten und Schadorganismen. Am häufigsten verwendet werden Insektizide (gegen Insekten), Fungizide (gegen Pilzkrankheiten) und Herbizide (gegen Unkraut).

Polychlorierte Biphenyle (PCB)
Organochlor-Verbindungen, die als Weichmacher und Kühlflüssigkeit eingesetzt wurden. Lebensmittel und Muttermilch enthalten immer weniger PCB, eine Gefahr geht davon nicht aus.

Polyzyklische aromatische Kohlenwasserstoffe (PAK)
Im Tierversuch Krebs erregende Stoffe, die beim starken Erhitzen und bei Verbrennungsprozessen entstehen.

Quecksilber
In Thermometern, Batterien, Desinfektions- und Pflanzenschutzmitteln – Quecksilber wurde vielseitig verwendet. Heute ist es dagegen stark eingeschränkt. Höchste Zeit, denn Quecksilber kann das Erbgut verändern, das Zentrale Nervensystem und Gehirn angreifen.

Salmonellen
Bakterien, vor allem in Geflügel, Eiern und Fleisch, die nur durch Hitze (70 bis 80 °C) abgetötet werden können. Eine Salmonellen-Infektion verursacht starken Durchfall, Fieber, Kopfschmerzen und Erbrechen.

Saxitoxin
Nervengift, das von Einzellern gebildet wird. Von diesen ernähren sich Muscheln. Vergiftungserscheinungen treten kurz nach der Mahlzeit auf: unangenehmes Prickeln an Lippen und Extremitäten sowie Muskellähmungen.

Schwermetalle
Bei der Belastung von Lebensmitteln sind vor allem Blei, Cadmium und Quecksilber relevant. In großen Mengen schädigen Schwermetalle Leber, Nieren und Nervensystem.

▶ Chemie im Schraubverschluss
Babynahrung, Konfitüren, Honig, Ketschup, Majonäse und Soßen – kaufen Sie alles vakuumdicht verschlossen. In den Dichtungen der »Twist-off-Deckel« steckt allerdings der Stoff Semicarbazid. Er wirkt bei Tieren schwach Krebs erzeugend und Erbgut verändernd. Da Semicarbazid in die Lebensmittel übergeht, ist die Verwendung EU-weit ab August 2005 verboten.

Tierarzneimittel
Häufig angewendet werden antimikrobiell wirksame Substanzen. Wichtige Arzneimittel sind auch Hormone (Anabolika), Beta-Agonisten, Beruhigungsmittel und Malachitgrün bei der Fischzucht. Alle Arzneimittel unterliegen der Zulassungspflicht.

Zum Nachschlagen

Behörden und Organisationen

Bundesministerium für Verbraucherschutz, Ernährung u. Landwirtschaft
Postfach 14 02 70
53107 Bonn
Tel.: 0228/529–0
E-Mail: internet@bmvel.bund.de
www.verbraucherministerium.de

Foodwatch e. V.
Brunnenstr. 181
10119 Berlin
Tel.: 030/24 04 76–0
Fax: 030/24 04 76–26
E-Mail: info@foodwatch.de
www.foodwatch.de

Bundesforschungsanstalt für Fischerei
Institut für Fischereitechnik und Fischqualität
Palmaille 9,
D-22767 Hamburg
Tel.: 040/38 905 119
Fax: 040/38 905 262

Bundesinstitut für Risikobewertung
Pressestelle Tel.: 030/84 12 43 00
E-Mail: Pressestelle@bfr.bund.de

Öko-Prüfzeichen GmbH &
Informationsstelle Bio-Siegel
bei der ÖPZ GmbH
Godesberger Allee 125–127
53175 Bonn
Tel.: 0228/53 689–0
www.bio-siegel.de

Lebensmittelüberwachung

In dem föderalen System der Bundesrepublik Deutschland unterliegt die Lebensmittelüberwachung den obersten Länderbehörden, die hier aufgelistet sind:

Baden-Württemberg
Ministerium für Ernährung und Ländlichen Raum
Baden-Württemberg
Postfach 10 34 44
70029 Stuttgart
Tel.: 0711/126–0
Fax: 0711/126–2255
E-Mail: poststelle@mlr.bwl.de

Bayern
Bayerisches Staatsministerium für Umwelt, Gesundheit und Verbraucherschutz
Schellingstraße 155
80797 München
Tel.: 089/2170–04
E-Mail: poststelle@ugv.bayern.de

Berlin
Senatsverwaltung für Gesundheit, Soziales und Verbraucherschutz
Oranienstraße 106
10969 Berlin
Tel.: 030/9028–0
Fax: 030/9028–2056
E-Mail: poststelle@sengsv.verwalt-berlin.de

Brandenburg
Ministerium für Landwirtschaft, Umweltschutz und Raumordnung
Postfach 60 11 50
14411 Potsdam
Tel.: 0331/866–0
Fax: 0331/866–7070 oder 0331/866–7071
E-Mail: poststelle@mlur.brandenburg.de

Bremen
Der Senator für Arbeit, Frauen, Gesundheit, Jugend und Soziales
Contrescarpe 73
28195 Bremen
Tel.: 0421/361–2077
Fax: 0421/361–10249
E-Mail: office@soziales.bremen.de

Hamburg
Behörde für Gesundheit und Umwelt
Amt für Gesundheit
Gesundheitlicher Verbraucherschutz und Veterinärwesen
Lagerstraße 36
20357 Hamburg
Tel.: 040/42841–0
Fax: 040/42841–4038
E-Mail:
pressestelle@bwg.hamburg.de

Hessen
Hessisches Sozialministerium
Postfach 31 40
65021 Wiesbaden
Tel.: 0611/817–0
Fax: 0611/80 93 99
E-Mail: poststelle@hsm.hessen.de

Mecklenburg-Vorpommern
Ministerium für Ernährung, Landwirtschaft, Forsten und Fischerei Mecklenburg-Vorpommern
Paulshöher Weg 1
19061 Schwerin
Tel.: 0385/588–0
Fax: 0385/588–6024/6025
E-Mail: poststelle@lm.mvnet.de

Niedersachsen
Niedersächsisches Ministerium für den ländlichen Raum, Ernährung, Landwirtschaft und Verbraucherschutz
Calenberger Straße 2
30169 Hannover
Tel.: 0511/120–2081
Fax: 0511/120–2377
E-Mail: poststelle@ml.niedersachsen.de

Nordrhein-Westfalen
Ministerium für Umwelt und Naturschutz, Landwirtschaft und Verbraucherschutz NRW
Schwannstr. 3
40476 Düsseldorf
Tel.: 0211/4566–0
Fax: 0211/4566–388
E-Mail: poststelle@munlv.nrw.de

Rheinland-Pfalz
Ministerium für Umwelt u. Forsten
Kaiser-Friedrich-Str. 1
55116 Mainz
Tel.: 06 131/16–0
Fax: 06 131/16 46 46
E-Mail: Poststelle@muf.rlp.de

Saarland
Ministerium für Frauen, Arbeit, Gesundheit und Soziales
Franz-Josef-Röder-Straße 23
66 119 Saarbrücken
Tel.: 681/501–00
Fax: 681/501–3335
E-Mail:
poststelle@soziales.saarland.de

Sachsen
Sächsisches Staatsministerium für Soziales
Albertstraße 10
01 097 Dresden
Tel.: 0351/564–0
Fax: 0351/564–2887
E-Mail: poststelle@sms.sachsen.de

Sachsen-Anhalt
Ministerium für Raumordnung, Landwirtschaft und Umwelt des Landes Sachsen-Anhalt
Postfach 3760
39012 Magdeburg
Tel.: 0391/567–01
Fax: 0391/567–1920
E-Mail: poststelle@mrlu.lsa-net.de

Schleswig-Holstein
Ministerium für Umwelt, Naturschutz und Landwirtschaft
Postfach 50 09
24062 Kiel
Tel.: 0431/988–7201
Fax: 0431/988–7209
E-Mail: Pressestelle.munf@landsh.de

Thüringen
Ministerium für Soziales, Familie und Gesundheit
Werner-Seelenbinder-Str. 14
99096 Erfurt
Tel.: 0361/3790–0
Fax: 0361/3798 800
E-Mail:
poststelle@tmsfg.thueringen.de

Infos und Adressen im Internet

www.was-wir-essen.de – das Verbraucherschutzportal von aid und ZADI

Biolebensmittel und Direktvermarkter
www.Gutes-vom-Bauernhof.de
www.gutesvomland.de
www.allesbio.de
www.naturkost.de
www.bio-landbau.info
www.naehe-schafft-vertrauen.de

www.transfair.de
www.label-online.de

Brot und Backwaren
www.baeckerhandwerk.de
www.besser-vom-baecker.de
www.butterbrot.de

Eier
www.freiheit-schmeckt-besser.de

Fleisch
www.all-about-beef.de

Fisch
Fischführer (bedrohte Fischarten) als PDF-Datei:
www.greenpeace-magazin.de/spezial/fischfuehrer/fischfuehrer.pdf

Auch zu bestellen bei
GREENPEACE Media GmbH
Große Elbstr. 39
22767 Hamburg
Tel.: 040/3 06 18–213

Sachwörterverzeichnis